LEARNING GUIDANCE OF
BASIC PRINCIPLES OF MARXISM

马克思主义基本原理
学习指导

主　编○赵　阵
副主编○郭　勤　刘增明　赵春清　章林飞

经济管理出版社
ECONOMY & MANAGEMENT PUBLISHING HOUSE

图书在版编目（CIP）数据

《马克思主义基本原理》学习指导 / 赵阵主编；郭勤等副主编 . —北京：经济管理出版社，2023.3
ISBN 978-7-5096-8966-0

Ⅰ . ①马… Ⅱ . ①赵…②郭… Ⅲ . ①马克思主义理论 – 高等学校 – 教学参考资料 Ⅳ . ① A81

中国国家版本馆 CIP 数据核字（2023）第 049004 号

组稿编辑：王光艳

责任编辑：王光艳

责任印制：黄章平

责任校对：徐业霞

出版发行：经济管理出版社

　　　　　（北京市海淀区北蜂窝 8 号中雅大厦 A 座 11 层　100038）

网　　　址：www. E-mp. com. cn

电　　　话：（010）51915602

印　　　刷：北京市海淀区唐家岭福利印刷厂

经　　　销：新华书店

开　　　本：787mm×1092mm /16

印　　　张：15.75

字　　　数：364 千字

版　　　次：2023 年 3 月第 1 版　　2023 年 3 月第 1 次印刷

书　　　号：ISBN 978-7-5096-8966-0

定　　　价：58.00 元

前言 >>>

大学课堂是传播推广马克思主义理论的主阵地，接受系统高等教育的莘莘学子将成为社会主义事业各个岗位上的优秀人才，马克思主义基本原理教学将为他们打下坚实的信仰根基。作为高校政治理论课基础课程，"马克思主义基本原理"主要实施马克思主义基本立场、主要观点和基本方法的教育，引导学生从整体上认识马克思主义理论，帮助学生系统掌握马克思主义理论体系，养成一定的马克思主义理论素养和思维能力，并能够运用马克思主义的立场、观点和方法来研究、解决现实社会问题。

"马克思主义基本原理"教学内容涉及面广，涵盖了马克思主义哲学、马克思主义政治经济学和科学社会主义三个领域的内容，而且具有较强的理论性、体系化特征，如何带领学生高效、系统、深入地掌握马克思主义基本原理，一直是困扰团队教师的难题。为了帮助学生更好地理解、掌握马克思主义基本原理的内容，我们编写了以习题为主要内容的《马克思主义基本原理学习指导》。全书按照马克思主义理论研究和建设工程重点教材——《马克思主义基本原理》的章节内容进行编写，共分为七章，分别是"世界的物质性及发展规律""实践与认识及其发展规律""人类社会及其发展规律""资本主义的本质及规律""资本主义的发展及其趋势""社会主义的发展及其规律""共产主义崇高理想及其最终实现"。每章下面以节为单位组织习题内容，包括单项选择题、多项选择题、简答题、论述题和材料分析题，尽量做到与教材章节相对应，并涵盖所有重要的知识点。习题后面还以二维码形式给出了参考答案或答题要点。

高校思政课是指向"知识—理论—能力—价值"多维度教学目标的理论课程，在教学过程中对学生学习的促进也是"知—情—意"的有机统一，最重要的是要尊重学生的主体性和调动学生的自主性，让学生主动思考、自主学习。本书作为"马克思主义基本原理"课程学习辅导用书，将抽象的理论以问题或以具体案例的形式推送给学生，旨在带领他们进入理论思维空间，以逻辑推演的方式整合知识内容，这不仅有助于学生对知识内容的记忆，更有助于深化对内容的理解并转化为具体行动的指导。

本书由国防科技大学"马克思主义基本原理"课程教学团队组织编写，国防科技大学"双重"建设经费资助出版，是该课程教学团队推动学生自主式学习教学改革、建设学校引领性思政课程的阶段性成果。我们一直认为，马克思主义基本原理教学是宣传推广马克思主义的重要阵地，掌握了基本原理的高校学子势必会成为马克思主义的坚定践行者，势必会自觉投身于全面建设社会主义现代化国家、全面推进中华民族伟大复兴的伟大事业之中。

学术的进步是建立在学习借鉴他人辛劳成果基础之上的。本书在编写过程中借鉴了其他学者的研究成果，这里要表示衷心感谢。经济管理出版社为本书的出版给予了大力支持，特别感谢王光艳老师从选题到出版的全程指导。

由于笔者水平有限，时间仓促，书中难免有诸多不足之处，敬请广大师生和专家学者不吝赐教、批评指正。

编者
2023 年元月于长沙白茅铺

目录

导 论

📖 **学习目标**

从总体上理解和把握什么是马克思主义，了解马克思主义产生的历史过程和发展阶段，掌握马克思主义的鲜明特征，深刻认识马克思主义的当代价值，增强学习和运用马克思主义的自觉性。

📖 **学习要点**

○ 马克思主义的含义
○ 马克思主义的创立
○ 马克思主义的发展
○ 马克思主义的鲜明特征
○ 马克思主义的当代价值
○ 学习马克思主义的态度与方法

一、单项选择题

1. 下列选项属于马克思主义三个主要组成部分之一的是（　　）。

　　A. 马克思主义政治学　　　　　　　B. 科学社会主义

　　C. 马克思主义伦理学　　　　　　　D. 空想社会主义

2. 马克思主义的鲜明特征是（　　）。

　　A. 科学性和革命性的统一　　　　　B. 逻辑性和历史性的统一

　　C. 自然观和历史观的统一　　　　　D. 世界观和方法论的统一

3. 英国古典经济学的代表人物是（　　）。

　　A. 培根和洛克　　　　　　　　　　B. 黑格尔和费尔巴哈

　　C. 斯密和李嘉图　　　　　　　　　D. 圣西门和傅立叶

4. 作为马克思、恩格斯一生最重要的理论发现，使社会主义从空想变成科学的是（　　）。

　　A. 唯物论和辩证法学说　　　　　　B. 唯物论和劳动价值学说

　　C. 唯物史观和剩余价值学说　　　　D. 唯物史观和阶级斗争学说

5. 马克思主义产生于（   ）。

    A.19 世纪 30 年代   B.19 世纪 40 年代

    C.19 世纪 50 年代   D.19 世纪 60 年代

6. 马克思主义公开问世的标志性著作是（   ）。

    A.《关于费尔巴哈的提纲》   B.《德意志意识形态》

    C.《共产党宣言》   D.《资本论》

7. 马克思主义最根本的世界观和方法论是（   ）。

    A. 科学社会主义   B. 马克思主义政治经济学

    C. 中国化的马克思主义   D. 辩证唯物主义与历史唯物主义

8. 恩格斯于 1820 年 11 月 28 日出生在德国巴门市的一个工厂主家庭。他称自己一生所做的事就是"拉第二小提琴"。恩格斯不仅与马克思一起创立马克思主义，参加并指导国际工人运动，而且在传播和发展马克思主义方面做出了杰出的贡献。恩格斯全面阐述马克思主义理论体系的著作是（   ）。

    A.《共产党宣言》   B.《家庭、私有制和国家的起源》

    C.《反杜林论》   D.《自然辩证法》

9. 马克思主义的产生有其深刻的社会根源、阶级基础和思想渊源。为马克思主义的产生提供了经济、社会历史条件的是（   ）。

    A. 资本主义经济的发展

    B. 无产阶级在反抗资产阶级剥削和压迫的斗争中，逐步走向自觉

    C. 马克思、恩格斯的革命实践和对人类文明成果的继承与创新

    D. 无产阶级迫切渴望科学的理论指导

10. 马克思主义始终是我们党和国家的指导思想，是我们认识世界、把握规律、追求真理、改造世界的强大思想武器。马克思主义的政治立场是（   ）。

    A. 自由至上   B. 平等至上

    C. 人民至上   D. 发展至上

11. 马克思主义产生的阶级基础和实践基础是（   ）。

    A. 资本主义的剥削和压迫

    B. 无产阶级作为独立的政治力量登上了历史舞台

    C. 工人罢工和起义

    D. 工人运动得到了"农民的合唱"

12. 马克思、恩格斯进一步发展和完善的英国古典经济学理论是（   ）。

    A. 辩证法   B. 历史观

    C. 劳动价值论   D. 剩余价值论

13. 提出社会主义革命将首先在资本主义发达国家同时发生这一论断的是（   ）。

    A. 马克思、恩格斯   B. 列宁

    C. 斯大林   D. 毛泽东

14. 提出"社会主义革命可能在一国或数国首先取得胜利"这一论断的是（   ）。

    A. 列宁   B. 马克思、恩格斯

C. 斯大林　　　　　　　　　D. 毛泽东

15. 科学社会主义从理论变为现实的标志是（　　）。

A. 巴黎公社　　　　　　　　　B. 俄国十月革命的胜利

C. 中国新民主主义革命的胜利　　D. 世界反法西斯战争的胜利

二、多项选择题

1. 邓小平说："我坚信，世界上赞成马克思主义的人会多起来的，因为马克思主义是科学。"马克思主义的科学性表现在（　　）。

A. 它是对客观世界的正确反映

B. 它力求按照世界的本来面目如实地认识世界

C. 它已经全面地认识了客观事物的本质和规律

D. 它自觉接受实践的检验，并在实践中不断丰富和发展

2. 英国广播公司（BBC）在全球范围内举行的"千年思想家"网上评选中，马克思位列榜首。马克思主义产生已有170多年，随着历史的发展，它日益深入人心，显示出强大的生命力。这说明马克思主义（　　）。

A. 已成为全球各民族的基本思想　　B. 具有广泛而深远的影响

C. 是不断发展的科学理论体系　　　D. 已经终结了人类思想发展史

3. 对什么是马克思主义，可以从不同的角度去理解。从阶级属性看，马克思主义是（　　）。

A. 由马克思、恩格斯创立的观点和学说的体系

B. 关于自然、社会和思维发展的普遍规律的学说

C. 无产阶级争取自由解放和整个人类解放的科学理论

D. 关于无产阶级斗争的性质、目的和解放条件的学说

4. 始终站在人民大众的立场上，一切为了人民，一切相信人民，一切依靠人民，全心全意为人民谋利益是（　　）。

A. 马克思主义的基本立场

B. 中国文化固有的以民为本思想

C. 人本主义思想

D. 马克思主义观察、分析和解决问题的根本立足点和出发点

5. 邓小平说："老祖宗不能丢啊！"这就是说，马克思主义基本原理不能丢，马克思主义基本立场、观点和方法不能丢，这是因为马克思主义基本原理（　　）。

A. 是不能被推翻的永恒真理

B. 体现了马克思主义的根本性质和整体特征

C. 是特定历史条件下的具体结论

D. 具有普遍的、根本的和长远的指导意义

6. 马克思、恩格斯在创立唯物史观和剩余价值学说，把社会主义由空想变为科学的过程中，批判地继承了人类思想史上的优秀成果，主要批判吸取其中合理成分的学说包括（　　）。

A. 德国古典哲学　　　　　　　　B. 英国古典政治经济学

C. 美国实用主义　　　　　　　　D. 法国、英国空想社会主义

7. 与时俱进的理论品质是马克思主义始终保持蓬勃生命力的关键所在，因为这种品质是（　　）。

　　A. 马克思主义理论本质的反映　　B. 人类认识发展规律的具体表现

　　C. 理论创新的内在要求　　　　　D. 马克思主义最崇高的社会理想

8. 下列各项属于马克思主义直接理论来源代表人物的有（　　）。

　　A. 黑格尔和费尔巴哈　　　　　　B. 斯密和李嘉图

　　C. 培根和洛克　　　　　　　　　D. 圣西门和傅立叶

9. 习近平《在纪念马克思诞辰 200 周年大会上的讲话》中指出："马克思给我们留下的最有价值、最具影响力的精神财富，就是以他名字命名的科学理论——马克思主义。"马克思主义是（　　）。

　　A. 由马克思、恩格斯创立并为后继者所不断发展的科学理论体系

　　B. 关于自然、社会和人类思维发展一般规律的学说

　　C. 关于社会主义必然代替资本主义、最终实现共产主义的学说

　　D. 关于无产阶级解放、全人类解放和每个人自由而全面发展的学说

10. 马克思主义"犹如壮丽的日出，照亮了人类探索历史规律和寻求自身解放的道路"。马克思主义包括（　　）。

　　A. 马克思主义哲学　　　　　　　B. 马克思主义政治经济学

　　C. 科学社会主义　　　　　　　　D. 空想社会主义

11. 相对于特定历史条件下所作的个别理论判断和具体结论，马克思主义基本原理具有普遍的、根本的和长远的指导意义。下列关于马克思主义基本原理的说法，正确的是（　　）。

　　A. 它是对马克思主义立场、观点和方法的集中概括

　　B. 它是马克思主义在其形成、发展和运用过程中经过实践反复检验而确立起来的具有普遍真理性的理论

　　C. 它体现了马克思主义的根本性质和整体特征

　　D. 它体现了马克思主义科学性和革命性的统一

12. 习近平指出："马克思主义极大推进了人类文明进程，至今依然是具有重大国际影响的思想体系和话语体系。"马克思主义的当代价值体现在（　　）。

　　A. 它是改革开放和社会主义现代化建设的科学指南

　　B. 它是我们观察当代世界变化的认识工具

　　C. 它是指引当代中国发展的行动指南

　　D. 它是引领人类社会进步的科学真理

三、简答题

　　1. 什么是马克思主义？

　　2. 简述马克思主义理论体系的三个组成部分及其直接理论来源。

　　3. 简述马克思主义产生的社会历史背景。

4. 马克思主义产生的阶级基础是什么?

5. 怎样理解辩证唯物主义和历史唯物主义是马克思主义最根本的世界观和方法论?

6. 马克思主义崇高的社会理想是什么?

四、论述题

1. 怎样理解马克思主义的鲜明特征?

2. 如何理解马克思主义的当代价值?

导论　习题参考答案

第一章

世界的物质性及发展规律

📖 学习目标

　　学习和掌握辩证唯物主义基本原理，着重把握物质与意识的辩证关系，世界的物质统一性，事物联系和发展的基本规律、基本环节，坚持科学的世界观和方法论，运用唯物辩证法分析和解决问题，不断增强思维能力。

📖 学习要点

　　○ 世界的物质统一性
　　○ 物质决定意识
　　○ 主观能动性与客观规律性的辩证统一
　　○ 联系和发展的基本规律
　　○ 联系和发展的基本环节
　　○ 唯物辩证法是科学的认识方法
　　○ 在实践中不断增强思维能力

第一节　世界的多样性与物质统一性

一、单项选择题

1. 恩格斯认为，全部哲学特别是近代哲学的重大的基本问题是（　　）。
　　A. 哲学与人类生存活动之间的内在联系问题
　　B. 人与周围世界的基本联系问题
　　C. 思维和存在的关系问题
　　D. 人的本质问题
2. 对哲学基本问题第一方面的不同回答是划分（　　）的标准。
　　A. 唯物主义和唯心主义　　　　　　　B. 辩证法和形而上学

C. 可知论与不可知论　　　　　　D. 一元论和二元论

3. 对哲学基本问题第二个方面的不同回答是划分（　　）的标准。

　　A. 唯物主义和唯心主义　　　　B. 反映论和先验论

　　C. 可知论和不可知论　　　　　D. 唯物史观和唯心史观

4. 马克思主义认为，世界的真正统一性在于它的（　　）。

　　A. 实践性　　　　　　　　　　B. 运动性

　　C. 物质性　　　　　　　　　　D. 客观性

5. "坐地日行八万里，巡天遥看一千河"，这一著名诗句包含的哲理是（　　）。

　　A. 物质运动的客观性和时空的主观性的统一

　　B. 物质运动无限性和有限性的统一

　　C. 时空的无限性和有限性的统一

　　D. 运动的绝对性和静止的相对性的统一

6. "旧唯物主义是半截子的唯物主义"，这是指（　　）。

　　A. 旧唯物主义是形而上学的唯物主义

　　B. 旧唯物主义在社会历史观上是唯心主义

　　C. 旧唯物主义是机械唯物主义

　　D. 旧唯物主义是割裂了运动与静止的辩证法

7. 唯物主义一元论同唯心主义一元论对立的根本点在于如何回答（　　）。

　　A. 世界本原问题　　　　　　　B. 实践本质问题

　　C. 意识本质问题　　　　　　　D. 世界发展动力问题

8. 辩证唯物主义认为事物发展的规律是（　　）。

　　A. 对事物本质的概括和反映　　B. 用来整理感性材料的思维形式

　　C. 事物内在的本质和稳定的联系　　D. 事物联系和发展的基本环节

9. 对于同一事物，不同的人有不同的反映，这说明（　　）。

　　A. 意识是主体的自由创造　　　B. 意识不受客体影响

　　C. 意识受主体状况的影响　　　D. 意识的内容是主观的

10. 在马克思主义看来，人类社会本质上是（　　）。

　　A. 物质的　　　　　　　　　　B. 自觉能动的

　　C. 客观的　　　　　　　　　　D. 感性的

11. 《坛经》中记载："时有风吹幡动，一僧曰风动，一僧曰幡动，议论不已。惠能进曰：不是风动，不是幡动，仁者心动。"惠能关于运动的观点是（　　）。

　　A. 运动是物质之根本属性　　　B. 运动与物质不可分

　　C. 精神运动是物质运动的一种形式　　D. 精神是运动的主体

12. 从解决哲学基本问题的角度看，物质的唯一特性是（　　）。

　　A. 运动性　　　　　　　　　　B. 客观实在性

　　C. 不可分性　　　　　　　　　D. 时空性

13. 物质的根本属性和存在方式是（　　）。

　　A. 客观实在　　　　B. 运动　　　　C. 时间　　　　D. 空间

14.唯物主义哲学发展的三个基本历史形态是（　　）。

　　A.形而上学唯物主义、庸俗唯物主义、辩证唯物主义

　　B.古代朴素唯物主义、形而上学唯物主义、辩证唯物主义

　　C.奴隶社会时期的唯物主义、封建社会时期的唯物主义、资本主义社会时期的唯物主义

　　D.机械唯物主义、形而上学唯物主义、辩证唯物主义

15.列宁对辩证唯物主义物质范畴的定义是通过（　　）。

　　A.物质与意识的关系界定的　　　　　　B.个别与一般的关系界定的

　　C.哲学与具体科学的关系界定的　　　　D.认识与实践的关系界定的

16.主张"世界上除了运动着的物质之外，什么也没有"的观点，属于（　　）。

　　A.否认人的意识存在的自然唯物主义

　　B.主张世界统一于物质的辩证唯物主义

　　C.否认时间与空间存在性的唯心主义

　　D.把人的意识理解为某种特殊的"精细物质"的机械唯物主义

17.相信"意念移物"，甚至相信可以用意念来直接改变物质结构，就是（　　）。

　　A.主张精神主宰客观物质世界的主观唯心论

　　B.主张精神是脱离人脑独立存在的客观唯心论

　　C.认为人的思想是特殊物质的机械唯物主义

　　D.认为人具有主观能动性的实践唯物主义

18.中国古代哲学家荀子说："心不使焉，则白黑在前而目不见，雷鼓在侧而耳不闻。"这段话表明人的意识具有（　　）。

　　A.客观性　　　　　　B.能动性　　　　　　C.对象性　　　　　　D.任意性

19."观念的东西不外是移入人的头脑并在人的头脑中改造过的物质的东西而已。"这个命题表明（　　）。

　　A.意识是客观存在的主观映象

　　B.人脑是意识的源泉

　　C.观念的东西与物质的东西没有本质上的区别

　　D.意识是人脑产生的物质

20.我国哲学家范缜说："形存则神存，形谢则神灭。"这是（　　）。

　　A.唯心主义观点　　　　　　　　　　　　B.形而上学的观点

　　C.唯物主义观点　　　　　　　　　　　　D.辩证唯物主义观点

21.承认客观实在性是物质唯一特性的唯物主义哲学形态是（　　）。

　　A.古代朴素唯物主义　　　　　　　　　　B.形而上学唯物主义

　　C.辩证唯物主义　　　　　　　　　　　　D.庸俗唯物主义

22.具有一维性即不可逆性特点的是（　　）。

　　A.物质　　　　　　B.运动　　　　　　C.时间　　　　　　D.空间

23.马克思主义哲学大厦的基石是（　　）。

　　A.世界是联系和发展的原理　　　　　　B.世界统一于存在的原理

C. 世界统一于物质的原理   D. 世界统一于意识的原理

24. 唯心主义哲学的认识论根源是（   ）。

     A. 否认意识的能动性   B. 夸大意识的能动性

     C. 夸大物质的决定作用   D. 承认物质的决定作用

25. 人工智能的出现表明（   ）。

     A. 意识不只是人所特有的   B. 电脑将来会代替人脑

     C. 意识与物质是同一的   D. 人的能动性具有广阔的前景

26. "劳动过程结束时得到的结果，在这个过程开始时就已经在劳动者的表象中存在着。"
     这是（   ）。

     A. 客观唯心主义观点   B. 主观唯心主义观点

     C. 形而上学唯物主义观点   D. 辩证唯物主义观点

27. 把世界的本原归结为某种或某几种具体物质形态的观点是（   ）。

     A. 形而上学唯物主义   B. 唯心主义

     C. 古代朴素唯物主义   D. 辩证唯物主义

28. "动中有静，静中有动"说的是（   ）。

     A. 形而上学和诡辩论的统一   B. 绝对运动和相对静止的统一

     C. 物质和运动的统一   D. 连续性和非连续性的统一

29. "人不能两次踏进同一条河流"主要说明运动和静止的关系是（   ）。

     A. 运动是绝对的，静止是相对的   B. 运动是相对的，静止是绝对的

     C. 静止是绝对的，运动也是绝对的   D. 静止是相对的，运动也是相对的

30. 设想没有运动的物质是（   ）。

     A. 客观唯心主义的观点   B. 不可知论的观点

     C. 主观唯心主义的观点   D. 形而上学唯物主义的观点

31. 在人类意识的产生过程中，起决定作用的是（   ）。

     A. 自然界的变化   B. 能够使用工具和制造工具的劳动

     C. 语言和思维的形成   D. 脑量的增加

32. 世界上本没有鬼，可是人们能画出牛头马面人身等各种各样的鬼的图形来，这表明
     （   ）。

     A. 意识的内容来自人脑   B. 意识的内容来自主观能动性

     C. 意识的内容来自人的思维活动   D. 意识的内容来自外部世界

33. 所谓"意识是客观存在的主观映象"是指（   ）。

     A. 意识是客观精神和主观感觉的产物

     B. 意识是沟通客观和主观的桥梁

     C. 意识的形式是客观的，而它的内容和源泉是主观的

     D. 意识的内容和源泉是客观的，而它的形式是主观的

34. 意识的本质是指它是（   ）。

     A. 人脑主观自生的   B. 人脑分泌的特殊物质

     C. 人脑对客观存在的反映   D. 可以脱离被反映者

35. "人有多大胆,地有多大产"的观点(   )。

    A. 夸大了意识的能动性　　　　　　B. 反映了生产的客观规律

    C. 科学揭示了人的意识能动性　　　D. 对生产活动具有一定的指导意义

36. 物质和意识的关系是(   )。

    A. 物质决定意识,意识对物质没有反作用

    B. 物质决定意识,物质对意识有能动作用

    C. 物质决定意识,意识也决定物质

    D. 物质决定意识,意识对物质有能动作用

37. 马克思主义哲学认为世界在本质上是(   )。

    A. 多样性的物质统一　　　　　　　B. 各种实物

    C. 物质和精神的统一　　　　　　　D. 主体和客体的统一

38. 列宁说:"人的意识不仅反映客观世界,并且创造客观世界。"这一命题表明,意识对物质具有(   )。

    A. 决定性　　　B. 预见性　　　C. 能动性　　　D. 主动性

39. 有一副对联,上联是"橘子洲,洲旁舟,舟行洲不行";下联是"天心阁,阁中鸽,鸽飞阁不飞"。这形象地说明了运动和静止是相互依存的,静止是(   )。

    A. 运动的衡量尺度　　　　　　　　B. 运动的内在原因

    C. 运动的普遍状态　　　　　　　　D. 运动的存在方式

40. "橘生淮南则为橘,生于淮北则为枳,叶徒相似,其实味不同。所以然者何?水土异也。""橘逾淮为枳"说明了(   )。

    A. 事物的发展变化以时间、地点和条件为转移

    B. 事物的普遍联系是通过中介来实现的

    C. 任何具体事物都是普遍联系之网上的一个网结

    D. 事物的变化和发展是一个过程

41. 有人认为,既然人的意识是对客观外部世界的反映,那么人脑里的"鬼""神"意识就是对外在世界上鬼、神真实存在的反映。这种观念的错误在于(   )。

    A. 夸大了意识的能动作用

    B. 把意识看成是物质的产物

    C. 认为意识是对存在的直观反映

    D. 混淆了人类意识自然演化的阶段

42. 中国古代哲学家荀子说:"天行有常,不为尧存,不为桀亡。"这是一种(   )。

    A. 宿命论观点　　　　　　　　　　B. 唯意志论观点

    C. 机械唯物论观点　　　　　　　　D. 朴素唯物论观点

43. "运动应当从它的反面即从静止找到它的量度",因为静止是(   )。

    A. 运动的根本属性和存在方式

    B. 过去运动的结果和未来运动的出发点

    C. 运动的原因和根据

    D. 运动变化和发展过程的实在基础和承担者

44.处于青春期的少年需要特别的关怀。有研究表明，许多处于青春期的少年往往会做出无所畏惧的大胆举动，这是由于大脑产生一种恐惧记忆抑制效应，使处于青春期的少年对恐惧感"暂时性失忆"。这种恐惧记忆抑制效应，会随着年龄增长及大脑的进一步发育而逐渐消失。这表明（　　）。

A.意识是人脑的分泌物　　　　　　B.人脑是意识产生的源泉

C.意识活动具有目的性和计划性　　D.人脑是意识活动的物质器官

45."世界那么大，我想去看看。"在情怀至上的人眼里，"世界"一定是远方，远方让人充满向往，"看世界"便是去远方。然而，并不是人人都得以去远方。其实，从完善认知的角度来说，"世界"未必就只有远方，"世界"也在身边。远方固然神秘，但身边一样充满了未知——就像很多时候，我们往往还没有完全认识自己所生活的这个城市。看世界，也别忘了身边的世界；行万里路，不妨从脚下迈开第一步。这说明（　　）。

A.意识的内容是由对词语的不同定义决定的

B.未知世界的存在是不以人的意志为转移的

C.空间是无限的

D.人类没有能力认识整个世界

46.在马克思主义产生之前长期没有得到正确解决的问题是（　　）。

A.意识的能动作用问题　　　　　　B.物质运动的绝对性问题

C.人类社会的物质性问题　　　　　　D.物质第一性、意识第二性问题

47.哲学是（　　）。

A.关于自然界和社会一般发展规律的科学

B.科学的世界观和方法论

C.理论化、系统化的世界观和方法论

D.革命性和科学性相统一的世界观

48.唯心主义的两种基本形式是（　　）。

A.形而上学唯心主义和辩证唯心主义

B.主观唯心主义和客观唯心主义

C.彻底的唯心主义和不彻底的唯心主义

D.自然观上的唯心主义和历史观上的唯心主义

49.主观唯心主义和客观唯心主义的共同点是（　　）。

A.都承认世界是主观精神的产物　　B.都承认世界是客观精神的产物

C.都否认世界的物质性　　　　　　D.都否认世界是运动的

50.下列选项中，属于客观唯心主义观点的是（　　）。

A.世界是由两个本原构成的　　　　B.世界是由人的意识创造的

C.世界是由某种客观精神创造的　　D.世界是本来就有的

51.列宁的物质定义与形而上学唯物主义的物质观划清界限的关键在于（　　）。

A.坚持了唯物主义一元论

B.坚持了唯物主义可知论

C. 把物质结构的某一层次作为物质本身

D. 正确处理了物质的多样性和统一性的关系

52. 美术学院的老师带着学生们去户外写生。大家站在山坡上，描绘眼前的美丽风景。学生们绘出的画作各不相同。老师点评："面对同样的景物，我们画出不同的意境，表达各自的感受。这就是艺术的基本原则。"这体现出（   ）。

A. 意识是物质长期发展的产物

B. 意识是人脑的机能

C. 意识是对物质对象的主观映象

D. 物质具有不依赖于意识的客观实在性

53. 恩格斯认为："时间离开物质当然都是无，都是只在我们头脑中存在的空洞的观念抽象。"这充分说明（   ）。

A. 主观的时空观念必然是空洞的抽象

B. 时空可以脱离物质而存在

C. 时空是物质存在的形式

D. 物质运动是时空的形式

54. 人们先设计图纸，然后根据图纸施工建成大楼，这说明（   ）。

A. 意识决定物质   B. 意识创造物质

C. 意识对物质有能动作用   D. 意识依赖于物质

55. 实现意识能动作用的根本途径是通过（   ）。

A. 认识和把握客观世界的客观实在性

B. 认识和把握客观规律

C. 社会实践

D. 必要的物质手段和条件

56. 休谟说："感觉是人与世界之间的屏障。"这一观点是（   ）。

A. 客观唯心主义的观点   B. 主观唯心主义的观点

C. 不可知论的观点   D. 经验论的观点

57. 列宁指出：当然，就是物质与意识的对立，也只是在有限的范围内才具有绝对的意义，超出这个范围，物质和意识的对立无疑是相对的。这里讲的"有限的范围"是指（   ）。

A. 物质能否被意识所正确反映   B. 物质和意识何者为第一性

C. 意识是否具有相对独立性   D. 意识是否对物质具有反作用

58. 只承认绝对运动，否认相对静止，就会导致（   ）。

A. 形而上学不变论   B. 相对主义诡辩论

C. 唯心论   D. 庸俗唯物主义

59. 意识的能动性是指（   ）。

A. 能动地创造客观规律

B. 能动地改造自然规律

C. 自由地创造宇宙万物

D. 能动地反映世界和能动地改造世界

60."心诚则灵，心不诚则不灵"的说法是（　　）。

　　A. 主张物质和意识具有统一性的辩证唯物主义观点

　　B. 主张思想就是物质的庸俗唯物主义观点

　　C. 认为世界是绝对观念外化的客观唯心主义观点

　　D. 夸大了意识能动作用的唯心主义观点

61."只有把社会关系归结于生产关系，把生产关系归结于生产力的水平，才能有可靠的根据把社会形态的发展看作自然历史过程。"这一思想属于（　　）。

　　A. 自然唯物主义　　　　　　　　B. 历史唯物主义

　　C. 朴素唯物主义　　　　　　　　D. 机械唯物主义

62.下列观点属于客观唯心主义的是（　　）。

　　A. 天地万物皆在吾心中　　　　　B. 存在就是被感知

　　C. 人的理性为自然界立法　　　　D. 理在事先

63.恩格斯说："使唯心主义从它的最后的避难所即历史观中被驱逐出去了。"这主要是指（　　）。

　　A. 创立了历史唯物主义

　　B. 公然申明哲学是行动的指南

　　C. 实现了唯物主义和辩证法的统一

　　D. 确定哲学的研究对象是整个世界的一般规律

64.恩格斯在解释物质概念的时候指出："物质本身是纯粹的思想创造物和纯粹的抽象。"这一思想说明（　　）。

　　A. 物质概念是意识中的存在　　　B. 物质实体是思想的创造物

　　C. 感性的东西是纯粹的抽象　　　D. 物质本身就是人脑的分泌物

65.正确的意识和错误的意识的区别在于（　　）。

　　A. 前者是对存在的反映，后者是头脑自生的

　　B. 前者的内容是客观的，后者的内容是主观的

　　C. 前者有物质基础，后者没有物质基础

　　D. 前者的反映是近似真实的，后者的反映是歪曲或虚幻的

66.世界上没有离开物质的运动，任何形式的运动都有它的物质主体，设想无物质的运动，将导致（　　）。

　　A. 唯理论　　　　B. 经验论　　　　C. 不可知论　　　　D. 唯心主义

67.对事物的静态分析必须与动态考察相结合，这主要说明（　　）。

　　A. 事物的静态就是不运动　　　　　B. 动态是事物的有限状态

　　C. 事物的动态不包含静态　　　　　D. 相对静止和绝对运动的辩证统一

68.贝克莱说："离了心中观念的前后相承，时间是不能存在的。"这一观点（　　）。

　　A. 主张时间是绝对不变的

　　B. 肯定时间是物质运动的基本形式

　　C. 认为时间观念是对物质运动固有时间的反映

　　D. 通过夸大知觉的相对性来论证时间的主观性

69.彻底的唯物主义一元论的根本要求是（　　）。

　　A.承认世界是多样性的统一　　　　　　B.坚持一切从实际出发

　　C.反对一切形式的二元论　　　　　　　D.承认物质对意识的根源性

70.规律的根本特点是（　　）。

　　A.偶然性　　　　　B.稳定性　　　　　C.重复性　　　　　D.客观性

71."天不为人之恶寒也辍冬，地不为人之恶辽远也辍广。"这句话包含的哲理是（　　）。

　　A.人们可以发明和消灭规律

　　B.人们不能认识或利用规律

　　C.客观规律的存在不依赖于人的意识

　　D.人们不能改变规律发生作用的条件和形式

72.事物之间相互作用的结果，使事物原有的状态或性质发生程度不同的变化，概括一切形式的变化就是（　　）。

　　A.发展　　　　　　B.质变　　　　　　C.否定　　　　　　D.运动

二、多项选择题

1."物质两种存在形式离开了物质，当然都是无，都是只在我们头脑中存在的观念抽象。"这句话说明（　　）。

　　A.时间和空间是客观的　　　　　　　　B.时间和空间是物质的存在形式

　　C.时间和空间既是绝对的，又是相对的　D.时间和空间是有限的

2.我国古代哲学家王夫之认为："动静者，乃阴阳之动静也。""皆本物之固然。""静者静动，非不动也。""静即含动，动不舍静。""动、静，皆动也。"这在哲学上表达了（　　）。

　　A.运动是物质的固有属性　　　　　　　B.静止是运动的特殊状态

　　C.静止是相对的，运动是绝对的　　　　D.运动是静止的总和

3.造大楼先在图纸上设计，然后根据图纸造楼，这说明（　　）。

　　A.意识决定物质　　　　　　　　　　　B.意识对物质有能动作用

　　C.意识可以创造世界　　　　　　　　　D.意识具有相对独立性

4.辩证唯物主义认为，物质（　　）。

　　A.是各种物质形态的共性　　　　　　　B.是标志客观实在的哲学范畴

　　C.是人通过感觉感知的　　　　　　　　D.为我们的感觉所复写、摄影、反映

5.辩证唯物主义物质观的重要理论意义在于它有利于（　　）。

　　A.坚持唯物主义一元论　　　　　　　　B.坚持物质的可知性

　　C.坚持矛盾是事物发展的动力　　　　　D.克服形而上学物质观的局限性

6.形而上学唯物主义把原子及其特性看作世界本原，因此它（　　）。

　　A.不能解释物质世界的多样性和复杂性　B.不能把唯物主义贯彻到底

　　C.必然倒向不可知论　　　　　　　　　D.采取二元论的基本立场

7.恩格斯说："物质无非是各种实物的总和，而这个概念就是从这一总和中抽象出来的。"这说明（　　）。

　　A.物质范畴和实物完全是一回事　　　　B.物质范畴是带有普遍性的哲学范畴

C.物质范畴和实物是共性和个性的关系　　D.物质范畴就是各种具体实物的总和

8.辩证唯物主义关于意识起源问题的基本观点是（　　）。

　　A.先于自然界而存在　　　　　　　　B.人先天具有的

　　C.自然界长期发展的产物　　　　　　D.社会历史的产物

9.意识的本质是（　　）。

　　A.大脑的机能　　　　　　　　　　　B.人脑分泌的特殊物质

　　C.人脑中进行的各种生理过程　　　　D.对客观存在的反映

10."观念的东西不外是移入人的头脑，并在人的头脑中改造过的物质的东西而已。"这一命题所揭示的是（　　）。

　　A.观念的东西和物质的东西没有区别　　B.意识体现了主观和客观的统一

　　C.意识是对客观外界的反映　　　　　　D.物质是意识的根源

11.承认世界统一性的有（　　）。

　　A.唯物主义一元论　　　　　　　　　B.唯心主义一元论

　　C.相对主义诡辩论　　　　　　　　　D.不可知论

12.形而上学唯物主义物质观的主要缺陷在于（　　）。

　　A.把物质归结为某种"不可分"的实物粒子

　　B.把原子的属性看成为物质的一般属性

　　C.把特殊的物质形态认为是物质的一般特征

　　D.混淆了自然科学的物质结构理论同哲学物质范畴的界限

13.哲学物质范畴与自然科学物质结构学说的关系是（　　）。

　　A.一般和个别的关系

　　B.既有区别又有联系

　　C.哲学物质范畴是在总结具体科学理论成就的基础上概括出来的

　　D.哲学物质范畴为科学物质结构理论的研究指出了正确的方向

14.辩证唯物主义认为，物质世界的多样性和统一性的关系是（　　）。

　　A.多样性中包含着统一性

　　B.统一性存在于多样性之中

　　C.多样性和统一性根本不相容

　　D.统一性以多样性为前提并通过多样性表现出来

15.人的意识的主观方面表现为（　　）。

　　A.反映形式的主观性　　　　　　　　B.不同主体的意识之间的差别性

　　C.对客观事物反映的近似性　　　　　D.对客观事物反映的超前性

16.中国古代哲学家方以智指出："气凝为形，蕴发为光，窍激为声，皆气也。"这句话在哲学上表达了（　　）。

　　A.多元论的思想　　　　　　　　　　B.万物都是物质的不同表现形式的思想

　　C.朴素辩证法的思想　　　　　　　　D.物质和运动不可分的思想

17.鲁迅说过："描神画鬼，毫无对证，本可以专靠神思，所谓'天马行空'地挥写了。然而他们写出来的却是三只眼、长脖子，也就是在正常的人体身上增加了眼睛一只，拉长了颈子二三尺而已。"这段话说明，人们头脑中的鬼神观念是（　　）。

  A. 头脑中主观自生的　　　　　　B. 人脑对客观世界的歪曲反映

  C. 人脑对鬼神的虚幻反映　　　　D. 可以从人世间找到它的原型

18. 从运动与静止的关系来看，下列哪些说法是错误的（　　）。

  A. 天不变，道亦不变

  B. 不是风动，不是幡动，仁者心动

  C. 方生方死，方死方生；方可方不可，方不可方可

  D. 光阴一去不复返

19. IBM 公司制造的"深蓝"计算机战胜了世界顶级国际象棋大师卡斯帕罗夫。这一事实表明（　　）。

  A. 电脑具有比人脑更高级的运动形式

  B. 电脑是人脑的延伸，是人类扩展自己智力的工具

  C. 电脑是物化了的人的意识，电脑战胜人脑，实质上是人类自己战胜自己

  D. 电脑和机器人也能进行某些实践活动

20. 下列各项中属于意识能动性现象的有（　　）。

  A. 审时度势　　　　　　　　　　B. 运筹帷幄

  C. 巧妇难为无米之炊　　　　　　D. 根据实际情况制定方针政策

21. 正确发挥意识能动性需要具备的条件有（　　）。

  A. 必须遵守物质运动的客观规律　B. 必须具备必要的物质手段

  C. 必须有适当的社会环境　　　　D. 必须经过实践活动

22. "巧妇难为无米之炊"的哲学意义是（　　）。

  A. 意识是第一性的，物质是第二性的

  B. 物质是第一性的，意识是第二性的

  C. 主观能动性的发挥必须尊重客观规律

  D. 主观能动性的发挥不需要尊重客观规律

23. 下列哲学观点属于客观唯心主义的有（　　）。

  A. 未有天地之先，毕竟是先有理　B. 心外无理

  C. 命中注定　　　　　　　　　　D. 宣扬的"渡人上天堂"的理论

24. 中国古代哲学家庄子提出："方生方死，方死方生；方可方不可，方不可方可。"这种观点（　　）。

  A. 否认事物之间的界线和质的区别　B. 是唯物辩证法观点

  C. 只承认运动，否认事物的相对静止　D. 把静止绝对化，否认运动

25. 辩证唯物主义把运动理解为（　　）。

  A. 新事物的产生和旧事物的灭亡　B. 是物质的存在方式

  C. 是相对的　　　　　　　　　　D. 是物质的固有属性

26. 空间是指物质运动的（　　）。

  A. 广延性　　　B. 伸张性　　　C. 绝对性　　　D. 相对性

27.唯物辩证法是关于（ ）。

   A.世界本原问题的科学

   B.普遍联系和发展的科学

   C.自然、社会和思维发展的最一般规律的科学

   D.一切事物发展的科学

28.《传习录》记载：先生（指哲学家王阳明）游南镇，一友指岩中花树问曰："天下无心外之物，如此花树在深山中自开自落，于我心亦何相关？"先生曰："你未看此花时，此花与汝心同归于寂；你来看此花时，则此花颜色一时明白起来，便知此花不在你的心外。"王阳明这一观点的错误是（ ）。

   A.把人对花的感觉与花的存在等同起来

   B.把人对花的感觉夸大成脱离花的独立实体

   C.认为人对花的感觉与花的存在具有同一性

   D.主张人对花的感觉是主观与客观的统一

29.下列命题中，属于主观唯心主义观点的是（ ）。

   A.我思故我在   B.存在就是被感知

   C.物是绝对观念的外化   D.万物皆备于我

30.物质的根本属性是运动。运动是标志一切事物和现象的变化及其过程的哲学范畴。物质和运动是不可分割的。下列关于物质和运动的说法，正确的是（ ）。

   A.运动是物质的存在方式和根本属性

   B.物质是运动着的物质，脱离运动的物质是不存在的

   C.物质是一切运动变化和发展过程的实在基础和承担者

   D.世界上没有离开物质的运动，任何形式的运动都有它的物质载体

31.瑞卡斯说："我们总是喜欢拿顺其自然来敷衍人生道路上的荆棘坎坷，却很少承认，真正的顺其自然，其实是竭尽所能之后的不强求，而非两手一摊的不作为。"下列对这句话的理解，正确的是（ ）。

   A."顺其自然"和"竭尽所能"的统一体现了尊重客观规律与发挥主观能动性的统一

   B."两手一摊的不作为"是机械决定论在人生态度上的体现

   C."顺其自然"表明人不能创造和消灭规律，只能受规律的制约和支配

   D."不强求"是因为主观能动性受客观规律性和社会历史条件的制约

32.思维和存在的关系问题包括（ ）。

   A.物质世界是否发展变化的问题   B.思维和存在何者为第一性的问题

   C.认识世界和改造世界的关系问题   D.思维和存在有无同一性的问题

33.唯心主义的基本形态是（ ）。

   A.历史唯心主义   B.客观唯心主义

   C.主观唯心主义   D.先验唯心主义

34.辩证唯物主义物质观认为，物质是（ ）。

   A.从各种实物的总和中抽取出来的哲学概念

   B.各种具体物质形态的共性

C. 不依赖于人的感觉而存在的客观实在

D. 人的感觉的复合体

35. 意识是社会的产物，是指（　　）。

　　A. 意识是通过社会劳动创造的

　　B. 意识离不开集体和社会

　　C. 意识是社会的基础

　　D. 意识随着人类社会的产生和发展而产生和发展

36. 哲学的物质范畴与自然科学的物质概念的关系是（　　）。

　　A. 共性与个性的关系　　　　　　　　B. 绝对性与相对性的关系

　　C. 一般与个别的关系　　　　　　　　D. 本原与派生的关系

37. 运动与静止的关系是（　　）。

　　A. 绝对与相对的关系　　　　　　　　B. 无条件与有条件的关系

　　C. 无限与有限的关系　　　　　　　　D. 整体与部分的关系

38. "揠苗助长"的事例是（　　）。

　　A. 正确发挥主观能动性的表现　　　　B. 违反客观规律的表现

　　C. 急躁冒进的表现　　　　　　　　　D. 重视可能性的表现

39. 二元论的错误有（　　）。

　　A. 否认了世界的统一性　　　　　　　B. 最终仍然陷入唯心主义

　　C. 认为世界上存在物质和精神两种本原　　D. 否认了世界的变化和发展

40. 关于龙的形象，自古以来就有"角似鹿、头似驼、眼似兔、项似蛇、腹似蜃、鳞似鱼、爪似鹰、掌似虎、耳似牛"的说法。这表明（　　）。

　　A. 观念的东西是移入人脑并在人脑中改造过的物质的东西

　　B. 一切观念都是现实的模仿

　　C. 虚幻的观念也是对事物本质的反映

　　D. 任何观念都可以从现实世界中找到其物质"原型"

41. 社会的物质性主要表现在（　　）。

　　A. 人类社会依赖于自然界，是整个物质世界的组成部分

　　B. 人们谋取物质生活资料的实践活动虽然有意识作指导，但仍然是以物质力量改造物质力量的活动，仍然是物质性的活动

　　C. 物质资料的生产方式是人类社会存在和发展的基础

　　D. 社会生产关系本质上是物质关系

42. 意识对物质的依赖性表现为（　　）。

　　A. 意识是物质世界长期发展的产物　　　B. 意识是人脑的机能和属性

　　C. 意识是对物质世界的主观映象　　　　D. 意识的产生和发展离不开人类的实践

43. 意识的形成经历了漫长的过程，这一过程主要是（　　）。

　　A. 从一切物质所具有的反应特性到低等生物的刺激感应性

　　B. 从低等生物的刺激感应性到高等动物的感觉和心理

　　C. 从无条件反射到条件反射

D. 从高等动物的感觉和心理到人类意识

44. "批判的武器当然不能代替武器的批判，物质的力量只能用物质的力量来摧毁，但是理论一经群众掌握，也会变成物质的力量。"这说明（　　）。

A. 精神、意识对物质具有依赖性

B. 精神和理论的作用可以取代物质的力量

C. 理论和精神可以通过群众转化为物质力量

D. 精神与物质是一种对立而统一的关系

45. 下列正确体现自然规律和社会规律辩证关系的有（　　）。

A. 自然规律和社会规律都具有不依人的意志为转移的客观性

B. 人可以使各种客观规律共同作用的结果发生有利于人的变化

C. 自然规律作为一种盲目的无意识的力量起作用，社会规律的作用则是通过人的有意识的活动实现的

D. 自然规律在同样的条件下可以反复出现，社会规律在不同的国家和民族、不同的历史阶段往往会有不同的表现形式

46. 人类的一切活动归纳起来无非两大类活动：认识世界和改造世界。人们在认识世界和改造世界中形成了世界观和方法论。下列关于世界观、方法论及两者关系的正确观点包括（　　）。

A. 世界观是人们对整个世界的总体看法和根本观点

B. 方法论是人们认识世界和改造世界所遵循的根本方法的学说和理论体系

C. 世界观和方法论是辩证统一关系

D. 世界观和方法论是系统化、理论化的学说

47. 唯物主义哲学经历了从旧唯物主义到新唯物主义的发展过程。旧唯物主义哲学包括（　　）。

A. 朴素唯物主义　　　　　　　　B. 形而上学唯物主义

C. 机械唯物主义　　　　　　　　D. 历史唯物主义

48. 列宁说："物质是标志客观实在的哲学范畴，这种客观实在是人通过感觉感知的，它不依赖于我们的感觉而存在，为我们的感觉所复写、摄影、反映。"列宁说的"物质范畴"是（　　）。

A. 感性地存在着的东西

B. 科学发展到一定程度所认识的某一层次的物质形态

C. 从具体物质形态的总和中抽象出来的

D. 从各种具体事物中抽象概括出来的普遍的哲学概念

49. 马克思、恩格斯指出："语言是一种实践的、既为别人存在并仅仅因此也为我自己存在的、现实的意识。"这一观点说明（　　）。

A. 意识活动不能离开语言　　　　B. 语言是意识的物质外壳

C. 人对事物的认识离不开语言　　D. 语言是一种非理性因素

50. "仁者见之谓之仁，智者见之谓之智。"这句话包含的哲学道理是（　　）。

A. 意识的主观性　　　　　　　　B. 不同主体的差别性

C. 意识的选择性　　　　　　D. 意识是特殊的物质

51. 意识和物质的对立只是在非常有限的范围内才有绝对的意义，超出这个范围，其对立便是相对的。这是因为（　　）。

A. 意识根源于物质　　　　　　B. 意识是对物质的反映

C. 意识是物质的存在形式　　　D. 意识可以转化为物质

52. 劳动是财富的源泉，也是幸福的源泉。人世间的美好梦想，只有通过诚实劳动才能实现；发展中的各种难题，只有通过诚实劳动才能破解；生命里的一切辉煌，只有通过诚实劳动才能铸就。关于劳动，下列观点正确的有（　　）。

A. 认识的内容和思维模式来源于劳动

B. 劳动形成了意识产生的物质器官

C. 在劳动中形成的语言是意识的物质外壳

D. 劳动丰富了意识的内容，推动了意识的发展

53. 世界上没有离开物质的运动，任何形式的运动，都有它的物质主体。物质是运动的（　　）。

A. 形式　　　　B. 基础　　　　C. 属性　　　　D. 承担者

54. 太极拳的《拳论》中说："一动无有不动，一静无有不静。""动中有静，静中有动。""动就是静，静就是动。"这些论述蕴含的哲学观点是（　　）。

A. 静止是运动的特殊状态　　　B. 运动是变化，静止是不变

C. 运动相对，静止绝对　　　　D. 运动和静止相互渗透

55. 牛顿说："时间、空间是一切事物的贮藏所。"这一观点（　　）。

A. 认为时空与物质运动不可分割

B. 属于"绝对时空观"

C. 认为时空与事物的变化没有关系

D. 是一种割裂物质运动与时空的观点

56. 爱因斯坦的狭义相对论揭示了时空特性随物质运动速度的变化而变化，非欧几何学和广义相对论揭示了时空特性随物质形态的不同而不同，这些都进一步证明（　　）。

A. 时空和物质运动的统一　　　B. 时空是绝对和相对的统一

C. 时空是无限和有限的统一　　D. 时空不变与时空观念可变的统一

57. 世界物质统一性原理是马克思主义关于世界本质问题的一个基本原理。这一原理的内容包括（　　）。

A. 世界的本原是一个，世界统一于物质

B. 世界统一的基础是某种"始基"的物体

C. 物质世界的统一是多样性的统一

D. 物质世界是单一的无差别的统一

58. 世界物质统一性原理说明，世界上的一切事物和现象，包括意识现象，归根到底都是（　　）。

A. 物质的表现形态　　　　　　B. 物质的属性和存在形式

C. 物质运动的具体表现　　　　D. 物质世界自身的变化

59. 人的活动与规律的关系是（   ）。

　　A. 人不能创造、消灭规律　　　　B. 人可以发现、完善规律

　　C. 人可以认识规律　　　　　　　D. 人可以利用规律

60. 人们可以改变规律发生作用的条件和形式，使事物朝着有利于人类的方向发展。因此人们（   ）。

　　A. 不能藐视规律，但可以发明和改变规律

　　B. 要反对藐视规律的主观随意性和经验主义

　　C. 要反对在规律面前无所作为的思想

　　D. 要提高正确的理论思维能力，增强驾驭规律的能力

61. 列宁指出，外部世界、自然界的规律乃是人的有目的的活动的基础，人们只有在认识和掌握客观规律的基础上，才能达到认识世界和改造世界的目的。所以我们（   ）。

　　A. 必须以承认规律的客观性为前提

　　B. 要把革命热情和科学态度结合起来

　　C. 在尊重客观规律的基础上，要充分发挥主观能动性

　　D. 要把尊重事物发展的规律与发挥人的主观能动性统一起来

62. 实践是客观规律性与主观能动性统一的基础。正确发挥主观能动作用，应当注意（   ）。

　　A. 有目的地调控、改变各种客观规律

　　B. 从实际出发，努力认识和把握事物的发展规律

　　C. 通过实践能动地认识和改造世界

　　D. 依赖于一定的物质条件和物质手段

63. 下列论断属于客观唯心主义的有（   ）。

　　A. 自由选择的意志高于一切　　　B. 世界是上帝创造的

　　C. 世界万事万物都是绝对精神派生的　　D. 理在气先

64. 在意识能动性问题上唯心主义的错误在于（   ）。

　　A. 夸大意识的能动作用　　　　　B. 不承认意识的能动作用

　　C. 意识的作用能超过物质的作用　　D. 意识作用永远超不过物质的作用

65. 物质和运动是不可分的，因为（   ）。

　　A. 运动是物质的根本属性　　　　B. 运动和物质实际上是一个东西

　　C. 物质是运动的承担者　　　　　D. 运动是物质的承担者

66. 充分发挥人的主观能动性就能够（   ）。

　　A. 改造客观规律　　　　　　　　B. 改善客观规律

　　C. 认识客观规律　　　　　　　　D. 利用、掌握客观规律

67. "人有多大胆，地有多大产；不怕办不到，就怕想不到；只要想得到，啥也能办到。"这是（   ）。

　　A. 充分发挥意识能动作用的表现　　B. 唯心主义的"精神万能论"的表现

　　C. 主观唯心主义的表现　　　　　　D. 客观唯心主义的表现

68. 人工智能的伟大意义在于（   ）。

　　A. 人类在解决没有感觉的物质同有感觉能力的物质发生联系问题上向前迈进一大步

B. 电脑的发展和广泛应用引起整个世界发生深刻巨大的变化

C. 电脑应用于生产和生活过程，深刻地改变了人们的生产方式和生活方式

D. 电脑部分代替和节省了人的脑力，极大地延伸和扩展了人的脑力

69. 马克思主义认为世界的统一性在于它的物质性，其原因是（   ）。

A. 自然界是物质的　　　　　　　　B. 人类社会本质上也是物质的

C. 人的意识统一于物质　　　　　　D. 自然科学的长期发展证明了这一点

70. 关于运动，以下说法正确的是（   ）。

A. 运动是物质的存在方式

B. 运动是物质的唯一特性

C. 运动包括物质的绝对运动和相对静止两种状态

D. 运动包括宇宙间一切变化和过程

71. 世界的物质统一性原理是（   ）。

A. 对无限多样和永恒发展着的整个世界的根本观点和总的看法

B. 对整个世界的普遍本质和共同基础的真实反映

C. 全部马克思主义哲学的基石

D. 从事一切实际工作的立足点

72. 人的意识与动物心理之间的关系，正确的说法是（   ）。

A. 它们之间没有本质的区别

B. 动物心理服从于动物适应外界环境的需要，人的意识则服从人类社会实践的需要

C. 动物心理只限于感性形式，而人的意识不仅包括感性形式，还具有理性思维形式

D. 动物心理活动无需语言，而人的意识活动离不开语言

73. 人的意识的主观性方面表现为（   ）。

A. 反映形式的主观性　　　　　　　B. 不同主体的意识之间的差别性

C. 对客观对象反映的近似性　　　　D. 对客观事物反映的超前性

74. 人们制造强大的火箭，克服地球引力，发射地球卫星，这说明（   ）。

A. 人们不仅可以认识规律，而且可以改造规律

B. 规律是可以看得见、摸得着的浮现在事物表面的东西

C. 规律虽然看不见、摸不着，但可以被人们所认识和利用

D. 规律是客观的，是不以人的意志为转移的

三、简答题

1. 简述哲学的基本问题。

2. 简述唯物主义与唯心主义的划分标准。

3. 简述可知论与不可知论的划分标准。

4. 唯物主义的三种历史形态是什么？

5. 简述意识能动作用的主要表现。

6. 如何处理好主观能动性和客观规律性的关系。

7. 正确发挥人的主观能动性的前提和条件是什么？

8. 简述人类社会的物质性的主要表现。

9. 简述人的意识统一于物质。

四、论述题

1. 如何理解马克思主义的物质观及其现代意义？

2. 人工智能为什么不能取代或超越人类智能？

3. 如何理解世界的物质统一性原理及其重要意义？

五、材料分析题

1. 阅读下列材料并回答问题：

材料一 17世纪和18世纪的一些唯物主义者，受当时自然科学发展水平的限制，把物质归结为原子或物体的某些特征。伽桑狄说："物质是按一定次序结合的不可分不可灭的原子的总和。"爱尔维修说："物质并不是一件东西，自然界中只有一些我们称之为形体的个体，物质这个名词只能了解为那些为一切形体所固有的特性的集合。"他认为，广延性、密度、不可入性等是一切形体所具有的特性。

——笔者根据相关资料整理改编。

材料二 19世纪末20世纪初，X射线、放射性和电子的发现，否定了原子是物质的始原、原子不可分、元素不可变等传统思想。一些自然科学家由于不懂辩证法，认为"原子非物质化了，物质消失了"。马赫主义者抓住这一点以论证唯心主义，宣称"物质消失了"，就是"物质本身不存在了"，只存在感性知觉，物质是"荒谬的虚构"和"假设"。

——笔者根据相关资料整理改编。

材料三 "物质正在消失"这句话的意思是说：至今我们认识物质所达到的那个界限正在消失，我们的知识正在深化；那些从前看来是绝对的、不变的、原本的物质特性（不可入性、惯性、质量等等）正在消失，现在它们显现出是相对的、仅为物质的某些状态所固有的。因为物质的唯一"特性"就是：它是客观实在，它存在于我们的意识之外。

——摘自《列宁选集》第2卷。

(1) 材料一所表明的哲学观点是什么？有什么局限性？

(2) 材料二所体现的自然科学发展同哲学的关系是什么？

(3) 结合列宁的观点，简述唯物主义物质范畴和自然科学的物质结构的学说。

2. 在世界的本原问题上，历史上的哲学家们有不同的回答：

材料一 贝克莱认为，存在就是人们对事物的感知，事物是人们各种感觉的集合。黑格尔认为，整个世界不过是绝对观念外化的产物。

——笔者根据相关资料整理改编。

材料二 笛卡尔认为，物质和精神是两种绝对不同的实体，精神的本性是思维，物质的本性是广延，广延不能思维，思维不能广延。物质和精神互不相通，彼此独立，两者都是世界的本原。

——摘自《十六—十八世纪西欧各国哲学》。

材料三 斯宾诺莎认为，物质自然界是唯一的实体，其余的一切都是它的属性和具体样式。思维和广延不是两个独立的实体，而是唯一的物质实体的两种不同属性。一切物质都具有思维的属性，一切个体事物都有心灵，只是程度不同。

——摘自《十六—十八世纪西欧各国哲学》。

(1) 材料一属于什么观点，两位哲学家有什么区别，错在何处？
(2) 材料二属于什么观点，错误何在？
(3) 材料三属于什么观点，有何错误？

3. 阅读下列材料并回答问题：

宋人有闵其苗之不长而揠之者，芒芒然归，谓其人曰："今日病矣！余助苗长矣。"其子趋而往视之，苗则槁矣。

——摘自孟子：《揠苗助长》。

揠苗助长的寓言说明了什么哲学道理？

4. 阅读下列材料并回答问题：

材料一 "表象""不是头脑的（生理的、心理的、心理物理的）机能""思维也不是头脑的产物，甚至也不是头脑的生理机能或一般状态。"

——阿芬那留斯：转引自《列宁全集》第18卷。

材料二 "存在即是被感知。"

——摘自贝克莱：《人类知识原理》。

材料三 "假定一切物质都具有在本质上跟感觉相似的特性、反映的特性，这是合乎逻辑的。"

——摘自《列宁选集》第2卷。

材料四 "天才们无论怎样说大话，归根结底，还是不能凭空创造。描神画鬼，毫无对证，本可以专靠了神思，所谓'天马行空'似的挥写了，然而他们写出来的，也不过是三只眼、长颈子，也就是在正常的人体身上，增加了眼睛一只，拉长了颈子二三尺而已。"

——摘自《鲁迅全集》第6卷。

材料五 "观念的东西不外是移入人的头脑并在人的头脑中改造过的物质的东西而已。"

——摘自《马克思恩格斯选集》第2卷。

（1）材料一、材料二的观点对吗？为什么？

（2）材料三、材料四、材料五涉及了什么问题？阐述了哪些哲学原理？

第一章第一节　习题参考答案

第二节　事物的普遍联系和变化发展

一、单项选择题

1. 唯物辩证法的总特征是（　　）。

    A. 唯物辩证法的范畴体系　　　　　B. 矛盾的对立面又统一又斗争

    C. 联系和发展　　　　　　　　　　D. 运动和静止辩证统一

2. "鱼儿离不开水，瓜儿离不开秧。"这一说法主要体现了事物的（　　）。

    A. 本质　　　　　B. 联系　　　　　C. 质变　　　　　D. 发展

3. "沉舟侧畔千帆过，病树前头万木春。""芳林新叶催陈叶，流水前波让后波。"这两句诗包含的哲学道理是（　　）。

    A. 矛盾是事物发展的动力　　　　　B. 事物是本质和现象的统一

    C. 事物的发展是量变和质变的统一　D. 新事物代替旧事物是事物发展的总趋势

4. 中国古代哲学家公孙龙"白马非马"之说的错误在于割裂了（　　）。

    A. 内因和外因的关系　　　　　　　B. 矛盾统一性和斗争性的关系

    C. 矛盾主要方面和次要方面的关系　D. 矛盾的普遍性和特殊性的关系

5. 唯物辩证法的否定之否定规律揭示了事物发展的（　　）。

    A. 方向和道路　　　　　　　　　　B. 形式和状态

    C. 结构和功能　　　　　　　　　　D. 源泉和动力

6. 辩证法的否定即"扬弃"，它的含义是指（　　）。

    A. 抛弃　　　　　　　　　　　　　B. 事物中好的方面和坏的方面的组合

    C. 纯粹的否定　　　　　　　　　　D. 既克服又保留

7. "假象是客观的，是本质的表现。"这是（　　）。

    A. 主观唯心主义的观点　　　　　　B. 相对主义诡辩论的观点

    C. 辩证唯物主义的观点　　　　　　D. 不可知论的观点

8. 在事物的内容和形式的矛盾运动中（　　）。

    A. 内容是相对稳定的，形式是活跃易变的

    B. 内容是活跃易变的，形式是相对稳定的

    C. 内容和形式都处于不停的显著变动状态

    D. 内容的变化总是落后于形式的变化

9. 区分新旧事物的标志在于看它们（　　）。

    A. 是不是在新的历史条件下出现的

    B. 是不是符合事物发展规律、具有强大的生命力

    C. 是不是有新形式和新特点

    D. 是不是得到大多数人的承认

10. 度是（　　）。

    A. 事物的质量和数量的界限　　　　　　B. 事物保持其质的稳定性的数量界限

    C. 事物保持其量的稳定性的范围　　　　D. 事物发生变化的关节点

11. 在哲学史中，我们可以看到，各种唯心主义派别之间的差异和矛盾，常常有利于唯物主义的发展。这一事实说明（　　）。

    A. 矛盾一方克服另一方，促使事物发展

    B. 矛盾一方的发展可以为另一方的发展创造条件

    C. 矛盾双方中每一方的自身矛盾，可以为另一方的发展所利用

    D. 矛盾双方的融合促使事物的发展

12. 在工作中防止"过"和"不及"的关键在于（　　）。

    A. 抓住事物的主要矛盾　　　　　　　　B. 认识事物的量

    C. 确定事物的质　　　　　　　　　　　D. 把握事物的度

13. 事物内部的肯定方面和否定方面的对立统一运动，从表现形式上看是（　　）。

    A. 事物自我完善和自我发展的过程　　　B. 新事物战胜旧事物的过程

    C. 螺旋式上升或波浪式前进的过程　　　D. 不断周而复始的循环过程

14. 矛盾的两种基本属性是（　　）。

    A. 矛盾的主要方面和矛盾的次要方面　　B. 矛盾的同一性和斗争性

    C. 矛盾的普遍性和特殊性　　　　　　　D. 矛盾的对抗性和非对抗性

15. 生物物种的遗传和变异表明事物内部存在着（　　）。

    A. 肯定和否定两个方面　　　　　　　　B. 质变和量变

    C. 矛盾的同一性和斗争性　　　　　　　D. 主要矛盾和次要矛盾

16. 辩证法所说的矛盾是指（　　）。

    A. 人们思维中的自相矛盾

    B. 事物之间或事物内部各要素之间的对立统一

    C. 对立面的相互排斥

    D. 事物之间或事物内部各要素之间的相互依赖

17. 运用主要矛盾和矛盾的主要方面原理在方法论上应坚持（　　）。

    A. 均衡论　　　　　　B. 一点论　　　　　　C. 重点论　　　　　　D. 二元论

18. 否定之否定规律揭示了事物的发展是（　　）。

    A. 直线前进的过程　　　　　　　　　　B. 不断回到出发点的过程

    C. 螺旋式上升或波浪式前进的过程　　　D. 不断周而复始的循环过程

19. 在马克思主义普遍原理指导下，从中国的基本国情出发，走建设有中国特色的社会主义道路。这体现了（　　）。

    A. 矛盾的同一性和斗争性的统一　　　　B. 矛盾的普遍性和特殊性的统一

    C. 事物发展的量变和质变的统一　　　　D. 事物发展的前进性和曲折性的统一

20. "只见树木，不见森林"；"一叶障目，不见泰山"。这是一种（　　）。

    A. 不可知论的观点　　　　　　　　　　B. 相对主义的观点

    C. 庸俗主义的观点　　　　　　　　　　D. 形而上学的观点

21. 常言道"前途是光明的，道路是曲折的"。这句话体现的最主要的辩证法原理是（　　）。

    A. 世界永恒发展的原理　　　　　　　　B. 事物普遍联系的原理

    C. 否定之否定规律　　　　　　　　　　D. 质量互变规律

22. 唯物辩证法和形而上学斗争的焦点在于是否承认（　　）。

    A. 事物是客观存在的　　　　　　　　　B. 事物是普遍联系的

    C. 事物是变化发展的　　　　　　　　　D. 矛盾是事物发展的动力

23. 一些地方的人们掠夺性地滥挖草原上的甘草，虽获得了一定的经济利益，却破坏了草原植被，造成土地荒漠化，一遇大风，沙尘暴铺天盖地而至，给人们带来了巨大灾难。这些人的做法违背了（　　）。

    A. 事物普遍联系的观点　　　　　　　　B. 事物永恒发展的观点

    C. 量变和质变统一的观点　　　　　　　D. 必然性和偶然性统一的观点

24. "一把钥匙开一把锁。"这句话强调的是（　　）。

    A. 要注重分析矛盾的特殊性　　　　　　B. 要承认事物运动的规律性

    C. 要注重分析矛盾的普遍性　　　　　　D. 要承认事物的客观性

25. 矛盾的普遍性的含义是（　　）。

    A. 矛盾无处不在，无时不有　　　　　　B. 矛盾推动一切事物发展

    C. 矛盾决定一切事物的性质　　　　　　D. 矛盾是永远存在的

26. 矛盾问题的精髓是（　　）。

    A. 主要矛盾和次要矛盾的关系问题

    B. 矛盾的同一性和斗争性的关系问题

    C. 矛盾的普遍性和特殊性的关系问题

    D. 矛盾的主要方面和次要方面的关系问题

27. 认为"任何一个事物都和物质世界的其他事物处于普遍联系之中"是（　　）。

    A. 唯物辩证法的正确观点　　　B. 唯心主义诡辩论的错误观点

    C. 形而上学的错误观点　　　　D. 机械唯物主义的观点

28. 由于机遇，科学家获得新成果，这是（　　）。

    A. 必然的结果　　　　　　　　B. 命运的安排

    C. 偶然的巧合　　　　　　　　D. 偶然中隐藏着必然

29.唯物辩证法的实质和核心是（　　）。

    A. 质量互变规律   B. 对立统一规律

    C. 否定之否定规律   D. 联系和发展的规律

30.区别量变和质变的根本标志是（　　）。

    A. 事物变化持续时间的久暂   B. 事物量的变化是否超出度的范围

    C. 事物变化的显著与不显著   D. 事物质变是否引起新的量变

31.同质事物之间相互区别的依据是（　　）。

    A. 事物的度   B. 事物质的规定性

    C. 事物量的规定性   D. 事物的特殊矛盾

32."任何个别（无论怎样）都是一般。"这句话的正确含义是（　　）。

    A. 特殊性就是普遍性   B. 特殊性存在于普遍性之中

    C. 特殊性中包含着普遍性   D. 普遍性是特殊性的总和

33.主要矛盾和非主要矛盾，矛盾的主要方面与非主要方面的关系要求我们（　　）。

    A. 坚持均衡论和重点论的统一   B. 坚持均衡论和一点论的统一

    C. 坚持两点论和重点论的统一   D. 坚持两点论和一点论的统一

34.质量互变规律主要揭示（　　）。

    A. 事物发展的根本动力   B. 事物发展的基本状态

    C. 事物发展的趋势和道路   D. 事物发展的外貌特征

35.具有直接同一性联系的是（　　）。

    A. 思维与存在   B. 量变和质变

    C. 事物的质和事物   D. 事物的质和量

36.经济发展，民生改善，使社会进一步稳定；社会进一步稳定，有利于推动经济发展，使民生改善。从因果联系来看，这说明（　　）。

    A. 原因和结果相互区别   B. 原因和结果是无法区分的

    C. 原因和结果关系复杂多样   D. 原因和结果相互作用

37.对历史文化遗产采取批判和继承相统一的哲学基础是（　　）。

    A. 量变和质变的辩证关系   B. 唯物辩证法的发展观

    C. 辩证的否定观   D. 矛盾的普遍性和特殊性的辩证关系

38.否定方面是（　　）。

    A. 促使现存事物灭亡的方面   B. 事物的消极方面

    C. 矛盾的主要方面   D. 在事物中处于支配地位的方面

39.正确发挥意识能动作用的客观前提是（　　）。

    A. 个人积极性的充分调动   B. 集体智慧的充分发挥

    C. 对客观规律的正确认识   D. 对保守思想的彻底克服

40.从哲学上来讲，和谐就是指（　　）。

    A. 事物之间不存在矛盾   B. 事物之间的矛盾没有斗争性

    C. 矛盾双方的绝对同一   D. 矛盾的一种特殊形式

41.辩证法和形而上学所回答的是（　　）。

A.世界的本原是什么的问题　　　B.世界可知否问题

C.世界的状况怎样的问题　　　　D.世界的本质是什么问题

42.一位机械工程专家讲过这样一件事：他在农场劳动，有一天领导要他去割羊草。他没养过羊，怎么认得羊草呢？但脑子一转办法就来了。他把羊赶出去，看羊吃什么就割什么。不到半天就割回了羊草。这位专家之所以这样做是因为他意识到，"羊吃草"与"割羊草"两者之间存在着（　　）。

A.主观联系　　　　　　　　　　B.必然联系

C.因果联系　　　　　　　　　　D.本质联系

43.《百喻经》中有一则寓言：有一个愚人到别人家去做客，他嫌菜没有味道，主人就给他加了点盐。菜里加盐以后，味道好极了。愚人就想："菜之所以鲜美，是因为有了盐。加一点点就如此鲜美，如果加更多的盐，岂不更加好吃？"回家之后，他把一把盐放进嘴里，结果又苦又咸。这则寓言给我们的启示是（　　）。

A.持续的量变会引起事物发生质的变化

B.在认识和处理问题时要掌握适度的原则

C.不可能通过一些现象而去认识某个事物的本质

D.在事物的发展过程中要时时注意事物的自我否定

44.有这样一道数学题："90%×90%×90%×90%×90%=？"其答案是约59%。90分看似一个非常不错的成绩，然而，在一项环环相扣的连续不断的工作中，如果每个环节都打点折扣，最终得出的成绩就是不及格。这里蕴含的辩证法道理是（　　）。

A.肯定中包含否定　　　　　　　B.量变引起质变

C.必然性通过偶然性开辟道路　　D.可能和现实是相互转化的

45.史铁生在《我与地坛》里说："我常以为是丑女造就了美人，我常以为是愚氓举出了智者，我常以为是懦夫衬照了英雄，我常以为是众生度化了佛祖。"这句话表明（　　）。

A.矛盾双方相互依存、互为存在的前提

B.必然性通过偶然性开辟道路

C.量变必然导致质变

D.有其因必有其果

46.据报载，有一位农民，听说某地培育出一种新的玉米，收成很好，于是他千方百计买来一些。他的邻居们听说后，向他询问种子的有关情况和出售种子的地方。这位农民害怕大家都用这样的种子而使自己失去竞争优势，便拒绝回答。邻居们没办法，只好继续种原来的种子。谁知，收获的时候，这位农民的玉米并没有获得丰收，与邻居家的玉米相比，也强不到哪里去。为了寻找原因，农民去请教一位专家，很快查出了玉米减产的原因：他的优质玉米接受了邻居劣等玉米的花粉。这个故事体现的哲理是（　　）。

A.量变引起质变

B.偶然性通过必然性开辟道路

C.事物之间的联系是相互影响、相互制约、相互作用的

D. 有其因必有其果

47. 清朝有一首关于钓鱼的诗歌:"春钓浅滩,夏钓树荫,秋钓坑潭,冬钓朝阳。春钓深,冬钓清,夏池秋水黑阴阴。春钓雨雾夏钓早,秋钓黄昏冬钓草。"这首诗歌通俗地表达了春夏秋冬四季垂钓的环境各异,它所体现的哲理是(　　)。

　　A. 矛盾的对立面之间相互贯通,在一定条件下可以相互转化

　　B. 事物内部各要素之间和事物之间的联系是客观的、必然的

　　C. 具体事物在其运动中的矛盾及每一矛盾的各个方面都有其特点

　　D. 把握度是正确区分事物量变和质变的根本标志

48. 事物发展的动力和源泉是(　　)。

　　A. 质和量的相互转化　　　　　　B. 肯定和否定的相互转化

　　C. 矛盾的同一性和斗争性　　　　D. 矛盾双方的互相排斥、互相否定

49. "善游者溺,善骑者堕,各以其所好,反自为祸。"古人这句话给我们的哲学启示是(　　)。

　　A. 事物在一定条件下是可以转化的

　　B. 要透过现象认识事物的本质

　　C. 人可以得于长处,也可以失于长处

　　D. 矛盾的主要方面决定事物的性质

50. "横看成岭侧成峰,远近高低各不同。不识庐山真面目,只缘身在此山中。"说明了(　　)。

　　A. 本质与现象的关系　　　　　　B. 内容与形式的关系

　　C. 原因与结果的关系　　　　　　D. 必然与偶然的关系

51. 小说《装在套子里的人》里的别里科夫每天出门总要穿着雨衣,带上雨伞,穿着雨鞋,认为"说不定要下雨呢",他把下雨这个客观事物看作(　　)。

　　A. 必然性　　　B. 偶然性　　　C. 可能性　　　D. 现实性

52. "人不能两次踏进同一条河流"和"人一次也不能踏进同一条河流",这两种观点是(　　)。

　　A. 前者是辩证法,后者是诡辩论

　　B. 前者是形而上学,后者是辩证法

　　C. 是相同的,只是强调的方面不同

　　D. 两者都是辩证法,后者是对前者的发展

53. 北京奥运会提出的口号是"同一个世界,同一个梦想",其中的含义有(　　)。

　　A. 人类社会是一个普遍联系的整体

　　B. 世界上的各个国家、各个民族是没有差异的

　　C. 人类的文化观念和想法是完全相同的

　　D. 人类世界是充满矛盾的

54. 发展的实质是(　　)。

　　A. 前进性与曲折性的统一　　　　B. 量变与质变的相互转化

　　C. 运动与静止的相对统一　　　　D. 旧事物的灭亡和新事物的产生

55.判断一个事物是否为新事物的根据是（　　）。

　　A.出现的时间　　　　　　　　B.它的形式新奇

　　C.符合事物发展的规律性　　　D.力量的强大

56.马克思指出：辩证法在对现存事物的肯定的理解中同时包含对现存事物的否定的理解，即对现存事物的必然灭亡的理解；辩证法对每一种既成的形式都是从不断的运动中，因而也是从它的暂时性方面去理解；辩证法不崇拜任何东西，按其本质来说，它是批判的和革命的。这段表述所指明的辩证法的重要观点是（　　）。

　　A.实践的观点　　　　　　　　B.发展的观点

　　C.科学的观点　　　　　　　　D.联系的观点

57."世界上唯一不变的是变。"这一论断的含义是（　　）。

　　A.变是世界的本原　　　　　　B.世界上只有变，没有不变

　　C.变是绝对的，不变是相对的　D.变与不变是绝对对立的

58.在唯物辩证法五大范畴中，揭示事物引起与被引起关系的一对范畴是（　　）。

　　A.现象与本质　　　　　　　　B.内容与形式

　　C.原因与结果　　　　　　　　D.必然与偶然

59.在唯物辩证法五大范畴中，揭示事物的外在联系和内在联系的一对范畴是（　　）。

　　A.现象与本质　　　　　　　　B.内容与形式

　　C.原因与结果　　　　　　　　D.必然与偶然

60.在唯物辩证法五大范畴中，从构成要素和表现方式两个方面反映事物的一对范畴是（　　）。

　　A.现象与本质　　　　　　　　B.内容与形式

　　C.原因与结果　　　　　　　　D.必然与偶然

61.在唯物辩证法五大范畴中，揭示事物发生、发展和灭亡的不同趋势的一对范畴是（　　）。

　　A.现象与本质　　　　　　　　B.现实与可能

　　C.原因与结果　　　　　　　　D.必然与偶然

62.在唯物辩证法五大范畴中，反映事物过去、现在和将来关系的一对范畴是（　　）。

　　A.现象与本质　　　　　　　　B.现实与可能

　　C.原因与结果　　　　　　　　D.必然与偶然

63.事物发展的动力在于（　　）。

　　A.矛盾的同一性和斗争性单独起作用

　　B.矛盾的同一性和斗争性共同发生作用

　　C.矛盾的同一性

　　D.矛盾的斗争性

64.矛盾是反映（　　）的哲学范畴。

　　A.对立面双方之间互相联系和转化的关系

　　B.事物内部或事物之间既对立又统一的关系

　　C.主体和客体相互作用的关系

　　D.对立面之间相互排斥和相互否定的关系

65."居安思危"体现的哲学道理是（　　）。

    A. 矛盾双方在一定条件下可以相互转化

    B. 矛盾既具有普遍性又具有特殊性

    C. 内因和外因相结合推动事物发展

    D. 事物发展是量变和质变的统一

66."'君子和而不同。'和谐而又不千篇一律，不同而又不相互冲突。和谐以共生共长，不同以相辅相成。"这一思想体现了唯物辩证法关于（　　）。

    A. 矛盾普遍性和特殊性及其关系

    B. 主要矛盾和非主要矛盾、矛盾主要方面和非主要方面及其关系

    C. 量变和质变及其关系

    D. 矛盾同一性和斗争性及其关系

67.实际工作中"一刀切"的习惯做法，忽视了事物的（　　）。

    A. 质的稳定性　　　　　　　　B. 量的规定性

    C. 矛盾的特殊性　　　　　　　D. 矛盾的普遍性

68.在矛盾体系中，处于支配地位并对事物发展起决定作用的是（　　）。

    A. 内部矛盾　　　　　　　　　B. 普遍矛盾

    C. 主要矛盾　　　　　　　　　D. 次要矛盾

69."一个志在有大成就的人，他必须如歌德所说，知道限制自己。反之，那些什么事都做的人，其实什么事都不能做，而终归于失败。"这告诉我们（　　）。

    A. 要学会分清事物矛盾的性质

    B. 要懂得对事物进行矛盾分析

    C. 要学会用不同的方法解决不同矛盾

    D. 要抓住主要矛盾，不要平均使用力量

70.事物的质变是指（　　）。

    A. 事物由简单到复杂的变化　　B. 事物数量的增减

    C. 事物根本性质的变化　　　　D. 事物位置的移动

71.荀子在《劝学篇》中说："不积跬步，无以至千里；不积小流，无以成江海。"这句话强调的是（　　）。

    A. 质变和量变相互渗透　　　　B. 量变是质变的必要准备

    C. 质变体现量变的成果　　　　D. 质变为新的量变开拓道路

72.总的量变过程中的阶段性部分质变是指（　　）。

    A. 事物的全局未变，局部发生了变化

    B. 事物的质变过程中有量的扩张

    C. 事物性质的根本变化

    D. 事物的本质未变，但非本质属性发生了变化

73.为了达到共同富裕的目标，让一部分人通过诚实劳动和合法经营先富起来。这体现了质量互变规律关于（　　）。

    A. 总的量变过程中局部性部分质变的原理

  B. 非爆发式飞跃的原理

  C. 总的量变过程中阶段性部分质变的原理

  D. 质变过程中量的扩张的原理

74. 构建社会主义和谐社会的哲学依据是（　　）。

  A. 矛盾的普遍性原理　　　　　　B. 矛盾的特殊性原理

  C. 矛盾的同一性原理　　　　　　D. 矛盾的斗争性原理

75. 联系是指事物内部各要素之间和事物之间相互影响、相互制约、相互作用的关系。辩证联系的前提是（　　）。

  A. 事物之间的区别　　　　　　　B. 事物的相互过渡

  C. 事物的相互依存　　　　　　　D. 事物的相互转化

76. 凡真实的联系都是事物本身所固有的联系，而不是人们强加给事物的主观臆想的联系。这种情况主要说明，联系是（　　）。

  A. 客观的　　　　　　　　　　　B. 普遍的

  C. 复杂多样的　　　　　　　　　D. 关系范畴

77. 联系既是客观的，又是普遍的。关于普遍联系，下列观点错误的是（　　）。

  A. 卜卦算命等都是客观联系

  B. 世界是相互联系的统一整体

  C. 世界的普遍联系是通过中介实现的

  D. 任何事物的内部和外部都处在相互联系之中

78. 联系的内容和形式多种多样，不同的联系在事物发展过程中的作用不同，其中决定事物的基本性质和发展趋势的联系是事物的（　　）。

  A. 外部联系　　　　　　　　　　B. 直接联系

  C. 主要联系　　　　　　　　　　D. 内部的、本质的、必然的联系

79. 人和人之间既有物质利益的关系，也有政治、文化的交往，还有思想意识的沟通和交流。这种现象主要说明（　　）。

  A. 联系是普遍的，多种多样的　　B. 只有人和人之间存在着联系

  C. 交往是事物之间的普遍现象　　D. 物质利益和意识的联系是绝对的

80. 列宁认为，辩证法的实质是（　　）。

  A. 共性与个性、绝对与相对的道理

  B. 量变和质变的相互渗透

  C. 否定之否定规律

  D. 统一物之分为两个部分以及对它的矛盾着的部分的认识

81. 关于矛盾的斗争性及斗争形式，下列观点错误的是（　　）。

  A. 有矛盾就有斗争性

  B. 不同的矛盾，其斗争性的形式不同

  C. 斗争性形式的改变就是矛盾斗争的消失

  D. 同一矛盾在不同发展阶段上的斗争性形式不同

82.西周史伯提出"尚和去同"，这一思想包含的哲学道理是（　）。

　　A.肯定和谐，否定区别　　　　　B.除去相同，保留对立

　　C.尊崇事物的对立统一　　　　　D.注重事物的绝对同一

83.贯穿事物发展过程的始终，规定着事物性质的是事物的（　）。

　　A.主要矛盾　　　　　　　　　　B.矛盾的主要方面

　　C.根本矛盾　　　　　　　　　　D.矛盾的否定方面

84.老子说："天下皆知美之为美，斯恶已；皆知善之为善，斯不善已。"这个命题看到了（　）。

　　A.美与恶的直接同一　　　　　　B.善与不善的绝对对立

　　C.主要矛盾决定事物的性质　　　D.事物的相反相成，物极必反

85.在生物界，通过自然选择使能够适应环境变化的物种生存下来，不能适应环境变化的物种被淘汰。这种矛盾的解决主要采取的形式是（　）。

　　A.双方同归于尽　　　　　　　　B.融合为一个新事物

　　C.矛盾的一方克服另一方　　　　D.为新的对立双方所代替

86.拉法格在《忆马克思》中写道："他（马克思）还认为，一种科学只有在成功地运用数学时，才算达到了真正完善的地步。"马克思这一思想主要说明（　）。

　　A.掌握数学就能更新观念

　　B.只有精确地认识量，才能更深刻地把握质

　　C.心中有数就可以克服"激变论"

　　D.数量和事物的存在是直接同一的

87.关于事物的质、量，下列观点错误的是（　）。

　　A.事物有多方面的质和量

　　B.质和量同事物不可分割

　　C.事物的质和量同事物是直接同一的

　　D.区分质是认识量的前提，考察量是认识质的深化

88.党的十八大提出全面建成小康社会的目标，既有质的要求，也有量的指标。这一目标的制定充分说明（　）。

　　A.认识事物的量是认识的起点

　　B.认识事物的质是认识的精确化

　　C.事物的质是单一的，量是多方面的

　　D.认识度才能准确地把握事物的质并提出指导实践的正确准则

89."在总量没有增减的条件下，事物的结构变化也会引起质变。"这是（　）。

　　A.诡辩论观点　　　　　　　　　B.形而上学观点

　　C.唯心主义观点　　　　　　　　D.唯物辩证法观点

90.人们日常看到的相持、平衡、静止等，都是（　）。

　　A.事物在量变过程中呈现的状态　　B.事物在质变过程中呈现的状态

　　C.量变过程中的局部性部分质变　　D.质变过程存在着量的扩张

91.像世界上一切事物的发展一样，社会的发展也有量变、部分质变和质变等基本形式，

其中的部分质变是实现社会发展的必要环节，这一环节是指（　　）。

    A. 社会稳定　　　　　　　　　　B. 社会和谐

    C. 社会改革　　　　　　　　　　D. 社会革命

92. 在事物的质变过程中包含着新质在量上的扩张，这种情况表明（　　）。

    A. 量变是事物渐进过程的中断　　B. 事物的阶段性部分质变

    C. 事物的局部性部分质变　　　　D. 事物的质变中渗透着量变

93. 毛泽东在《论持久战》中指出，抗日战争可以分为防御、相持和战略反攻三个阶段，"中国由劣势到平衡到优势，日本由优势到平衡到劣势，中国由防御到相持到反攻，日本由进攻到保守到退却"。这三个阶段的变化是（　　）。

    A. 总的量变过程中阶段性的部分质变

    B. 总的量变过程中局部性的部分质变

    C. 质变过程中旧质在量上的收缩

    D. 质变过程中新质在量上的扩张

94. 所谓"不破不立"，其哲学道理是（　　）。

    A. 否定中包含肯定　　　　　　　B. 否定是矛盾的主要方面

    C. 质变就是否定　　　　　　　　D. 否定是事物整个过程的核心

95. 事物否定之否定过程的曲折性主要体现在（　　）。

    A. 挫折　　　　　　　　　　　　B. 回复性

    C. 倒退　　　　　　　　　　　　D. 暂时的停顿

96. 事物的否定之否定过程，从内容上看是（　　）。

    A. 事物自我发展的过程　　　　　B. 事物波浪式前进的过程

    C. 事物保留精华的过程　　　　　D. 事物仿佛回到出发点的过程

97. 庖丁解牛之所以能做到游刃有余，就是因为他（　　）。

    A. 立足于偶然性　　　　　　　　B. 重视并善于利用偶然因素

    C. 抓住偶然的机遇　　　　　　　D. 认识和利用了必然

98. 关于现象和本质的关系，下列观点错误的是（　　）。

    A. 现象是事物的外部表现，本质是事物的内部联系

    B. 人们用感官感知现象，用思维把握本质

    C. 现象丰富、多变，本质深刻、稳定

    D. 现象包括真象和假象，都是本质的反映

99. "凡事预则立，不预则废。"这一思想说明（　　）。

    A. 现象和本质会直接合而为一

    B. 假象与错觉是一回事

    C. 正确把握事物的因果联系是自觉行动的必要条件

    D. 要区分两种性质不同的可能性

100. "兵不厌诈""声东击西""诱前袭后"，都是战争中用来迷惑对手的一种（　　）。

    A. 真象　　　　　B. 假象　　　　　C. 错觉　　　　　D. 谬误

101. 有时"眼见不一定为实",这种情况主要说明(   )。

    A. 本质是无法掌握的
    B. 本质是认识事物的向导

    C. 掌握本质必须对现象进行科学分析
    D. 真象才能表现本质

102. 事物的内容是(   )。

    A. 潜在的尚未实现的东西

    B. 包含内在根据的、合乎必然性的存在

    C. 事物诸要素相互结合的结构和表现方式

    D. 构成事物一切要素的总和,是事物存在的基础

103. 量变和质变的辩证转化揭示了事物的发展是(   )。

    A. 前进性和曲折性的统一
    B. 前进性和重复性的统一

    C. 连续性和阶段性(飞跃性)的统一
    D. 直线性和循环性的统一

104. 唯物辩证法认为,在原因和结果的关系问题上,结果是指(   )。

    A. 引起一定现象的现象
    B. 先于某种现象的现象

    C. 被一定现象所引起的现象
    D. 后于某种现象的现象

二、多项选择题

1. 恩格斯说:"当我们深思熟虑地考察自然界或人类历史或我们自己的精神活动的时候,首先呈现在我们眼前的,是一幅由种种联系和相互作用无穷无尽地交织起来的画面。"这段话所包含的辩证法观点有(   )。

    A. 联系是客观世界的本质特征
    B. 一切事物都处于相互联系之中

    C. 世界是一个相互联系的统一整体
    D. 联系既是普遍的又是复杂多样的

2. 下列选项中,体现发展的实质的有(   )。

    A. 因祸得福,祸福相依

    B. 无产阶级专政代替资产阶级专政

    C. 培育出新优质品种

    D. 原始社会的公有制经过私有制到社会主义的公有制

3. 矛盾同一性在事物发展中的作用表现为(   )。

    A. 矛盾双方在相互依存中得到发展
    B. 矛盾双方相互吸取有利于自身的因素

    C. 调和矛盾双方的对立
    D. 规定事物转化的可能和发展的趋势

4. 下列命题中属于揭示事物本质的有(   )。

    A. 水往低处流
    B. 人的本质是社会关系的总和

    C. 意识是人脑对客观世界的反映
    D. 新生事物是不可战胜的

5. 下列现象属于量变引起质变的有(   )。

    A. 生产力的增长引起生产关系的变革

    B. 物体由于量的不同而区分不同的体积

    C. 在一定温度下鸡蛋孵出小鸡

    D. 由变异的积累引起旧物种到新物种的变化

6. 辩证的否定是（　　）。

　　A. 事物的自我否定　　　　　　　　　B. 事物发展的环节

　　C. 扬弃　　　　　　　　　　　　　　D. 既克服又保留

7. "勿以善小而不为，勿以恶小而为之。"这句话体现的哲学道理有（　　）。

　　A. 事物的变化是从量变开始的　　　　B. 量变是质变的必要准备

　　C. 量变积累到一定程度会发生质变　　D. 量变和质变没明显的区别

8. 矛盾普遍性和特殊性的关系是（　　）。

　　A. 矛盾特殊性寓于矛盾普遍性之中　　B. 矛盾普遍性寓于矛盾特殊性之中

　　C. 共性和个性的关系　　　　　　　　D. 绝对和相对的关系

9. 下列说法体现质变与量变关系的有（　　）。

　　A. 九层之台，起于累土；千里之行，始于足下

　　B. 不积跬步，无以至千里；不积小流，无以成江海

　　C. 防微杜渐

　　D. 揠苗助长

10. 下列选项中，属于唯物辩证法基本规律的有（　　）。

　　A. 质量互变规律　　　　　　　　　　B. 对立统一规律

　　C. 联系发展规律　　　　　　　　　　D. 否定之否定规律

11. "祸福相倚""祸兮福所倚，福兮祸所伏"的说法表明祸与福的（　　）。

　　A. 矛盾双方是相互依存的　　　　　　B. 矛盾双方是相互包含的

　　C. 矛盾双方是相互排斥的　　　　　　D. 矛盾双方是相互转化的

12. 现象和本质的关系表现为（　　）。

　　A. 现象是外在的，本质是内在的

　　B. 现象是本质的表现，本质是现象的根据

　　C. 任何现象都是本质的表现，假象也是本质的一种表现

　　D. 现象是相对的，本质是绝对的

13. 下列说法体现正确对待矛盾特殊性原理的有（　　）。

　　A. 物极必反，相反相成　　　　　　　B. 因材施教，因人而异

　　C. 因时制宜，因地制宜　　　　　　　D. 对症下药，量体裁衣

14. 肯定和否定的辩证关系是（　　）。

　　A. 肯定中包含着否定，否定中包含着肯定

　　B. 肯定和否定同时在事物内部存在并相互转化

　　C. 肯定即是好的事物，否定即是坏的事物

　　D. 肯定方面处于优势时，事物就是保持自身的存在

15. 下列态度中，违背辩证的否定观的有（　　）。

　　A. 对传统文化批判地继承的态度

　　B. 对传统文化全盘继承的态度

　　C. 对外国文化有分析、有批判地借鉴和吸收的态度

　　D. 对外国文化照搬照抄的态度

16.普遍联系的观点认为（　　）。

 A.事物之间的联系是以事物之间的确定界限为前提的

 B.事物之间的界限是模糊不清的

 C.联系是相互区别的具体事物之间的联系

 D.事物之间存在固定不变的界限

17.矛盾同一性和斗争性的关系是（　　）。

 A.内在动力和外在条件的关系　　 B.本质和现象的关系

 C.相互联结和相互结合的关系　　 D.相对和绝对的关系

18.矛盾斗争的绝对性是指（　　）。

 A.只要斗争，就能推动事物的发展

 B.斗争不需要任何条件

 C.矛盾斗争的存在是无条件的

 D.矛盾斗争既受条件的限制，又能打破这些条件的限制

19.事物的联系是复杂多样的，它们分别是（　　）。

 A.内部联系和外部联系　　 B.本质联系和非本质联系

 C.必然联系和偶然联系　　 D.直接联系和间接联系

20.事物的量是事物自身的规定性，其特点是（　　）。

 A.不同质的事物可以有相同的量　　 B.事物的量与事物的存在不是直接同一的

 C.量的规定是多方面的　　 D.同质事物可以有不同的量

21.事物发展的曲折性有两种情形，它们是（　　）。

 A.事物发展中坏事变为好事

 B.事物发展中顺利条件变为困难条件

 C.事物发展前进中的"回复"或"复归"

 D.事物发展前进中的"倒退""逆转""退化"

22.否定之否定规律的特点有（　　）。

 A.经过量变和质变表现出其全过程

 B.经过两次否定三个阶段表现出其全过程

 C.经过肯定到否定再到否定之否定的过程

 D.否定之否定规律的内容是前进性和曲折性的统一

23.区分新事物和旧事物的根本标志是（　　）。

 A.是否符合事物发展的必然趋势　　 B.是否有强大的生命力

 C.是否有广阔发展前途　　 D.形式是否新奇

24.在科学研究中，要注意抓住偶然现象提供的机遇。这是因为（　　）。

 A.没有纯粹的必然性，必然性是通过偶然性表现出来的

 B.偶然性背后隐藏着必然性

 C.偶然性对事物发展起决定性作用

 D.事物的前途和命运就是由偶然性支配的

25.列宁说："本质决定现象，现象是本质的。"这句话的含义是（　　）。

　　A.本质就是现象

　　B.现象就是本质

　　C.任何现象都表现本质

　　D.本质是现象的根据，本质通过现象表现出来

26.对立统一规律是唯物辩证法的实质和核心，这是因为（　　）。

　　A.它揭示了普遍联系的根本内容和发展变化的内在动力

　　B.它是贯穿唯物辩证法的其他规律和范畴的中心线索

　　C.它是理解唯物辩证法的其他规律和范畴的钥匙

　　D.它是分析矛盾、解决矛盾的最根本的认识方法

27.唯物辩证法就其本质来说是批判的、革命的，因为它（　　）。

　　A.认为凡是现存的都是应当灭亡的

　　B.认为凡是存在的都是合理的

　　C.对每一种既成的形式都从其暂时性方面去理解和对待

　　D.在对现存事物的肯定理解中包含对现存事物的否定理解

28.下列格言或成语中，体现质量互变规律的有（　　）。

　　A.有无相生，前后相随　　　　　　B.月晕而风，础润而雨

　　C.千里之堤，溃于蚁穴　　　　　　D.为山九仞，功亏一篑

29.下列各项属于否定之否定现象的是（　　）。

　　A.生产—消费—再生产　　　　　　B.冰—水—汽

　　C.团结—批评—团结　　　　　　　D.麦粒—麦株—麦粒

30.割裂"前进性"和"曲折性"的统一就会导致（　　）。

　　A.庸俗进化论　　　　B.直线论　　　　C.激变论　　　　D.循环论

31.辩证否定观认为，对古今中外文化遗产的态度应该是（　　）。

　　A.古为今用　　　　　　　　　　　B.洋为中用

　　C.取其精华，去其糟粕　　　　　　D.推陈出新

32.下列工作方法体现了矛盾的普遍性和特殊性的辩证关系原理的是（　　）。

　　A."抓典型"　　　　　　　　　　　B."一般号召和个别指导相结合"

　　C."一切经过实验"　　　　　　　　D."防微杜渐"

33.古语说："奢靡之始，危亡之渐。"这句话是说，奢靡逐步发展会导致危亡。其中包含的哲学道理有（　　）。

　　A.现象是本质的外部表现　　　　　B.特殊性中包含着普遍性

　　C.量变是质变的必要准备　　　　　D.质变是量变的必然结果

34."是就是，否就否，除此之外，都是鬼话。"这一观点的错误在于（　　）。

　　A.它对否定的理解是孤立的、片面的　　B.它对肯定的理解是孤立的、片面的

　　C.它否定了肯定与否定的对立统一关系　　D.它否认了事物发展的曲折性

35.中国古代的哲学家公孙龙提出"白马非马"的命题，其错误是割裂了事物的（　　）。

　　A.一般和个别的关系　　　　　　　B.共性和个性的关系

C. 整体和部分的关系   D. 普遍和特殊的关系

36. 人不可貌相，因为"有温良而为盗者，有貌恭而心慢者，有外廉谨而内无至诚者"。这说明（ ）。

 A. 本质与现象的关系是同一的

 B. 现象是个别，本质是普遍

 C. 感官只解决现象问题，理论才解决本质问题

 D. 现象是外在易逝多变的，本质是内在相对稳定的

37. DDT 曾被誉为杀虫良药，后来发现它污染环境，危害人类和牲畜，被宣布为禁用农药。这说明（ ）。

 A. 事物的因果关系是复杂的   B. 一因可以产生多种结果

 C. 同因可以异果   D. 多因可以一果

38. 事物的联系具有（ ）。

 A. 客观性   B. 普遍性   C. 多样性   D. 条件性

39. 某山村小镇自 20 世纪 70 年代发现矾矿以来，办了三个矾矿厂。由于没有严格的环境保护措施，每天排放大量矿烟，致使大多数村民患有呼吸道疾病和皮肤病。这一做法从哲学上违背了（ ）。

 A. 事物普遍联系的原理   B. 事物联系复杂性、多样性的原理

 C. 事物运动发展的原理   D. 事物的普遍性和特殊性关系的原理

40. 下列各项属于矛盾同一性的有（ ）。

 A. 同志间的相互帮助   B. 祸与福在一定条件下相互转化

 C. 磁铁南极和北极的相互依存 D. 两个事物的绝对同一

41. "过犹不及"体现的哲学道理是（ ）。

 A. 要坚持适度原则   B. "过头"与"不及"都是错误的

 C. 量变是质变的必要准备   D. 质变是量变的必然结果

42. 唯物辩证法与形而上学的对立表现在（ ）。

 A. 联系的观点与孤立的观点的对立

 B. 发展的观点与静止的观点的对立

 C. 承认规律的客观性与承认规律的主观性的对立

 D. 主张物质世界是可知的与不可知的观点的对立

43. 共性与个性的关系是（ ）。

 A. 个性中包含着共性   B. 个性寓于共性之中

 C. 共性寓于个性之中   D. 共性与个性在一定条件下可以互相转化

44. 早在 1999 年，中美就中国加入 WTO 达成了"双赢"的协议，事实证明，它对两国的经济产生了深远的影响。这在辩证法上的启示是（ ）。

 A. 矛盾双方在互相斗争中得到发展

 B. 矛盾双方相互吸取有利于自身发展的因素

 C. 矛盾双方既对立又统一，由此推动事物的发展

 D. 调和矛盾双方的对立，从而制约事物的发展

45. 苏联解体和东欧剧变，说明社会主义在发展过程中出现挫折和反复，这一事实表明（　　）。

A. 新生事物的成长不是一帆风顺的

B. 事物的发展是前进性与曲折性的统一

C. 社会主义取代资本主义将是一个长期的过程

D. 事物的发展在方向上是前进的，而在具体道路上是曲折的

46. 下列属于必然现象的有（　　）。

A. 种瓜得瓜，种豆得豆　　　　　　B. 要自由就要遵守纪律

C. 既有闪电，就有雷声　　　　　　D. 哪里有压迫，哪里就有反抗

47. 工作中在对待可能性和现实性的关系上，错误的做法有（　　）。

A. 把可能性当作现实性

B. 把抽象可能性当作现实可能性

C. 不承认有两种相反的可能性

D. 认为可能性向现实性转化是有条件的

48. 恩格斯指出：形而上学"不能把世界理解为一种过程，理解为一种处在不断的历史发展中的物质"。与形而上学的世界观不同，唯物辩证法（　　）。

A. 是关于一切运动的最普遍规律的科学

B. 是关于普遍联系和永恒发展的科学

C. 其总特征是联系的观点和发展的观点

D. 是同形而上学根本对立的世界观和方法论

49. 麻雀吃粮食，也吃虫子，捕杀麻雀而得粮食，势必也使虫子泛滥。这种现象表明（　　）。

A. 生物是一个相互联系的整体

B. 现实的联系是彼此依存、相互制约的

C. 联系是事物本身固有的

D. 直接联系决定事物发展的基本趋势

50. 地球和太阳的相互作用构成地球绕太阳的运动，并引起地球上事物和现象的变化，比如四季更迭就是由此引起的。关于联系与运动、变化、发展的关系，下列观点正确的有（　　）。

A. 事物的相互作用必然导致事物的运动、变化和发展

B. 事物之间的相互作用使事物原有的状态和性质发生程度不同的变化

C. 事物一定形式的运动都意味着一定的发展

D. 事物运动、变化的基本趋势是发展

51. 新事物是指合乎历史前进方向、具有远大前途的东西；旧事物是指丧失历史必然性、日趋灭亡的东西。新生事物是不可战胜的，因为新事物（　　）。

A. 符合历史必然性

B. 适应已经变化了的环境和条件

C. 在本质上优越于旧事物

D. 从根本上符合人民群众的利益和要求

52.关于事物的发展及其实质，下列观点正确的有（　　）。

A.事物的发展是永恒和普遍的

B.发展是前进性的运动或变化

C.事物的质变和否定就是发展

D.发展的实质是新事物的产生和旧事物的灭亡

53.列宁指出："可以把辩证法简要地确定为关于对立面的统一的学说。这样就会抓住辩证法的核心，可是这需要说明和发挥。"这段话的意思是说，对立统一规律是唯物辩证法的实质和核心，因为对立统一规律揭示了（　　）。

A.事物发展的方向和道路　　　　B.事物发展的源泉和动力

C.事物发展的状态和形式　　　　D.事物普遍联系的本质内容

54.关于逻辑矛盾和辩证矛盾的关系，下列观点正确的有（　　）。

A.两者都是实体范畴

B.前者是主观的，后者是客观的

C.前者是主观辩证法，后者是客观辩证法

D.前者是可以并应该排除的，后者是事物本身固有的

55.矛盾同一性的形式包括矛盾双方（　　）。

A.相互依存　　　　　　　　　　B.相互贯通

C.相互渗透　　　　　　　　　　D.相互转化

56.下列属于矛盾斗争性的现象有（　　）。

A.生物界的生存竞争　　　　　　B.社会领域的阶级斗争

C.人民内部的批评与自我批评　　D.思想理论领域不同意见的争论

57.矛盾特殊性的具体表现有（　　）。

A.不同事物有其特殊矛盾　　　　B.同一过程的不同阶段有其特殊矛盾

C.矛盾发展的不平衡性　　　　　D.矛盾解决形式的多样性

58.中国现代思想史上的文化保守主义强调民族的特殊性，而自由主义全盘西化论全然不顾民族的特点，两者各执一端。马克思主义哲学认为（　　）。

A.前者以特殊性否定普遍性

B.后者以普遍性代替特殊性

C.两者都割裂了矛盾普遍性和特殊性的关系

D.两者都坚持重点论

59.新型城镇化是以城乡统筹、城乡一体、产城互动、节约集约、生态宜居、和谐发展为基本特征的城镇化，是大中小城市、小城镇、新型农村社区协调发展、互促共进的城镇化。新型城镇化要着力解决城乡矛盾。城乡矛盾合理的解决形式包括（　　）。

A.矛盾一方克服另一方　　　　　B.矛盾双方同归于尽

C.矛盾双方形成协同运动的新形式　D.矛盾双方融合成一个新事物

60.用不同的方法解决不同的矛盾是马克思主义的一个重要原则。分析矛盾特殊性的意义就在于它是（　　）。

A.某一事物区别于他物的内在规定　B.某物中保持其存在的因素

C. 科学地认识事物的基础　　　　D. 正确地解决矛盾的关键

61. 关于事物的度，下列观点正确的有（　　）。

A. 度是质和量的统一　　　　　　B. 度是事物保持其质的量的限度

C. 度就是事物的关节点或临界点　D. 认识度才能为实践活动提供适度原则

62. 事物的变化表现为量变和质变两种状态，质变是（　　）。

A. 事物根本性质的变化　　　　　B. 事物由一种质态向另一种质态的转化

C. 超出原有事物度的范围的变化　D. 事物渐进过程的中断

63. 关于量变和质变的关系，下列观点正确的有（　　）。

A. 量变是质变的必要准备，质变是量变的必然结果

B. 质变完成、体现和巩固量变成果，并为新的量变开辟道路

C. 总的量变过程中包含着部分质变

D. 质变过程中包含着新质在量上的扩张

64. 任何事物都包含肯定和否定两个方面，唯物辩证法认为（　　）。

A. 肯定总是属于矛盾的主要方面　B. 否定是事物中促使其灭亡的方面

C. 事物自己否定自己就是质的飞跃 D. 肯定和否定互相依赖，互相渗透

65. 同辩证否定观相对立的形而上学否定观认为（　　）。

A. 否定是扬弃　　　　　　　　　B. 否定是外在的、主观任意的否定

C. 否定是不包含肯定的否定　　　D. 否定是事物发展和联系的环节

66. 关于事物的否定之否定过程，下列观点正确的有（　　）。

A. 它是经历两次否定、三个阶段的有规律的过程

B. 从内容上看，它是自己发展自己、自己完善自己的过程

C. 从形式上看，它是前进性和曲折性的统一

D. 它是由各种实例的总和构成的

67. 事物变化发展的方向和道路是由肯定到否定，再到否定之否定的循环往复的前进过程。事物的前进性体现在（　　）。

A. 每一次否定都是量变，都有数量增减或场所变更

B. 每一次否定都是质变，都把事物推到新阶段

C. 每一次否定都有一个周期，都仿佛回到了出发点

D. 每一周期都是开放的，不存在不被否定的终点

68. "前途是光明的，道路是曲折的。"这一命题包含的哲理有（　　）。

A. 新陈代谢是事物的辩证本性

B. 事物的发展是否定之否定的过程

C. 事物的发展是仿佛回到出发点的运动

D. 事物发展过程是前进性和曲折性的统一

69. 关于必然性和偶然性的关系，下列观点正确的有（　　）。

A. 必然性通过偶然性为自己开辟道路

B. 偶然性是必然性的表现形式和补充

C. 有些事情是纯粹必然的，有些事情是纯粹偶然的

D. 必然性和偶然性在一定条件下可以相互转化

70. 在必然性与偶然性的辩证关系中，必然性（　　）。

　　A. 通过大量的偶然性表现出来

　　B. 是与偶然性既对立又统一的哲学范畴

　　C. 在一定条件下可以转化为偶然性

　　D. 深藏于偶然性背后，并制约着偶然性

71. 脱离了人体的手就变成了没有生气的、死的东西，这是（　　）。

　　A. 形而上学片面、孤立的观点　　　　　　B. 辩证法普遍联系的观点

　　C. 整体与部分的关系的系统论的观点　　　D. 部分受整体决定和制约的观点

72. 假象（　　）。

　　A. 是主观的　　　　　　　　　　　　　　B. 是客观的

　　C. 容易使人产生错觉　　　　　　　　　　D. 也是本质的表现

73. 看问题、办事情都要坚持（　　）。

　　A. 两点论和重点论的统一　　　　　　　　B. 两点论和均衡论的统一

　　C. 一点论和重点论的统一　　　　　　　　D. 既要全面，又要抓重点

74. 认识事物的量的意义在于（　　）。

　　A. 它是认识事物的开始和认识事物的前提

　　B. 它是人们对事物认识的深化和精确化

　　C. 它对事物做出数量分析，使人们做到胸中有数

　　D. 它能把同质的事物区分开来

75. 矛盾发展的不平衡性是指（　　）。

　　A. 内部矛盾与外部矛盾的不平衡　　　　　B. 主要矛盾与次要矛盾的不平衡

　　C. 普遍矛盾与特殊矛盾的不平衡　　　　　D. 矛盾的主要方面与次要方面的不平衡

76. 可能性是潜在的、尚未实现的东西。它区分为多种情况，其中有（　　）。

　　A. 可能性与不可能性　　　　　　　　　　B. 现实可能性与抽象可能性

　　C. 好的可能性与坏的可能性　　　　　　　D. 可能性量的大小

77. 偶然性在事物发展中居于从属地位，它（　　）。

　　A. 对事物的发展起影响作用　　　　　　　B. 对事物的发展不起作用

　　C. 对事物的发展起加速或延缓作用　　　　D. 使事物的发展过程呈现出具体特点

78. 唯物辩证法认为，联系是（　　）。

　　A. 相互区别的事物、现象或要素之间的联系

　　B. 事物、现象或要素之间的区别

　　C. 具有客观性和普遍性

　　D. 事物之间以及事物内部诸要素之间的相互影响、相互制约和相互作用

79. 辩证的否定具有两个重要特点，分别是（　　）。

　　A. 否定是联系的环节　　　　　　　　　　B. 否定是发展的环节

　　C. 否定与肯定绝对对立　　　　　　　　　D. 否定是由外力推动的

80. 下列属于辩证否定的有（　　）。

    A. 我国必须全盘西化

    B. 对传统文化要批判继承

    C. 马克思主义哲学对德国古典哲学的"扬弃"

    D. 我国当前的政治、经济体制改革

81. 当事物处在量变状态时，（　　）。

    A. 事物表现为平衡和静止

    B. 事物处在数量上的增减变化

    C. 事物从一种质转化为另一种质

    D. 事物矛盾的主要方面和非主要方面互易其位

82. 决定事物的根本性质及其发展的基本趋势的联系是（　　）。

    A. 内部联系 　　　　　　　　B. 本质联系

    C. 必然联系 　　　　　　　　D. 主要联系

83. 否定之否定规律揭示了事物的发展是（　　）。

    A. 自我发展、自我完善的过程 　　B. 回到原来出发点的循环过程

    C. 直线式前进的过程 　　　　　　D. 前进性和曲折性相统一的过程

84. 下列事例中属于前进中回复的有（　　）。

    A. 被推翻的旧势力暂时复辟 　　B. 从原始公有制到共产主义公有制

    C. 农民用旧麦种培育出新麦种 　　D. 生产—消费—生产

85. 唯物辩证法关于主要矛盾和非主要矛盾的原理告诉我们（　　）。

    A. 抓住了主要矛盾，就抓住了解决问题的关键

    B. 解决了主要矛盾，非主要矛盾也就自然得到解决

    C. 在事物发展过程中，主要矛盾是不变的

    D. 抓住了主要矛盾时，也要注意非主要矛盾的解决

86. 否定之否定规律第三阶段同第一阶段相比（　　）。

    A. 根本性质不同 　　　　　　B. 形式完全相同

    C. 仿佛回到原来出发点 　　　　D. 高级阶段重复低级阶段某些特征

87. 矛盾的特殊性是指（　　）。

    A. 有的事物有矛盾，有的事物没有矛盾

    B. 不同事物的矛盾有其特点

    C. 同一事物在不同发展阶段上的矛盾有其特点

    D. 同一事物矛盾的各个侧面在不同的发展阶段上各有其特点

88. 唯物辩证法关于发展的观点是（　　）。

    A. 事物内部矛盾是事物发展的根本原因

    B. 新事物战胜旧事物是事物发展的必然趋势

    C. 辩证的否定是事物发展的环节

    D. 前进性和曲折性的统一是事物发展的必经之路

89.质变是（　　）。

A.由事物外部矛盾引起的　　　　　　B.事物处于显著变动状态

C.事物根本性质的变化　　　　　　　D.飞跃

90.矛盾的普遍性和特殊性的关系是（　　）。

A.在一定条件下相互转化　　　　　　B.特殊性包含普遍性

C.普遍性存在于特殊性之中　　　　　D.两者相互联系

91.唯物辩证法认为事物的性质（　　）。

A.主要是由取得支配地位的主要矛盾和矛盾的主要方面决定的

B.主要是由次要矛盾决定的

C.是由矛盾的特殊性决定的

D.是由矛盾的普遍性决定的

92.发展是指（　　）。

A.旧事物的死亡和新事物的产生　　　B.新陈代谢

C.质变　　　　　　　　　　　　　　D.飞跃

93.唯物辩证法认为矛盾是（　　）。

A.既对立又统一的关系

B.事物之间的相互统一

C.事物之间相互对立、相互排斥的关系

D.事物内部对立着的两方面既相互依赖又相互排斥的关系

三、简答题

1.简述联系的特点。

2.如何唯物辩证地看待条件？

3.新事物为什么是不可战胜的？

4.为什么说对立统一规律是唯物辩证法的实质和核心？

5.什么是矛盾的同一性？

6.简述矛盾的同一性在事物发展中的作用。

7.简述矛盾的斗争性在事物发展中的作用。

8.简述矛盾特殊性的三种表现形式。

9.简述矛盾的普遍性与特殊性的辩证统一关系。

10.简述辩证否定观的内容。

11.简述内容与形式的辩证关系。

12.简述本质与现象的辩证关系。

13.简述原因与结果的辩证关系。

14.简述现实与可能的辩证关系。

四、论述题

1.如何运用矛盾的同一性和斗争性原理正确把握和谐对事物发展的作用？

2. 结合事物是由多种矛盾构成的原理，谈谈坚持"两点论"和"重点论"统一的要求。

3. 联系中国特色社会主义的成功实践，说明矛盾普遍性与矛盾特殊性辩证关系原理的重要意义。

4. 阐述量变和质变的辩证关系及其方法论意义。

5. 如何理解否定之否定规律对于人们的认识和实践活动具有重要的指导意义？

6. 如何运用必然与偶然的辩证关系指导我们的认识和实践活动？

五、材料分析题

1. 在矛盾存在的问题上：

材料一 对立面的同一，就是承认（发现）自然界的（也包括精神的和社会的）一切现象和过程具有矛盾着的、相互排斥的、对立的倾向。只要认识世界上一切过程的"自己运动"、自生的发展和蓬勃的生活，就要把这些过程当做对立面的统一来认识。发展是对立面的"斗争"。

——摘自列宁：《谈谈辩证法问题》。

材料二 杜林说："矛盾的东西是一个范畴，这个范畴只能归属于思想组合，而不能归属于现实。"

——摘自恩格斯：《反杜林论》。

(1) 材料一的观点是什么？是否正确？

(2) 对比材料一与材料二，指出材料二的错误。

2. 阅读下列材料并回答问题：

"白马非马，可乎？"曰："可。"

曰："何哉？"曰："马者所以命形也，白者所以命色也，命色者非命形也；故曰白马非马。"

曰："有白马，不可谓无马也；不可谓无马者，非马也？有白马为马，白之非马何也？"

曰："求马，黄黑马皆可致；求白马，黄黑马不可致。使白马乃马也，是所求一也；所求一者，白者不异马也。所求不异，如黄黑马有可有不可，何也？可与不可，其相非明。故黄黑马一也，而可以应有马，而不可以应有白马是白马之非马审矣。"

——摘自《公孙龙子·白马论》。

白马非马说违反了唯物辩证法的什么原理？

3. 阅读下列材料并回答问题：

宋人有耕田者，田中有株，兔走触株，折颈而死，因释其耒而守株，冀复得兔。兔不可复得，而身为宋国笑。

——摘自《韩非子全译》。

这则"守株待兔"的寓言说明了什么哲学道理？

4. 阅读下列材料并回答问题：

府吏儿寻、李延共止，俱头痛身热，所苦正同。佗曰："寻当下之，延当发汗。"或难其异，佗曰："寻外实，延内实，故治之宜殊。"即各与药，明旦并起。

——摘自《三国志·魏书·华佗》。

(1) 指出其中所涉及的唯物辩证法基本范畴并分析其内涵。

(2) 这个故事对我们理解"具体问题具体分析"有何启示？

5. 阅读下列材料并回答问题：

材料一 中国特色社会主义进入新时代，我国社会主要矛盾已经转化为人民日益增长的美好生活需要和不平衡不充分的发展之间的矛盾。我国稳定解决了十几亿人的温饱问题，总体上实现小康，不久将全面建成小康社会，人民美好生活需要日益广泛，不仅对物质文化生活提出了更高要求，而且在民主、法治、公平、正义、安全、环境等方面的要求日益增长。同时，我国社会生产力水平总体上显著提高，社会生产能力在很多方面进入世界前列，更加突出的问题是发展不平衡不充分，这已经成为满足人民日益增长的美好生活需要的主要制约因素。

……

发展是解决我国一切问题的基础和关键，发展必须是科学发展，必须坚定不移贯彻创新、协调、绿色、开放、共享的发展理念。

——摘自习近平：《决胜全面建成小康社会 夺取新时代中国特色社会主义伟大胜利——在中国共产党第十九次全国代表大会上的报告》。

材料二 ……任何过程如果有多数矛盾存在的话，其中必定有一种是主要的，起着领导的、决定的作用，其他则处于次要和服从的地位。因此，研究任何过程，如果是存在着两个以上矛盾的复杂过程的话，就要用全力找出它的主要矛盾。捉住了这个主要矛盾，一切问题就迎刃而解了。

——摘自毛泽东：《矛盾论》。

(1) 如何理解捉住了这个主要矛盾，一切问题就迎刃而解了？

(2) 根据矛盾主要方面在事物发展中的地位和作用原理，说明为什么发展是解决国家一切问题的基础和关键。

第一章第二节　习题参考答案

第三节　唯物辩证法是认识世界和改造世界的根本方法

一、单项选择题

1. 主观辩证法与客观辩证法的关系是（　　）。

    A. 反映与被反映的关系　　　　　　B. 唯心主义与唯物主义的关系

    C. 抽象与具体的关系　　　　　　　D. 唯心辩证法与唯物辩证法的关系

2. "从个别到一般，从一般到个别"的思维方法是（　　）。

    A. 归纳与演绎　　　　　　　　　　B. 分析与综合

    C. 抽象到具体　　　　　　　　　　D. 实践到认识

3. 辩证思维方法从抽象上升到具体的过程是（　　）。

    A. 从实践到认识的过程　　　　　　B. 从认识到实践的过程

    C. 思维生成现实具体的过程　　　　D. 在思维中形成"多种规定的统一"的过程

4. 唯物辩证法的根本方法是（　　）。

    A. 观察实验的方法　　　　　　　　B. 逻辑推理的方法

    C. 矛盾分析的方法　　　　　　　　D. 归纳和演绎的方法

5. "历史是逻辑的基础，逻辑是历史的修正。"这一观点是（　　）。

    A. 主观唯心主义的观点　　　　　　B. 历史与逻辑相统一的观点

    C. 片面强调逻辑重要性的观点　　　D. 割裂历史与逻辑统一的观点

6. 以观念的、逻辑的形式存在的辩证法是（　　）。

    A. 唯物辩证法　　　　　　　　　　B. 主观辩证法

    C. 客观辩证法　　　　　　　　　　D. 极端辩证法

7. 矛盾分析方法在思维领域中的具体运用，主要是指（　　）。

    A. 归纳　　　　　　　　　　　　　B. 演绎

    C. 分析与综合的统一　　　　　　　D. 实践与认识的统一

8. 最初的也是最基本的思维方法是（　　）。

    A. 归纳和演绎　　　　　　　　　　B. 分析和综合

    C. 从抽象上升到具体　　　　　　　D. 逻辑和历史一致

9. 在实际的思维过程中, 归纳和演绎是相互补充、交替使用的, 归纳 （　　）。

　　A. 能概括出同类事物的共性

　　B. 能区分事物的本质属性和非本质属性

　　C. 所获得的结论是充分可靠的

　　D. 能揭示个别事物的多方面的属性

10. 演绎是从一般原理走向个别结论的思维方法, 是由一般性原则推导出个别结论的推理形式。演绎的基础是 （　　）。

　　A. 事物整体与部分的统一　　　　　B. 事物系统与要素的统一

　　C. 事物结构与功能的统一　　　　　D. 事物共性和个性的统一

11. 分析与综合的实质, 就是建立在调查研究基础上的 （　　）。

　　A. 信息方法　　　　　　　　　　　B. 结构

　　C. 理想化方法　　　　　　　　　　D. 矛盾分析方法

12. 对客观事物某一方面本质的概括, 是思维活动中的 （　　）。

　　A. 感性具体　　　　　　　　　　　B. 理性抽象

　　C. 理性具体　　　　　　　　　　　D. 感性认识

13. 人们运用综合的方法, 把对事物各方面的本质的认识联系起来, 形成关于统一的事物整体的认识, 这种认识属于 （　　）。

　　A. 感性的具体　　　　　　　　　　B. 思维的具体

　　C. 理性的抽象　　　　　　　　　　D. 思维的抽象

14. 逻辑指的是理性思维或抽象思维, 它以理论的形态反映客观事物的规律性。历史包括两层意思: 一是指客观现实的历史发展过程, 二是指人类认识的历史发展过程。真正科学的认识 （　　）。

　　A. 指的是理性思维或抽象思维

　　B. 是现实历史发展的反映

　　C. 要求思维的逻辑与历史的进程相一致

　　D. 是历史在理论上的再现

15. 现代科学思维方法可以是在辩证思维方法指导下自觉进行的, 也可以由科学发现本身所具有的力量自然地实现。但不管是自觉的还是自发的, 一个基本事实是 （　　）。

　　A. 现代科学思维方法的原则贯穿于辩证思维之中

　　B. 现代科学思维方法与辩证思维方法是一致的

　　C. 现代科学思维方法与辩证思维方法是根本对立的

　　D. 现代科学思维方法从整体上超越了辩证思维方法

16. 我国古人表述的 "古之天下, 亦今之天下, 今之天下, 亦古之天下" 的观点是 （　　）。

　　A. 唯物主义观点　　　　　　　　　B. 唯心主义观点

　　C. 辩证法观点　　　　　　　　　　D. 形而上学观点

17. 当 "新视野" 号穿越漫无边际的孤寂与黑暗, 把冥王星的清晰照片传回地球, 似乎所有清澈的眼睛, 都把目光投向深不可测的鸿蒙太空。沸腾在人们心里的, 不仅是对天文的好奇, 更有一种难言的感动。最遥远的行星, 在人们心里引起最切近的感动。如网友所言，这是无可救药的泪点，若宇宙浪漫，便感动何妨？下列对于"感动"的判断，正确的是（　）。

A．人脑是"感动"的源泉

B．"感动"的内容和形式都是客观的

C．"感动"是客观内容和主观形式的统一

D．"感动"是对浪漫宇宙的直观反映

18．"风定花犹落，鸟鸣山更幽"，形象地表达了动和静的辩证关系是（　）。

A．静不是动，动不是静　　　　　B．静中有动，动中有静

C．动是必然的，静是偶然的　　　D．动是静的原因，静是动的结果

19．古希腊诡辩者提出"飞矢不动"，指出飞行着的箭在飞行轨道上的每一个点都是静止不动的，所以飞行的箭是不动的。该主张否认事物运动是（　）。

A．绝对运动和相对静止的统一　　B．原因与结果的统一

C．抽象性与具体性的统一　　　　D．必然性与偶然性的统一

20．印度一位教授曾对一棵树算了两笔不同的账：一棵正常生长 50 年的大树，按市场上的木材价格计算，最多值 300 多美元；但从它产生的氧气、减少大气污染、涵养水源、可以为鸟类与其他动物提供栖息环境的生态效益来看，则价值 20 万美元。这种算账方法强调了（　）。

A．事物的运动变化　　　　　　　B．事物联系的普遍性和多样性

C．人类认识的主观性　　　　　　D．事物运动的规律性

21．马克思主义最本质的东西和活的灵魂是（　）。

A．唯物辩证法

B．具体问题具体分析

C．矛盾的普遍性和特殊性相互关系的原理

D．矛盾的同一性和斗争性相互关系的原理

22．内蒙古兴隆沟遗址出土的陶人，是目前所知形体最大、形象最逼真、表情最丰富的红山文化整身陶塑人像。专家依据发现陶人的区域、供奉的房间以及服饰佩戴，确定这尊陶人的身份是红山文化晚期的巫者或王者，并将其称为"中华祖神"。这一研究成果反映了（　）。

A．意识活动具有主动创造性，可以揭示历史之谜

B．人可以发挥主观能动性，创造一个理想的事物

C．人的认识受自身立场、观点、方法等因素的制约

D．价值判断与价值选择具有社会历史性和主体差异性

23．马克思主义哲学创立后，开始出现了（　）。

A．唯物论与唯心论的对立　　　　B．可知论与不可知论的对立

C．辩证法与形而上学的对立　　　D．唯物史观与唯心史观的对立

24．辩证唯物主义认为（　）。

A．动者恒动，静者恒静　　　　　B．动即是静，静即是动

C．静止是物质运动的特殊状态　　D．只有绝对的运动，没有相对的静止

25.人们由于利益的驱动，疯狂挖掘草原上的植物——"发菜"，严重地破坏了草原植被，造成局部土地沙漠化，这个案例说明（　　）。

A.过分强调人的主观能动性，忽视了客观规律

B.过分强调事物的绝对运动，否认事物的相对静止

C.只追求人的活动与经济利益直接联系，没有看到眼前活动与生态平衡的长远的间接联系

D.只看到物与物之间的联系，没有看到人与人之间的联系

26.近代形而上学唯物主义主要的缺陷是不彻底性，其不彻底性表现在（　　）。

A.认为人是机器

B.唯心主义的历史观

C.否认事物的矛盾及其转化

D.用孤立、静止、片面的观点看世界

27.从世界物质统一性原理中得出的最重要的结论是（　　）。

A.与时俱进，科学发展　　　　　B.构建社会主义和谐社会

C.社会生活本质上是实践的　　　D.一切从实际出发，实事求是

28.建设中国特色社会主义，要大胆地吸取人类社会包括资本主义社会所创造的一切文明成果，同时对其腐朽的东西给予坚决的批判。这种做法的哲学理论依据主要是（　　）。

A.内外因辩证关系　　　　　　　B.量变和质变的关系

C.辩证的否定观　　　　　　　　D.可能性和现实性的关系

29.所谓"容不得又离不得"，主要表明（　　）。

A.掌握度的重要性

B.人们的认识超越于或落后于客观实践

C.生产关系对生产力的反作用

D.否定因素与肯定因素的对立统一

30.在唯物辩证法的方法论体系中，居于核心地位的认识方法是（　　）。

A.从量变中实现质变，从质变中把握量变

B.从对立中把握同一，从同一中把握对立

C.从肯定中坚持否定，从否定中把握肯定

D.从具体到抽象，从抽象到具体

31.思想方法是哲学观点的运用和具体化，其中哲学矛盾论的观点具体运用所转化的思想方法主要是（　　）。

A.实事求是的思想方法

B."两点论"和"重点论"相结合的思想方法

C."团结—批评—团结"的思想方法

D.历史唯物主义的思想方法

32.中国共产党一贯倡导并长期保持的优良学风是（　　）。

A.艰苦奋斗　　　　　　　　　　B.实事求是

C.理论联系实际　　　　　　　　D.勤俭节约

二、多项选择题

1. 下列思想体现了中国传统哲学矛盾观的是（   ）。
   A."一分为二"   B."合二而一"
   C."万物莫不有对"   D."君子和而不同，小人同而不和"

2. 下列命题蕴含着中国传统哲学中否定之否定规律的思想是（   ）。
   A."无平不陂，无往不复"   B."将欲弱之，必固强之""将欲废之，必固兴之"
   C."荣枯代谢而弥见其新"   D."和实生物"

3. 西周末年思想家史伯说："和实生物，同则不继，以它平它谓之和，故能丰长而物归之。"这里所包含的辩证法思想有（   ）。
   A.矛盾的同一是包含差别的同一
   B.对立面的同一是事物发展的动力
   C.不包含内部差别的事物就不能存在和发展
   D.矛盾的一方只有克服另一方才能达到统一

4. 乐极生悲，盛极必衰，否极泰来，苦尽甘来，日中则昃，月满则亏，时来运转。这些成语说明（   ）。
   A.矛盾在一定条件下会相互转化
   B.量变会引起质变
   C.肯定中包含否定，否定中包含肯定
   D.度的范围是不会被突破的

5. 辩证思维方法是人们正确进行理性思维的方法。辩证思维方法主要包括（   ）。
   A.归纳与演绎   B.分析与综合
   C.抽象与具体   D.逻辑与历史相统一

6. 下列关于抽象和具体的思维方法的表述，正确的有（   ）。
   A.感性具体是感官直接感觉到的具体，是人们认识的起点
   B.理性具体是在感性具体的基础上经过思维的分析与综合，达到对事物某一方面本质的把握
   C.抽象与具体是辩证思维的高级形式
   D.人对事物的认识是从感性具体到抽象，再从抽象到理性具体的过程

7. 下列关于辩证思维方法与现代科学思维方法的关系的表述，正确的有（   ）。
   A.辩证思维方法与现代科学思维方法完全一致
   B.现代科学思维方法的基本原则贯穿于辩证思维方法之中
   C.辩证思维方法是现代科学思维方法的方法论前提
   D.现代科学思维方法丰富了辩证思维方法

8. 分析与综合是一种深刻的思维方法。分析与综合的关系体现在（   ）。
   A.分析与综合相互联系、相互转化、相互促进
   B.分析是综合的基础，没有分析就没有综合
   C.综合是分析的完成，离开了综合就没有科学的分析

D. 分析与综合的统一是矛盾分析法在思维领域中的具体运用

9. 习近平总书记在系列重要讲话中一再强调，辩证唯物主义是中国共产党人的世界观和方法论。学习和掌握唯物辩证法，要求我们在实际工作中不断增强（　　）。

A. 辩证思维能力
B. 历史思维能力
C. 系统思维能力和战略思维能力
D. 底线思维能力和创新思维能力

10. 中国历史上辩证法思想很丰富，下列观点中属于辩证法的有（　　）。

A. "社稷无常奉，君臣无常位"
B. "溥天之下，莫非王土；率土之滨，莫非王臣"
C. "物生有两"
D. "冰冻三尺，非一日之寒"

11. 下列正确的命题有（　　）。

A. 唯物辩证法既包括客观辩证法，也包括主观辩证法
B. 主观辩证法是对客观辩证法的反映，是概念辩证法
C. 客观辩证法与主观辩证法在本质上是统一的
D. 客观辩证法采取外部必然性的形式，主观辩证法采取观念的、逻辑的形式

12. 唯物辩证法认为（　　）。

A. 发展的本质是新事物的产生和旧事物的灭亡
B. 世界是过程的集合体
C. 一切联系都要通过中介来实现
D. 整体等于各个独立部分的总和

13. 在下列命题中，包含辩证法思想的有（　　）。

A. 穷则变，变则通，通则久
B. 祸兮福之所倚，福兮祸之所伏
C. 荣枯代谢而弥见其新
D. 天下之势，循则极，极则反

14. 唯物辩证法认为（　　）。

A. 辩证法也就是马克思主义的认识论
B. 哲学上的肯定和否定就是日常生活中的赞同和反对
C. 质变就是事物的发展
D. 扬弃是连续性和非连续性的统一

15. 唯物辩证法是客观辩证法与主观辩证法的统一，其中的客观辩证法（　　）。

A. 采取外部必然性的形式
B. 是指客观事物或客观存在的辩证法
C. 是指各种物质形态的辩证运动和发展规律
D. 离开人的意识、思维而独立存在，不以人的意志为转移

16. 主观辩证法同人类思维的自觉活动相联系。主观辩证法是（　　）。

A. 辩证的思维和辩证法的科学体系
B. 唯心主义辩证法
C. 人类认识和思维运动的辩证法
D. 以概念作为思维细胞的辩证思维运动和发展的规律

17.在唯物辩证法的方法论体系中，矛盾分析法居于核心地位，是根本的认识方法。矛盾分析法包含广泛而深刻的内容，其具体体现有（ ）。

A.分析矛盾特殊性的方法

B."两点论"与"重点论"相结合的方法

C.抓关键、看主流的方法

D.批判与继承相统一的方法

18.演绎是指从一般的概念、原理推理出个别结论的思维方法。演绎（ ）。

A.是归纳的基础和补充　　　　　B.是归纳的前导和补充

C.为归纳提供理论依据　　　　　D.指明归纳的目的和方向

19.分析与综合的客观基础是（ ）。

A.事物假象与错觉之间的关系　　B.事物整体与部分之间的关系

C.事物一般与个别之间的关系　　D.事物系统与要素之间的关系

20.对辩证思维而言，重要的是从抽象上升到具体。这里的具体（ ）。

A.属于理性认识，即理性具体

B.不同于感性具体，它是抽象基础上形成的综合

C.是对事物某一方面本质的概括

D.是对事物多方面属性或本质的把握

21.马克思的《资本论》是成功地运用从抽象上升到具体方法的杰出典范。抽象与具体的方法同逻辑与历史相统一的方法的内在关联是（ ）。

A.逻辑与历史相统一是从抽象上升到具体的逻辑终点

B.逻辑与历史相统一是从抽象上升到具体的内在要求

C.从抽象上升到具体是逻辑与历史相统一的客观基础

D.从抽象上升到具体的过程同时就是以逻辑必然性再现对象的历史发展的过程

22.辩证思维认为："历史从哪里开始，思想进程也应当从哪里开始，而思想进程的进一步发展不过是历史过程在抽象的、理论上前后一贯的形式上的反映。"辩证思维中所说的历史，包括（ ）。

A.自然界的发展过程　　　　　　B.人类社会的发展过程

C.实践的发展过程　　　　　　　D.认识的发展过程

23.逻辑与历史的统一是辩证法思维的基本方法，其中的逻辑是（ ）。

A.客观现实的历史发展过程　　　B.人类认识的历史发展过程

C.对历史的概括和总结　　　　　D.历史在理论上的再现

24.现代科学研究高度分化和高度综合相统一的时代特征，已使辩证思维方法成为现代科学方法的前提。这是因为辩证思维方法（ ）。

A.其基本精神渗透在现代科学研究方法之中

B.是实现经验知识向科学理论转化的必要条件

C.为科学创新提供理论支持和动力

D.已成为沟通跨学科研究的必要中介

25.社会规律是人们自己的"社会行动的规律"，这是因为（　　）。

　　A.人是社会历史的主体

　　B.人们自己创造自己的历史

　　C.历史发展方向是由人的思想和行动决定的

　　D.社会规律存在和实现于实践活动之中

26.一位科学家说："我们今天生活着的世界，与其说是自然世界，还不如说是人造或人为的世界。在我们周围，几乎每样东西都刻有人的技能的痕迹。""可上九天揽月"——"天宫一号"目标飞行器在酒泉卫星发射中心发射升空后准确进入预定轨道；"可下五洋捉鳖"——"蛟龙"号成功突破下潜5000米水深大关。这更加印证了（　　）。

　　A.人为世界是唯一存在的世界　　　　B.现实世界是人类精神的再现

　　C.人类世界是人的实践活动对象化的结果　　D.人类的意识具有目的性和计划性

27.下列命题中包含辩证法思想的有（　　）。

　　A.动中有静，静中含动　　　　　　　B.物极必反

　　C.凡是存在的都是要灭亡的　　　　　　D.是就是，否就否，除此之外，都是鬼话

28.马克思说："最蹩脚的建筑师从一开始就比最灵巧的蜜蜂高明的地方，是他在用蜂蜡建筑蜂房以前，已经在自己的头脑中把它建成了。"这一命题表明（　　）。

　　A.意识总是先于物质而存在　　　　　　B.人的实践活动要以理论为指导

　　C.在一定条件下，人的实践由理论决定　　D.人类的意识具有目的性和计划性

29."如果偶然性不起任何作用的话，那么世界历史就会带有非常神秘的性质。"这种观点是（　　）。

　　A.历史唯物主义的观点　　　　　　　B.历史唯心主义的观点

　　C.历史辩证法的观点　　　　　　　　D.宿命论的观点

30."一切以条件、地点和时间为转移。"这句话是（　　）。

　　A.机械唯物论的观点　　　　　　　　B.否认静止的相对主义观点

　　C.辩证唯物论的观点　　　　　　　　D.肯定联系的条件性的正确观点

31.辩证法的总特征要求人们（　　）。

　　A.用具体的历史的观点观察事物　　　　B.用整体性的观点观察事物

　　C.一切以条件、时间、地点为转移　　　D.用变化发展的观点观察事物

32.在唯物辩证法中，需要认真学习和掌握的方法论主要体现在（　　）。

　　A.坚持用联系的观点看问题

　　B.坚持用发展的观点看问题

　　C.坚持把矛盾分析法作为把握世界的根本方法

　　D.坚持用创新思维看问题

33.把握矛盾普遍性的意义就在于，它让我们（　　）。

　　A.具体问题具体分析　　　　　　　　B.认识事物的本质

　　C.不回避矛盾　　　　　　　　　　　D.迎着困难上

34.平衡是事物发展的一种状态。小到体操中人在平衡木上的行走，杂技中的骑车走钢丝、独轮车表演，直升机在空中的悬停等；大到人类的生存、地球的运转、天体的运行等，

都是保持平衡的一种状态。世间的万事万物，之所以能不停地运动、发展、前进，一个重要原因就在于保持了平衡。要使"平衡"成为人们的"大智慧"，就要（　　）。

A. 全面理解绝对运动和相对静止的辩证关系

B. 准确掌握辩证否定的方式和方向

C. 精确把握事物的度

D. 善于协调事物内部各种因素的相互关系

35. 北京时间 2019 年 4 月 10 日 21 时，"事件视界望远镜"项目在全世界多地同时召开发布会，公布了人类首次拍到的黑洞照片。这是继 2015 年人类通过引力波探测"听到"两个"黑洞"合体之后，证明黑洞存在的直接"视界"证据。有科学家认为，这张看起来有点模糊的照片意义非凡，它再次验证了爱因斯坦广义相对论的预言是对的，并将进一步帮助科学家解答星系演化等一系列宇宙本质问题。人类首次"看到"黑洞正面照表明（　　）。

A. 空间的性质依赖于物质的分布及其运动状态

B. 世界是物质的统　体

C. 物质世界的客观存在与人的实践和认识水平有关

D. 空间的观念随着人的认识发展而拓展

36. 唐朝诗人张若虚《春江花月夜》中的"人生代代无穷已，江月年年只相似"两句诗蕴含着时间一维性的哲理。下列诗句中蕴含相同哲理的是（　　）。

A. 闲云潭影日悠悠，物换星移几度秋　　　B. 花开堪折直须折，莫待无花空折枝

C. 溪云初起日沉阁，山雨欲来风满楼　　　D. 黑发不知勤学早，白首方悔读书迟

37. 虚拟现实技术是一种运用计算机仿真系统创建多源信息融合的交互式三维动态实景以及动作仿真的技术，可以给使用者提供沉浸性、多感知性、交互性的互动体验。虚拟现实技术所构造的虚拟环境说明（　　）。

A. 物理世界不再具有客观实在性

B. 人们可以通过实践创造出自然界原本不存在的现实状态

C. 信息是独立于物质和意识的第三种存在状态

D. 物质世界的存在形式具有多样性

38. 2017 年 6 月，我国科学家利用"墨子号"量子科学实验卫星在国际上率先成功实现了千公里级的星地双向量子纠缠分发。"量子纠缠"就是两个（或多个）粒子共同组成的量子状态，无论粒子之间相隔多远，测量其中一个粒子必然会影响其他粒子。"量子纠缠"现象虽然未被完全认知，但它仍然能够说明（　　）。

A. 物质世界联系的客观性和普遍性　　　B. 事物联系的主观性和偶然性

C. 事物联系的复杂性和多样性　　　D. 世界的真正统一性在于它的物质性

39. 母质、气候、生物、地形、时间是土壤形成的五大关键成土因素。母质是土壤形成的物质基础和初始无机养分的最初来源。气候导致矿物的风化和合成，有机质的形成和积累，土壤中物质的迁移、分解和合成。生物包括植物、动物和微生物等，是促进土壤发生发展最活跃的因素。地形可以使物质在地表进行再分配，使土壤及母质在接受光、热、水等条件方面发生差异。时间是阐明土壤形成发展的历史动态过

程，母质、气候、生物和地形等对成土过程的作用随着时间延续而加强。土壤的生成过程说明（　　）。

A. 事物的产生是多种因素相互作用的结果

B. 时间是物质运动的存在形式

C. 事物总是作为过程而存在

D. 事物的发展总是呈现出线性上升的态势

40. 一位科学家说："我们今天生活着的世界，与其说是自然世界，还不如说是人造或人为的世界。在我们的周围，几乎每样东西都刻有人的技能的痕迹。"这段话应理解为（　　）。

A. 人造的或人为的世界是唯一存在的世界

B. 现实世界是人类精神的创造物

C. 人类世界是人的实践活动对象化的结果

D. 科学技术越来越成为人类改造世界的伟大力量

41. 全面建成小康社会、全面深化改革、全面依法治国、全面从严治党的战略布局体现的唯物辩证法思想有（　　）。

A. 事物联系和发展的思想

B. 用整体的、全面的观点看问题的思想

C. 对待问题要坚持"两点论"和"重点论"的统一

D. 实践是检验真理的唯一标准的思想

42. 马克思主义哲学的精髓是（　　）。

A. 解放思想　　　　　　　　B. 实事求是

C. 与时俱进　　　　　　　　D. 活学活用

43. "如果资本主义的死亡是由科学保证了的，为什么还要费那么大的气力去为它安排葬礼呢？"这种观点的错误在于（　　）。

A. 抹杀社会规律实现的特点　　B. 否认革命在社会质变中的作用

C. 否认历史观上的决定论　　　D. 否认历史主体的能动作用

44. 下列属于矛盾分析方法的有（　　）。

A. "两点论"与"重点论"相结合的方法

B. 抓关键、看主流的方法

C. 在对立中把握同一和在同一中把握对立的方法

D. "尚和去同""和而不同""执两用中"

45. 下列不符合唯物辩证法的有（　　）。

A. 头痛医头，脚痛医脚　　　　B. 月晕而风，础润而雨

C. 坐井观天　　　　　　　　　D. 一刀切

46. 有人认为："整个世界发展过程是一系列突变的积累。"这种观点（　　）。

A. 否认了量变的必要性　　　　B. 否认了质变要以量变为前提

C. 在实践中容易犯唯心主义的错误　D. 否认了质变的重要性

47. 在下列命题中，属于马克思主义辩证法的观点是（　　）。

A. 辩证法就是马克思主义的认识论

B. 主观辩证法与客观辩证法在内容和形式上是同一的

C. 发展是对立面的统一和斗争

D. 事物的发展是连续性和非连续性的统一

48. 发展的过程性原理要求人们（　　）。

A. 坚持阶段论，反对超阶段论　　　B. 反对形而上学的"不变论"与"激变论"

C. 反对把知识、真理绝对化的观点　D. 坚持世界是既成事物的集合体的观点

49. 继党的十五大报告首次提出"两个一百年"奋斗目标之后，党的十八大报告再次重申：在中国共产党成立一百年时全面建成小康社会，在新中国成立一百年时建成富强民主文明和谐的社会主义现代化国家。"两个一百年"奋斗目标，既有质的要求，也有量的指标。"两个一百年"奋斗目标的制定说明（　　）。

A. 认识质是认识和实践的起点和基础

B. 认识事物的量是认识的深化和精确化

C. 认识度才能确切地把握事物的质

D. 认识度才能为实践活动提供正确的准则

50. 有厨子在家切肉，匿一块于怀中。妻见之，骂曰："这是自家的肉，何为如此？"答曰："我忘了。"这则笑话的哲学寓意和意义有（　　）。

A. 量变是质变的前提和基础

B. 做事情要防微杜渐，勿以恶小而为之

C. 习惯仅仅是自然和意识现象

D. 应该在生活和实践中形成良好的习惯

51. 运用可能性区分为多种情况的观点，下列关于"大海捞针"与"水中捞月"的说法中正确的有（　　）。

A. "大海捞针"是可能的，尽管很艰难

B. "水中捞月"是不可能的

C. "大海捞针"属于抽象可能性

D. "水中捞月"是人主观意志的想象，可以转化为现实

52. 否定之否定规律是普遍的，其具体表现形式是特殊的。下列各项正确反映否定之否定规律表现形式的特殊性的有（　　）。

A. 不同性质的事物具有相同的否定形式

B. 不同性质的事物具有不同的否定形式

C. 不同事物的发展过程有不同的曲折性

D. 不同事物的发展周期各有其不同的特点

53. 建设有中国特色社会主义的辩证唯物主义理论的依据是（　　）。

A. 一切从实际出发，实事求是　　　B. 运动和静止的辩证关系

C. 具体问题具体分析　　　　　　　D. 矛盾普遍性和特殊性的辩证关系

三、简答题

1. 简述何谓客观辩证法和主观辩证法。

2. 简述分析与综合的辩证关系。

3. 简述辩证思维方法与现代科学思维方法的关系。

4. 简述辩证思维能力的内涵。

5. 简述历史思维能力的内涵。

6. 简述系统思维能力的内涵。

7. 简述战略思维能力的内涵。

8. 简述底线思维能力的内涵。

9. 简述创新思维能力的内涵。

10. 在推进中国特色社会主义事业的进程中，如何坚持和发扬唯物辩证法的批判精神和革命精神？

11. 简述系统思维的内涵。

四、论述题

1. 如何理解归纳和演绎两种方法不可分割的联系？

2. 如何理解逻辑的东西和历史的东西的辩证统一关系？

3. 如何提高辩证思维能力？

4. 如何提高历史思维能力？

5. 如何培养和提高战略思维能力？

6. 如何培养和提高底线思维能力？

7. 如何培养和提高创新思维能力？

8. 如何理解矛盾分析方法对人们深入认识世界和有效改造世界的重要方法论意义？

9. 结合实际说明唯物辩证法是认识世界和改造世界的根本方法。

五、材料分析题

1. 阅读下列材料并回答问题：

秦穆公见伯乐年事已高，请伯乐推荐继任者，伯乐说九方皋可堪此任。九方皋奉穆公之命外出找马，三月后复命说，马已找到。穆公问：何马也？九方皋答道：是一匹黄色的母马。穆公派人去取马，取马人回报说是一匹黑色的公马。穆公不悦，责备伯乐道：你推荐的那位相马者连马的黄黑公母都分辨不清，怎能鉴别马的好坏呢？伯乐答道："若皋之所观天机也，得其精而忘其粗，在其内而忘其外；见其所见，不见其所不见；视其所视，而遗其所不视。若皋之相者，乃有贵乎马者也。"马至，果然是一匹千里马。

伯乐之子把伯乐写的《相马经》读得烂熟。《相马经》上说，千里马是额头隆起，双眼突出，蹄如摞起的酒曲块。他按照书上给出的各种图形，与他所见到的一一加以对照。结果，他却找到一只癞蛤蟆。

——笔者根据相关资料整理改编。

请用马克思主义哲学原理，分析回答下列问题：

(1) 九方皋相马方法的高明之处何在？

(2) 伯乐之子"相马"失败的主要原因是什么？

(3) 为什么说九方皋相马的思维方法比找到千里马具有更重要的意义？

2. 阅读下列材料并回答问题：

辩证法在对现存事物的肯定的理解中同时包含对现存事物的否定的理解，即对现存事物的必然灭亡的理解；辩证法对每一种既成的形式都是从不断的运动中，因而也是从它的暂时性方面去理解；辩证法不崇拜任何东西，按其本质来说，它是批判的和革命的。

——摘自马克思：《资本论》。

(1) 什么是辩证法对现存事物的肯定理解和否定理解？

(2) 简要分析辩证法的否定观的批判性和革命性。

3. 阅读下列材料并回答问题：

材料一 这样，……而且到现在为止在人类历史上多半也是如此。

材料二 历史进程是受内在的一般规律支配的。

材料三 在这里也完全象在自然领域里一样，……就是要发现那些作为支配规律在人类社会的历史上为自己开辟道路的一般运动规律。

——以上材料均摘自恩格斯：《路德维希·费尔巴哈和德国古典哲学的终结》。

(1) 上述材料说明了自然规律和社会规律有什么区别？

(2) 自然规律和社会规律有什么联系？

第一章第三节 习题参考答案

第二章

实践与认识及其发展规律

📖 **学习目标**

学习马克思主义的实践观、认识论和价值论的基本观点，掌握实践、认识、真理和价值的本质及其相互关系，树立实践第一的观点，确立正确的价值观，在改造客观世界的同时改造主观世界，努力实现理论创新和实践创新的良性互动。

📖 **学习要点**

○ 科学实践观及其意义
○ 实践的本质与基本结构
○ 认识的本质和发展规律
○ 真理的客观性、绝对性和相对性
○ 真理与价值的辩证统一
○ 认识论与思想路线
○ 实现理论创新和实践创新良性互动

第一节　实践与认识

一、单项选择题

1. 费尔巴哈说：自然界是一本不隐藏自己的大书，只要我们去读它，我们就可以认识它。这种观点体现了（　　）。

　　A. 唯物主义　　　　　　　　　　B. 辩证法
　　C. 可知论　　　　　　　　　　　D. 不可知论

2. 实践和认识的关系是（　　）。

　　A. 第一性和第二性的关系　　　　B. 决定作用和反作用的关系
　　C. 物质和意识的关系　　　　　　D. 主体和客体的关系

3. 辩证唯物主义认为认识的客体是（　　）。

　　A. 精神的创造物　　　　　　　　B. 客观事物

　　C. 物质　　　　　　　　　　　　D. 认识和改造的对象

4. 辩证唯物主义认为认识的本质是（　　）。

　　A. 主体对各种认识要素的建构　　B. 主体通过实践对客体的能动反映

　　C. 主体对客体本质的内省　　　　D. 主体对客体信息的选择

5. 从物到感觉和思想与从思想和感觉到物是（　　）。

　　A. 辩证法与形而上学的对立

　　B. 可知论与不可知论的对立

　　C. 经验论和唯理论的对立

　　D. 唯物主义认识路线与唯心主义认识路线的对立

6. 列宁说："没有革命的理论，就不会有革命的运动。"这句话应理解为（　　）。

　　A. 革命运动是由革命理论派生的

　　B. 革命理论是革命运动的基础

　　C. 革命理论对革命实践具有最终决定作用

　　D. 革命理论对革命实践具有重要指导作用

7. 法国科学家路易·巴斯德说："在观察事物之际，机遇偏爱有准备的头脑。"这句话强调了（　　）。

　　A. 人们对每一件事物都要细心观察　B. 人们在认识事物时要有理性的指导

　　C. 人们获得感性经验的重要性　　　D. 人们要充分发挥主观能动性

8. 一个完整的认识过程是（　　）。

　　A. 由实践到认识，再由认识到实践　B. 由感性认识到理性认识

　　C. 由认识到实践　　　　　　　　　D. 由实践到认识

9. 毛泽东在《实践论》中指出，辩证唯物论的认识论之第一的和基本的观点是（　　）。

　　A. 物质的观点　　　　　　　　　B. 辩证的观点

　　C. 实践的观点　　　　　　　　　D. 历史的观点

10. 实践和认识的客体同主体一样，都是（　　）。

　　A. 具有自主性和能动性的因素　　B. 人的本质力量

　　C. 操纵工具的程序和方法　　　　D. 历史的范畴

11. 世界上只有未知之物，没有不可知之物，这是（　　）。

　　A. 唯物主义观点　　　　　　　　B. 辩证法观点

　　C. 可知论观点　　　　　　　　　D. 不可知论观点

12. 恩格斯说："人的智力是按照人如何学会改变自然界而发展的。"这说明（　　）。

　　A. 人的智力为自然界立法

　　B. 自然界是人的智力发展的现实基础

　　C. 实践锻炼并提高了主体的认识能力

　　D. 自然界的改变决定了认识能力的改变

13.承认人类的一切认识都具有相对性是（　　）。

　　A. 相对主义的观点　　　　　　　B. 诡辩论的观点

　　C. 辩证唯物主义的观点　　　　　D. 怀疑论的观点

14.感性认识的特点是直接性和具体性。这既是它的优点，也是它的缺点：既是它的可靠性所在，也是它的局限性所在。感性认识的局限性是（　　）。

　　A. 事物联系和发展过程中不确定的趋势

　　B. 事物发展过程中潜在的东西

　　C. 从反面歪曲表现本质

　　D. 只反映了事物的现象、各个片面和外部联系

15.根据认识的发展规律，在认识的"熟知"与"真知"问题上的正确观点是（　　）。

　　A. 熟知即真知　　　　　　　　　B. 熟知不等于真知

　　C. 熟知起源于真知　　　　　　　D. 熟知必然转化为真知

16.判断对某一事物的认识是否完成的标志是（　　）。

　　A. 占有的感性材料是否十分丰富而又真实

　　B. 感性认识是否已经上升到理性认识

　　C. 对该事物的认识是否经过多次反复

　　D. 对该事物的理论认识是否运用于实践，取得预期效果

17.实践是认识的基础表明（　　）。

　　A. 每个人必须事事经过实践才能有认识

　　B. 只要坚持实践就一定能获得正确认识

　　C. 直接知识来自实践，间接知识不来自实践

　　D. 一切认识归根到底来自实践

18.人的智力是按人如何学会改造自然界而发展的，这句话表明（　　）。

　　A. 实践是认识的来源

　　B. 实践是认识的动力

　　C. 人的认识具有主观能动性

　　D. 人具有改造自然的能力

19.两条根本对立的认识路线是（　　）。

　　A. 可知论和不可知论的对立

　　B. 辩证法与形而上学的对立

　　C. 唯物主义反映论与唯心主义先验论的对立

　　D. 能动的革命的反映论与直观的被动的反映论的对立

20.唯物主义认识论和唯心主义认识论的根本区别在于（　　）。

　　A. 是否承认世界的本原是物质的　　B. 是否承认矛盾是事物发展的动力

　　C. 是否承认认识是客体在人脑中的反映　　D. 是否承认人认识世界的能力

21.对感觉是认识起点的观点（　　）。

　　A. 唯物主义承认，唯心主义不承认

　　B. 唯心主义承认，唯物主义不承认

C. 辩证唯物主义承认，形而上学唯物主义不承认

D. 唯物主义和唯心主义都可以承认

22.人的认识过程分为感性认识与理性认识的客观依据是（　　）。

  A. 现象与本质的对立统一   B. 形式与内容的对立统一

  C. 原因与结果的对立统一   D. 必然与偶然的对立统一

23.16 世纪末，伽利略通过比萨斜塔所做的自由落体试验推翻了亚里士多德关于物体的
  降落速度与物体的重量成正比的说法。这一事例说明（　　）。

  A. 认识是实践发展的动力   B. 真理与谬误之间没有很大差别

  C. 实践是检验认识正确与否的唯一标准   D. 感性认识要上升到理性认识

24.马克思主义认识论的首要的基本的观点是（　　）。

  A. 认识的观点   B. 真理的观点

  C. 实践的观点   D. 价值的观点

25.感性认识和理性认识的根本区别在于（　　）。

  A. 感性认识包含错误，理性认识则完全正确

  B. 感性认识反映事物的现象，理性认识则反映事物的本质

  C. 感性认识来源于社会实践，理性认识则来源于抽象思维

  D. 感性认识产生于日常生活，理性认识则产生于科学实验

26.在头脑中回忆起苹果的形状、颜色、气味和滋味，这种反映形式属于（　　）。

  A. 概念   B. 表象   C. 知觉   D. 感觉

27.感性认识的基本形式是（　　）。

  A. 概念、判断、推理   B. 感觉、知觉、表象

  C. 抽象性、间接性   D. 形象性、直接性

28.感性认识的特点是（　　）。

  A. 概念、判断、推理   B. 感觉、知觉、表象

  C. 抽象性、间接性   D. 形象性、直接性

29.理性认识反映事物的（　　）。

  A. 表面联系   B. 本质联系   C. 直观联系   D. 外部联系

30.强调理性认识依赖于感性认识，这是因为（　　）。

  A. 理性认识和感性认识都来源于实践   B. 理性认识与实践的关系是间接的

  C. 没有感性认识就不会有理性认识   D. 理性认识还有缺陷和不足

31.强调感性认识必须上升到理性认识，这是因为（　　）。

  A. 感性认识和理性认识都来源于实践

  B. 理性认识把握事物本质，可以指导实践

  C. 离开理性认识就不会有感性认识

  D. 感性认识没有把握事物本质，不能指导实践

32.人类认识发展的根本动力在于（　　）。

  A. 人类需要和欲望的不断增长   B. 人类社会实践的不断发展

  C. 人类认识器官的逐渐发达   D. 人类道德水平的不断提高

33. 主体常常以直觉、灵感等非逻辑的形式达到对客体的领悟，这说明（   ）。

    A. 认识中的非逻辑因素总是居于主导方面

    B. 非逻辑的形式属于理性因素

    C. 非理性因素在认识中具有重要作用

    D. 知识就是精神的自我领悟

34. "哲学家只是用不同的方式解释世界，而问题在于改变世界。"这说明（   ）。

    A. 实践提高了人的认识能力   B. 实践是认识的目的

    C. 实践是认识的来源   D. 实践是检验真理的唯一标准

35. 在中国，为了治疗疾病，古代就产生了中医学。这说明（   ）。

    A. 认识产生于实践的需要   B. 认识是实践的目的

    C. 实践是检验认识的标准   D. 实践是认识的本质

36. 认识的主体是指（   ）。

    A. 感性存在的人

    B. 具有一定的主体能力、从事现实社会实践活动的人

    C. 现实存在的个人

    D. 实践所指向的人

37. 恩格斯说："社会一旦有技术上的需要，这种需要就会比十所大学更能把科学推向前进。"这段话阐明（   ）。

    A. 实践为认识提供了可能   B. 实践是认识的目的

    C. 实践是认识发展的动力   D. 实践是检验真理的标准

38. 生产实践的巨大发展，"不但提供了大量可供观察的材料，而且自身也提供了和以往完全不同的实验手段，并使新的工具的设计成为可能。可以说，真正有系统的实验科学这时才成为可能。"这段论述表明（   ）。

    A. 实践为认识提供了可能   B. 实践产生了认识的需要

    C. 实践使认识得以产生和发展 D. 实践是检验真理的标准

39. "纸上得来终觉浅，绝知此事要躬行"，陆游这一名句强调的是（   ）。

    A. 实践是认识的来源   B. 实践是推动认识发展的动力

    C. 实践是认识的目的   D. 间接经验毫无用处

40. 逻辑证明是（   ）。

    A. 实践标准的一个重要补充

    B. 实践标准以外的又一个检验真理的标准

    C. 先于实践标准的检验真理的标准

    D. 优于实践标准的检验真理的标准

41. 一切唯物主义的认识论都是（   ）。

    A. 反映论   B. 不可知论

    C. 经验论   D. 先验论

42. "学而不思则罔"是指（   ）。

    A. 感性认识需要上升到理性认识   B. 理性认识需要上升到感性认识

C. 感性认识是对事物的正确反映　　　　D. 理性认识是对事物的正确反映

43. 下列关于感性认识和理性认识论述错误的是（　　）。

    A. 理性认识依赖于感性认识

    B. 感性认识依赖实践，理性认识可以脱离实践

    C. 感性认识和理性认识可以相互渗透

    D. 感性认识反映事物的现象，理性认识反映事物的本质

44. 坚持感性认识是理性认识的基础，就是在认识论上坚持（　　）。

    A. 可知论　　　　B. 唯物论　　　　C. 辩证法　　　　D. 唯心论

45. "搬运工和哲学家之间的原始差别要比家犬和猎犬之间的差别小得多。他们之间的鸿沟是分工造成的。"这句话意在强调（　　）。

    A. 人先天的生理素质的重要性　　　　B. 人的天赋才能的重要性

    C. 人后天的社会实践的重要性　　　　D. 人的知识背景和社会地位的重要性

46. 感性认识和理性认识统一的基础是（　　）。

    A. 抽象思维　　　　B. 辩证思维　　　　C. 正确认识　　　　D. 社会实践

47. 实现由感性认识上升到理性认识的进程，必须具备（　　）。

    A. 善于抽象思维和创造性思维的能力

    B. 丰富和合乎实际的感性材料的积累

    C. 丰富而真实的感性材料和科学思维方法

    D. 勇于实践，深入调查，虚心请教别人

48. 由感性认识上升到理性认识的进程是（　　）。

    A. 积极能动的过程　　　　B. 消极被动的过程

    C. 完全自发的过程　　　　D. 主观随意的过程

49. 非理性因素主要是指（　　）。

    A. 感觉、知觉、表象等意识形式　　　　B. 概念、判断、推理等意识形式

    C. 感性和直观等意识形式　　　　D. 情感、意志、习惯、本能等意识形式

50. 下列情况，（　　）是实现由理论向实践飞跃的条件。

    A. 坚持一般理论与具体实践相结合的原则　　B. 严格按照正确理论办事

    C. 坚持理想与现实相结合的原则　　　　D. 坚持领导和群众相结合的原则

51. 造成认识过程反复性和无限性的原因是（　　）。

    A. 人们的认识欲望是无止境的　　　　B. 人的认识能力是有限度的

    C. 事物的本质是深刻的　　　　D. 主客观条件的限制和物质世界的无限性

52. "听其言必责其用，观其行必求其功。"这种观点是（　　）。

    A. 强调认识对实践的作用　　　　B. 强调实践对认识的检验作用

    C. 认为认识可以脱离实践　　　　D. 认为实践可以脱离认识

53. 反映论可以是（　　）。

    A. 唯心主义认识论的原则　　　　B. 唯物主义和唯心主义共同的原则

    C. 辩证唯物主义认识论特有的原则　　　　D. 唯物主义认识论的共同原则

54. 中国工程院院士袁隆平曾结合自己的科研经历，语重心长地对年轻人说："书本知识

非常重要，电脑技术也很重要，但是书本电脑里种不出水稻来，只有在田里才能种出水稻来。"这说明（　　）。

A. 实践水平的提高有赖于认识水平的提高

B. 实践是人类认识的基础和来源

C. 理论对实践的指导作用没有正确与错误之分

D. 由实践到认识的第一次飞跃比认识到实践的第二次飞跃更加重要

55. 爱迪生在发明电灯之前做了两千多次实验，有个年轻的记者曾经问他为什么遭遇这么多次失败。爱迪生回答："我一次都没有失败。我发明了电灯。这只是一段经历了两千步的历程。"爱迪生之所以说"我一次都没有失败"，是因为他把每一次实验都看作（　　）。

A. 认识中所获得的相对真理　　　　B. 整个实践过程中的一部分

C. 事物规律的正确反映　　　　　　D. 实践中可以忽略不计的偶然挫折

56. 恩格斯说："鹰比人看得远得多，但是人的眼睛识别东西远胜于鹰。狗比人具有敏锐得多的嗅觉，但是它连被人当作各种物的特定标志的不同气味的百分之一也辨别不出来。"人的感官的识别能力高于动物，除了人脑及感官发育得更加完善之外，还因为（　　）。

A. 人不仅有感觉还有思维　　　　　B. 人不仅有理性还有非理性

C. 人不仅有知觉还有想象　　　　　D. 人不仅有生理机能还有心理活动

二、多项选择题

1. 马克思主义第一次把实践引入认识论，把辩证法应用于反映论，（　　）。

A. 划清了同不可知论的界线　　　　　B. 划清了同唯心主义先验论的界线

C. 划清了同旧唯物主义认识论的界线　D. 创立了能动的革命的反映论

2. 马克思主义能动反映论表现在（　　）。

A. 主体反映的直接性　　　　　　　B. 主体反映的目的性

C. 主体反映的真实性　　　　　　　D. 主体反映的创造性

3. 实践和认识的辩证关系表现在（　　）。

A. 实践在认识活动中具有决定性作用　B. 实践源于认识的需要

C. 认识是实践的保证　　　　　　　D. 认识对实践具有指导作用

4. 下列判断体现辩证唯物主义认识论的实践第一的观点的是（　　）。

A. 不入虎穴，焉得虎子

B. 秀才不出门，全知天下事

C. 哲学家们只是用不同的方法解释世界，而问题在于改变世界

D. 没有革命的理论，就不会有革命的运动

5. 马克思主义认识论与唯心主义认识论的区别在于是否承认（　　）。

A. 世界的可知性　　　　　　　　　B. 客观事物是认识的对象

C. 认识起源于经验　　　　　　　　D. 社会实践是认识的基础

6. 牛顿说：假若我能比别人望得略为远些，那是因为我站在巨人们的肩膀上，这表明（　　）。

A. 认识来源于巨人　　　　　　　　B. 认识具有历史的继承性

C. 实践不是认识的唯一来源　　　　　D. 间接经验是认识发展的必要条件

7. 一切知识来自经验、感觉的观点（　　）。

    A. 是正确的　　　　　　　　　　　B. 是错误的

    C. 不能区别是唯物主义还是唯心主义　D. 是主观唯心主义

8. 马克思主义认识论认为，认识的辩证过程是（　　）。

    A. 从相对真理到绝对真理的发展

    B. 从间接经验到直接经验的转化

    C. 实践—认识—实践的无限发展

    D. 从感性具体到抽象再到理性具体的上升运动

9. 马克思主义认识论所讲的主体是（　　）。

    A. 人的主观意识　　　　　　　　　B. 从事实践和认识活动的人

    C. 改造世界的社会集团和人类　　　D. 处于一定社会关系中的现实的人

10. 辩证唯物主义认为，主体和客体的关系是（　　）。

    A. 第一性和第二性的关系　　　　　B. 改造和被改造的关系

    C. 社会意识和社会存在的关系　　　D. 反映和被反映的关系

11. 感性认识有如下形式（　　）。

    A. 感觉　　　　B. 知觉　　　　C. 映象　　　　D. 表象

12. 理性认识有如下形式（　　）。

    A. 意识　　　　B. 概念　　　　C. 判断　　　　D. 推理

13. 感性认识上升到理性认识（　　）。

    A. 是实现了认识的目的　　　　　　B. 才能达到对事物的本质、规律性的认识

    C. 才能有效地指导人们的实践活动　D. 是认识过程的质变

14. 社会调查是认识社会现象的重要途径，其性质和意义在于（　　）。

    A. 通过它可获得丰富的真实的感性材料　B. 通过它可获得许多间接经验

    C. 它本身是一种社会实践活动　　　　　D. 它本身是一种最基本的实践活动

15. 感觉到了的东西，我们不能立刻理解它，只有理解了的东西才能更深刻地感觉它，这说明（　　）。

    A. 理性认识才是可靠的、正确的　　　B. 感性认识是不可靠的

    C. 理性认识能促进感性认识　　　　　D. 感性认识需要上升到理性认识

16. 理性认识向实践飞跃之所以重要，是因为（　　）。

    A. 理论要服务于实践　　　　　　　　B. 在实践中使理性认识得到检验

    C. 认识世界的目的是改造世界　　　　D. 这次飞跃可以使精神转化为物质

17. "近水知鱼性，近山识鸟音"说明（　　）。

    A. 实践提高了人的认识能力　　　　　B. 实践是认识发展的动力

    C. 实践是认识的来源　　　　　　　　D. 实践是检验真理的唯一标准

18. 实践决定认识主要表现在（　　）。

    A. 实践是认识的目的　　　　　　　　B. 实践是认识发展的动力

    C. 实践是认识的来源　　　　　　　　D. 实践是检验真理的唯一标准

19.实践、认识、再实践、再认识，这种形式，循环往复以至无穷，而实践和认识之每一循环的内容，都比较地进到了高一级的程度，这就是辩证唯物论的全部认识论。这个论断揭示了（　）。

　　A.认识对实践的依赖关系

　　B.认识是一种辩证的无限发展过程

　　C.主观和客观、理论和实践的具体的历史的统一

　　D.马克思主义认识论是能动的革命的反映论

20.实践是人类能动地改造世界的社会性的物质活动，是马克思主义认识论的第一的和基本的观点。实践的基本特征包括（　）。

　　A.客观实在性　　　　　　　　　B.自觉能动性

　　C.社会历史性　　　　　　　　　D.发展开放性

21.在人的认识活动中下列意识要素属于非理性因素的是（　）。

　　A.信念和信仰　　　　　　　　　B.动机和欲望

　　C.直觉与灵感　　　　　　　　　D.猜测与顿悟

22.郑板桥曾提到他画竹的过程：当他晨起"看竹"时，产生了"眼中之竹"；然后胸中涌起"画意"，此乃"胸中之竹"；最后，"磨墨展纸，落笔倏作变相"，形成了"手中之竹"。他反复强调"眼中之竹"不同于"胸中之竹"，从哲学上看，这是因为（　）。

　　A.前者是感性的，后者是理性的　　　B.前者是直接反映，后者创造性反映

　　C.前者有局限性，后者无局限性　　　D.前者是肤浅的，后者是深刻的

23.感觉和概念的区别在于（　）。

　　A.感觉是感性认识的形式，概念是理性认识的形式

　　B.感觉是对事物现象的反映，概念是对事物本质的反映

　　C.感觉具有直接性，概念具有间接性

　　D.感觉不可靠，概念真实可靠

24.辩证唯物主义认识论与旧唯物主义认识论的区别表现在（　）。

　　A.是否承认认识是主体对客体的反映　　B.是否承认实践对认识的决定作用

　　C.是否承认世界是可以认识的　　　　　D.是否承认认识是摹写与创造的统一

25.从认识到实践，是认识过程的第二次能动的飞跃。它的作用在于（　）。

　　A.能改造世界　　　　　　　　　B.能认识世界

　　C.能认识实践　　　　　　　　　D.能检验理论

26.书本知识和实践经验的关系是（　）。

　　A.书本知识是源，实践经验是流　　　B.书本知识重要，实践经验不重要

　　C.书本知识是流，实践经验是源　　　D.书本知识和实践经验都重要

27.割裂感性认识和理性认识的辩证统一关系，在实际工作中就会犯的两种错误是（　）。

　　A.二元论错误　　　　　　　　　B.经验主义错误

　　C.教条主义错误　　　　　　　　D.冒进主义错误

28.科学家对1994年夏发生的彗星撞木星的天文现象进行了准确的预报和大量的观察研究，这一事实表明（　　）。

    A. 世界是可以认识的　　　　　　　　　B. 人类已能预测一切自然现象

    C. 人类对宇宙的认识正在不断深化　　　D. 人类对宇宙的认识是无止境的

29."床前明月光，疑是地上霜……"在人们的心目中，月亮是圣洁而美丽的化身。然而，俄罗斯科学家经研究认为，月球是地球多自然灾害的祸源。这表明（　　）。

    A. 人们改造自然以自然界的客观存在为基础

    B. 认识是一个由浅入深，不断发展的过程

    C. 知识构成等因素是影响人们认识的重要因素

    D. 认识的目的是透过现象看本质

30.列宁说："一切科学的（正确的、郑重的、不是荒唐的）抽象，都更深刻、更正确、更完全地反映着自然。"这句话说明（　　）。

    A. 感性认识无关事物的本质和全体，是无关紧要的

    B. 正确的理论才能更深刻地反映事物的全体和本质

    C. 一切理论都能深刻地反映事物的全体和本质

    D. 反映事物全体和本质的理性认识，更接近于客观真理

31.列宁在谈到检验真理的实践标准时指出："这个标准也是这样的'不确定'，以便不至于使人的知识变成'绝对'，同时它又是这样的确定，以便同唯心主义和不可知论的一切变种进行无情的斗争。"这句话说明（　　）。

    A. 实践不是检验真理的唯一标准　　　B. 实践标准并不可靠

    C. 实践标准具有不确定性　　　　　　D. 实践标准是绝对性和相对性的统一

32."按图索骥"的错误在于（　　）。

    A. 理论脱离实际　　　B. 经验论　　　C. 教条主义　　　D. 唯心论

33.人们在剧场欣赏某一悲剧，有人听之入神，有人听之乏味，有人为之悲泣，有人不为所动。这种意识反映的不同是由于（　　）。

    A. 人们的文化素质和艺术的欣赏能力不同　B. 人们的生活经历不同

    C. 人们当时的主观精神状态不同　　　　　D. 人们的阶级地位不同因而情感不同

34.下列观点中包含实践对认识的决定作用原理的是（　　）。

    A. 没有调查就没有发言权

    B. 失败是成功之母

    C. 不登高山，不知天之高也；不临深溪，不知地之厚也

    D. 机遇偏爱有准备的头脑

35.下列属于中国传统哲学中唯心主义知行观的有（　　）。

    A. 生而知之（孔子）

    B. 不虑而知（孟子）

    C. 不行而知（老子）

    D. 不登高山，不知天之高也，不临深溪，不知地之厚也（荀子）

36."单凭观察所得的经验，是决不能充分证明必然性的。这是如此正确，以至于不能从太阳总是在早晨升起来判断它明天会再升起。"恩格斯这段话的含义是（　　）。

    A. 感性认识有待于上升为理性认识　　　　B. 感性认识具有局限性

    C. 事物的必然性与感性、经验性毫无关系　　D. 归纳方法不是万能的

37.孙中山先生指出，认识过程是"以行而求知，因知以进行""行其所不知以致其所知""因其已知而更进于行"。这表明（　　）。

    A. 知行相互促进

    B. 行先知后

    C. 知行不可分割

    D. 知先行后

38."社会主义初级阶段是很长的历史发展过程，我们对这个阶段的状况、矛盾、演变及其规律的认识，在许多方面还知之不多，知之不深。我们的许多方针、政策和理论还有待于发展，要随着实践的发展，不断经受检验，得以补充、修正和提高。"这段话体现的哲理有（　　）。

    A. 认识的发展是无限的和上升的　　　　B. 实践是认识发展的动力

    C. 实践是认识的基础　　　　　　　　　D. 量变必然带来质变

三、简答题

    1. 马克思主义关于认识的本质及其规律是什么？

    2. 简述感性认识和理性认识的辩证关系。

    3. 简述认识运动的总规律。

    4. 简述从感性认识上升到理性认识必须具备的条件。

    5. 简述实现由理论向实践飞跃的条件。

    6. 分析认识过程反复性和无限性的原因。

    7. 简述科学实践观的意义。

    8. 分析主体客体与主观客观的区别与联系。

    9. 简要分析"彼亦一是非，此亦一是非"与"仁者见仁，智者见智"的异同。

    10. 如何理解"人的思维是至上的，又是非至上的"。

    11. 简述实践对认识的决定作用。

    12. 简述辩证唯物主义认识论与旧唯物主义认识论的区别。

    13. 简述实践和认识的主体与客体及其关系。

四、论述题

    1. 为什么说马克思主义认识论是能动的反映论？

    2. 怎样理解认识过程中的第二次飞跃比第一次飞跃意义更重大？

    3. 军事认识和军事实践各有什么特点？

    4. 为什么说实践观点是马克思主义认识论首要的和基本的观点？

    5. 论述感性认识和理性认识的区别与联系。

    6. 论述认识发展的无限性。

五、材料分析题

1. 阅读下列材料并回答问题：

摩尔根是 19 世纪中期的美国民族学家。他根据对印第安民族易洛魁部落的深入研究，于 1877 年写成了巨著《古代社会》。在该书中，摩尔根认为氏族是原始社会的基本细胞，并认为一切文明民族的最初氏族都是母权制。他还根据大量材料，认定家庭是一个历史范畴，会随着社会的发展而变化，并粗略地绘出了一幅婚姻和家庭的发展史图。可是，摩尔根生活在美国资本主义上升时期，他怎么能如此透彻地了解原始社会的氏族状况呢？原来，这里面还有一段故事。

在已经建立起资本主义生产关系的美国，还残留了一些没有开化的原始部落。摩尔根早在青年时期，就领导了一个研究印第安民族易洛魁人的风俗习惯的团体。他多次探访印第安人的住址，观察他们的生活方式，并与印第安人交友，频繁往来，为了直接取得对印第安部落社会的认识，1846 年，他干脆当了易洛魁人的养子，成为这个部落的一个成员，和他们一起生活。这样，就使他得以认识印第安人不向外人透露的习俗和仪式，了解到他们的经济、社会组织、婚姻、家庭、习俗、艺术和宗教等，掌握了极其丰富的第一手材料。加上他还到了美国和欧洲其他地区旅行、调查，加以分析、比较，于是，获得了对原始部落的认识，最终写成了《古代社会》一书。摩尔根开始研究易洛魁人，仅仅 20 岁左右，而《古代社会》发表时，他已是 59 岁的人了，其间经过了将近四十年的漫长时间。这四十年，是这位科学家以顽强的毅力从事研究的四十年，进行科学实践的四十年。

——笔者根据相关资料整理改编。

请从认识与实践关系的角度来解读这段材料。

2. 阅读下列材料并回答问题：

鲁迅曾说：读《红楼梦》，"经学家看到的是'易'，道学家看到的是'淫'，才子看见的是缠绵悱恻，革命家看见的是'排满'，荒诞家看见的是'宫廷秘史'"。面对断臂维纳斯，不同的人有不同的看法，医生看到的是"身体的残缺"，道学家看到的是"有伤风化"，而艺术家看到的是"美"。"春蚕到死丝方尽，蜡炬成灰泪始干"，有人认为这句诗是对忠贞爱情的歌颂，有人则认为它表达了一个"鞠躬尽瘁，死而后已"的英雄的崇高精神。真可谓"仁者见仁，智者见智"。不仅不同的认识主体对同一客体的认识会有差异，就是同一个人，在不同的时间、环境和不同的自身状态下，对同一对象的认识也会有不同。例如，有人也说过：20 岁时欣赏贝多芬的《命运交响曲》，同 40 岁重听这部作品，会有不同的感受。对塞万提斯的《堂·吉诃德》，少年时阅读，觉得好笑；中年时阅读，感到使人深思；老年时再读一遍，不自觉潸然泪下。

——笔者根据相关资料整理改编。

请从认识的主客体角度来分析这段材料所表达的观点。

3. 阅读下列材料并回答问题：

传说印度舍罕王朝的国王打算重赏国际象棋的发明人、宰相西萨·班·达依尔。国王问他有何要求，他对国王说："陛下，请您在这张棋盘的第一个小格内，赏给我1粒麦子，在第二个小格内给2粒，第三格内给4粒，照这样下去，每一个小格内都比前一小格加一倍。陛下啊，把这样摆满棋盘上所有六十四格的麦粒，都赏给您的仆人吧。"国王一听，认为这个要求太容易满足了，于是便满口答应了。

然而结果怎样呢？按照第一格内放1粒，第二格内放2粒，第三格内放4粒，……还没有放到二十格，一袋麦子就已经放完了。一袋又一袋的麦子被扛到国王面前来。但是，麦粒数一格接一格地增长得那样迅速，很快就可以看出，如果要放到第六十四格，即使拿来全印度的粮食，国王也兑现不了他对西萨·班·达依尔许下的诺言，因为按照宰相的要求，需要有18446744073709551615颗麦粒，即 $1+2+2^2+2^3+2^4+\cdots\cdots+2^{63}$ 所得数字。这个数字简直就是天文数字。有人估算，即使全世界生产这么多小麦也需要数百年时间。

——笔者根据相关资料整理。

请用认识论的原理来分析国王为什么会吃这样的亏呢？

4. 阅读下列材料并回答问题：

材料一 恩格斯指出："就一切可能来看，我们还差不多处在人类历史的开端，而将来会纠正我们的错误的后代，大概比我们有可能经常以极为轻视的态度纠正其认识错误的前代要多得多。""科学史就是把这种谬误逐渐消除或是更换为新的、但终归是比较不荒诞谬误的历史。"

——摘自《马克思恩格斯选集》第3、4卷。

材料二 卡尔·波普认为："衡量一种理论的科学地位是它的可证伪性或可反驳性或要检验性。"

"我所想到的科学知识增长并不是指观察的积累，而是指不断推翻一种科学理论，由另一种更好的或者更合乎要求的理论取而代之。"

"科学史也像人类思想史一样，只不过是一些靠不住的梦幻史、顽固不化史、错误史。但科学却是这样一种少有的——也许是唯一的——人类活动，有了错误可以系统加以批判，并且还往往可以及时改正。"

——摘自波普尔：《科学知识进化论》。

(1) 材料一、材料二在科学理论发展问题上的共同观点是什么？
(2) 比较材料一、材料二，指出恩格斯和波普对科学发展的不同认识。

5. 阅读下列材料并回答问题：

材料一 孔子说：生而知之者，上也；学而知之者，次也；困而学之，又其次也；困而不学，民斯为下矣。

——摘自《论语》。

材料二 孟子说：人之所不学而能者，其良能也；所不虑而知者，其良知也。

——摘自《孟子》。

材料三 荀子说：凡性者，天之就也，不可学，不可事。礼义者，圣人之所生也，人之所学而能，所事而成者也。不可学，不可事，而在人者，谓之性；可学而能，可事而成之在人者，谓之伪（"人为"之意），是性伪之分也。

——摘自《荀子》。

材料四 孙中山先生指出：世界人类之进化，当分三时期：第一由愚昧进文明，为不知而行的时期；第二由文明再进文明，为行而后知时期；第三自科学发明而后，为知而后行之时期。以行而求知，困知而进行。

——摘自《孙文学说》。

(1) 简要评述上述材料给出的观点。

(2) 材料四揭示的知行关系是什么？

6. 阅读下列材料并回答问题：

材料一 今者臣来，见人于大行，方北面而持其驾，告臣曰："我欲之楚。"臣曰："君之楚，将奚为北面？"曰："吾马良。"臣曰："马虽良，此非楚之路也"。曰："吾用多。"臣曰："用虽多，此非楚之路也。"曰："吾御者善。"此数者愈善，而离楚愈远耳。

——摘自《战国策》。

材料二 有过于江上者，见人方引婴儿而欲投之江中，婴儿啼。人问其故，曰："此其父善游。"其父虽善游，其子岂遽善游哉？以此任物，亦必悖矣！

——摘自《吕氏春秋》。

"南辕北辙"和"引婴投江"犯了认识论上的什么错误？

7. 阅读下列材料并回答问题：

材料一 蚂蚁能看见我们看不见的光线，但我们能证明蚂蚁看见而我们看不见的东西，且这种证明只能以人眼睛所造成的知觉为基础，这说明人眼的特殊构造不是人的认识的绝对界限。

——摘自恩格斯：《自然辩证法》。

材料二 记者从中国科学院国家天文台获悉：2020年1月11日，被誉为"中国天眼"的国家重大科技基础设施500米口径球面射电望远镜（FAST）顺利通过国家验收，正式开放运行。FAST自试运行以来，设施运行稳定可靠，其灵敏度为全球第二大单口径射电望远镜的2.5倍以上。这是中国建造的射电望远镜第一次在主要性能指标上占据制高点。截至目前，FAST探测到146颗优质的脉冲星候选体，其中102颗已得到认证。未来3至5年，FAST的高灵敏度将有可能在低频引力波探测、快速射电暴起源、星际分子等前沿方向催生突破。

——摘自《"中国天眼"正式开放运行》，《人民日报》（2020年1月22日）。

说明实践对认识的决定作用。

8. 阅读下列材料并回答问题:

成仿吾是我国无产阶级革命家,马克思主义理论家、教育家、翻译家,他是由"文化人"成为"革命人"的典型之一。在长征中,他是红军队伍中的唯一的大学教授。成仿吾究竟是个什么样的人呢?作家丁玲在未跟他谋面之前,曾产生过一系列的"合理想象":"在文学上,他主张浪漫主义,创造社最早就是这样主张的;他是从日本留学回来的,一定很洋气,很潇洒,因为曾见过一些傲气十足的诗人,趾高气扬,高谈阔论;他在国外学军械制造,或许是庄重严肃之人;他在黄埔军校担任教官,一定有一种军人气概;他曾经跟鲁迅进行过革命文学队伍内部的文学论争,写过火气很重的文章,是不是有点张飞、李逵的气质呢?"后来,丁玲在陕北见到成仿吾时,第一个感觉就是"我想象的全错了"。原来成仿吾是一个"土里土气、老实巴交的普通人",一个尊重别人、热情、虚心、平等待人的人。丁玲十分后悔:"为什么我单单忽略了他是一个经过长征的革命干部、红军战士,一个正派憨厚的共产党员呢?"

另据老红军杨定华回忆,在长征中见到的成仿吾完全是士兵的装扮:破旧的棉军衣,斜挎干粮袋,手持着一根手杖。杨定华说,成仿吾在红军大学当政治教员。有人能说出他的名字,但谁也不知道他是文学家。

——笔者根据相关资料整理改编。

(1) 丁玲对成仿吾的"合理想象"为什么"全错了"?
(2) 丁玲对成仿吾认识的"转变"过程对我们正确认识事物有何启示?

9. 阅读下列材料并回答问题:

材料一 小学老师雷夫艾斯奎斯在其所著的热门教育畅销书《第56号教室的奇迹》中讲过这样一个故事:

一位从事特殊教育的优秀教师获得一个宝贵的签名球,上面有美国著名棒球队——红袜队1967年全体队员的签名。这些球员都是他的偶像,对这样一个签名球,这位教师别提有多珍爱了。当年幼的儿子找他一起玩球时,他理所当然地警告儿子:绝对不能拿签名球来玩。儿子问他理由,他觉得儿子还太小,对球队和球员一无所知,说多了儿子也不会明白。于是,他没有解释原委,只对儿子说,不能用那颗球,是因为"球上写满了字"。

过了几天,儿子又找他一起玩球。当老爸再次提醒儿子不要拿写满字的球来玩时,小男孩满不在乎地说:我已经把问题解决了。爸爸问怎么回事,儿子说:我把球上所有的字都擦掉了。老爸气得想痛打儿子,但他转念一想,觉得儿子根本没做错事,因为自己并没有告诉儿子上面的字有什么意义。从那天起,他无论去什么地方都带着那颗空白的签名球。这颗球提醒他,不管是教导学生还是儿女,一定要时时从孩子的角度看事情。

不论家长还是教师,常常用成人的眼光看待孩子,用成人的思维理解孩子,用成人的标准要求孩子。岂不知,从孩子的角度看事情,用孩子的眼睛看世界,正是儿童教育应当遵循的基本规律。

——摘自《人民日报》（2012 年 3 月 16 日）。

材料二 某大学一研究生凭借着设计"醒目药瓶"，摘得了素有"设计界奥斯卡"美誉的 2011 年度"国际红点奖"概念设计类奖。

"在我提供的设计图上，常见的塑料药瓶盖的顶上一圈，变身为一块圆圆的玻璃镜，这是一面凹凸境，有放大的功能。"她解释说，有了这个药瓶盖，老年人不需要戴上老花镜来区别药的类别、服用量。她的灵感来源于生活中对中老年人群体的关注。有一天，有位老人要吃药，可是药瓶上的字太小了，原本挂在脖子上的老花镜不见了，急得这位老人团团转。就这样，该同学很长一段时间沉浸在老人世界中，突然有一天灵感迸发，想到"醒目药瓶"这个点子。

有了灵感后，从设计到写英文翻译说明，再到制作动画，一共才三天时间。也许有人要问，这样的设计看上去很简单，为什么能拿"国际红点奖"呢？她坦然，设计很简单，关键在于设计前把自己想象成老人。这一设计胜在实用，按照测算，不会给药瓶本身带来额外的成本，推广起来很容易，使用方便。"希望将来这款设计能推向市场，让更多人得到帮助。"

这位研究生说她没有想当名人的"野心"，只期望能从生活中的小处入手，用自己的设计改变生活，让生活更加美好。正如"红点"主席 Peter Zee 博士在颁奖晚会上说的那样：从同学们优秀的设计中，他高兴地看到的是他们所描绘的未来更加美好的世界。

——摘自《扬子晚报》（2012 年 3 月 17 日）。

分析"用孩子的眼睛看世界"和"设计前把自己想象成老人"两事例所体现的认识主体的能动作用。

第二章第一节 习题参考答案

第二节 真理与价值

一、单项选择题

1. 在阶级社会中，真理的根本属性是（ ）。

    A. 阶级性   B. 客观性   C. 主观性   D. 相对性

2. 马克思列宁主义并没有结束真理，主要说明马克思列宁主义（　　）。

    A. 还不是真理性认识　　　　　　B. 只是暂时正确的认识

    C. 是仍然要不断发展的真理　　　D. 是包含着错误的认识

3. 真理的相对性应理解为（　　）。

    A. 真理有待扩展和深化

    B. 对同一对象不同的乃至对立的认识都是真理

    C. 真理的标准是多重的

    D. 真理和谬误之间没有确定的界限

4. "真理是时间的女儿，不是权威的女儿。"这句名言是指（　　）。

    A. 真理与权威是相互排斥的　　　B. 真理要靠历史和实践来检验

    C. 真理与权威是相互依存的　　　D. 只有服从真理，才能具有权威

5. 真理的本性在于（　　）。

    A. 绝对性　　　　　　　　　　　B. 相对性

    C. 价值性　　　　　　　　　　　D. 主观与客观相符合

6. 任何科学都不能穷尽真理，而只能在实践中不断开辟认识真理的道路，这说明（　　）。

    A. 真理具有绝对性　　　　　　　B. 真理具有相对性

    C. 真理具有客观性　　　　　　　D. 真理具有全面性

7. 在真理标准问题上坚持辩证法，就是要坚持（　　）。

    A. 实践标准是确定性和不确定性统一的观点

    B. 实践标准是主观性和客观性统一的观点

    C. 实践是检验真理唯一标准的观点

    D. 具体的实践能对一切认识做出确定检验的观点

8. 马克思主义所理解的价值是指（　　）。

    A. 来自主体　　　　　　　　　　B. 来自客体

    C. 来自主体与客体的关系　　　　D. 都不是

9. 真理与价值两者是（　　）。

    A. 绝对对立的　　　　　　　　　B. 绝对统一的

    C. 具体的历史的统一　　　　　　D. 不相干的

10. 真理和谬误的界限在于（　　）。

    A. 是否符合人的利益和愿望　　　　　B. 是否符合马克思主义

    C. 是否反映了客观事物的本质和规律　D. 是否为大多数人所接受

11. "真理和谬误的对立，只是在非常有限的范围内才有意义"是（　　）。

    A. 形而上学的观点　　　　　　　B. 唯物辩证法的观点

    C. 诡辩论的观点　　　　　　　　D. 相对主义的观点

12. 1633年，伽利略因宣传"日心说"被教廷判处终身监禁。1979年11月10日罗马教皇在公开集会上正式承认伽利略在340多年前受到教廷审判是不公正的，公开为伽利略平反。这说明（　　）。

    A. 谬误在一定条件下可以转化为真理

B. 真理在一定条件下可以转化为谬误

C. 真理是不断发展的

D. 真理终将战胜谬误

13. 钱学森曾说："我作为一名中国的科技工作者，活着的目的就是为人民服务。如果人民最后对我的一生所做的工作表示满意的话，那才是最高的奖赏。"这说明评价人生价值的根本尺度是（　　）。

　　A. 个体在社会中的地位　　　　　　　B. 个体在社会中的影响

　　C. 个体对社会和他人的生存和发展的贡献　　D. 个体从社会获得的满足程度

14. 认为真理是"社会地组织起来的经验"，这一观点主要是否认（　　）。

　　A. 真理是有用的　　　　　　　　　　B. 真理也是理性认识

　　C. 真理的客观内容　　　　　　　　　D. 真理的主观形式

15. 周恩来说："只有忠实于事实，才能忠实于真理。"这一观点的哲学寓意是（　　）。

　　A. 真理就是事实　　　　　　　　　　B. 真理的内容是客观的

　　C. 事实是本质，真理是现象　　　　　D. 事实与真理都是社会存在

16. 主观真理论有两种典型表现：马赫主义认为真理是"思想形式"，是"社会地组织起来的经验"，凡是多数人承认的就是真理；实用主义认为"有用即真理"，把真理的有用性与真理本身等同起来。它们共同的错误都是（　　）。

　　A. 否定真理的意识性　　　　　　　　B. 否定真理的相对性

　　C. 否定真理的客观性　　　　　　　　D. 否定真理的价值性

17. 人的认识能力、思维能力的至上和非至上的对立统一，决定了作为认识、思维成果的真理是（　　）。

　　A. 主观和客观的对立统一　　　　　　B. 绝对和相对的对立统一

　　C. 具体和抽象的对立统一　　　　　　D. 科学和价值的对立统一

18. 没有抽象的真理，真理总是具体的。这一命题的根据在于（　　）。

　　A. 真理是感性的存在，不是理性的抽象

　　B. 真理的内容和形式都是客观实在的

　　C. 真理是与人的具体利益相联系的

　　D. 真理是事物多方面规定的综合、多样性的统一

19. 抽象地、简单地说下雨好还是坏，都不是真理。黑格尔曾以下雨好不好为例说明（　　）。

　　A. 真理的绝对性　　　　　　　　　　B. 真理的多元性

　　C. 真理的具体性　　　　　　　　　　D. 真理的一元性

20. 主客体之间的价值关系不是一种自然的、现成的关系，也不是主体需要与客体属性之间随机相遇的关系，而是主体在实践基础上确立的同客体之间的一种创造性的关系。这表明（　　）。

　　A. 价值的客观性　　　　　　　　　　B. 价值的主体性

　　C. 价值的社会历史性　　　　　　　　D. 价值的多维性

21.关于价值评价,下列观点错误的是(　　)。

　　A.价值评价也是一种认识,即价值认识

　　B.价值评价是对事物价值的评价性认识

　　C.价值评价的尺度仅仅是主体及其需要

　　D.价值评价主要判明客体对主体的利害、好坏、有无价值及价值大小

22.价值评价的最高尺度是(　　)。

　　A.个人或群体的需要　　　　　　B.整个人类主体的根本利益

　　C.对客体状况的正确认识　　　　D.对主体需要的正确认识

23.对当代世界经济政治秩序的评价,不同的价值主体不可能完全一致,甚至截然相反。这种现象表明(　　)。

　　A.价值评价是"公说公有理,婆说婆有理"

　　B.价值评价是没有客观标准的评价

　　C.价值评价是一种主观随意性的认识活动

　　D.价值评价依主体具体特点的不同而不同

24.检验评价结果的标准是(　　)。

　　A.主体的认识　　　　　　　　　B.主体的需要

　　C.客体的属性　　　　　　　　　D.社会实践

25.关于哲学范畴的价值,下列观点错误的是(　　)。

　　A.价值是主体需要被客体满足的意义关系

　　B.价值是指客体所具有的某种属性或性能

　　C.价值既有客观性,又有主体性

　　D.价值是主体在实践基础上确立的同客体之间的一种创造性的关系

26.实现价值的唯一途径是(　　)。

　　A.树立正确的价值观　　　　　　B.价值实践

　　C.符合社会基本的价值目标　　　D.从自身实际条件出发

27.关于真理与价值的关系,下列观点错误的是(　　)。

　　A.真理强调人的认识与客观对象一致,价值则强调客观事物满足人的需要

　　B.追求真理和创造价值从根本上说是一致的

　　C.真理和价值相互引导,在实践中实现具体的、历史的统一

　　D.真理是有价值的,而有价值的东西就是真理

28.实践作为检验认识真理性的标准具有不确定性,是指(　　)。

　　A.实践标准是不可靠的

　　B.实践不是检验认识真理性的唯一标准

　　C.实践有历史局限性,它对真理的检验是一个过程

　　D.科学理论也是检验真理的标准

29.在真理标准问题上坚持辩证法,就是要坚持(　　)。

　　A.实践标准是确定性和不确定性相统一的观点

　　B.实践标准是主观性和客观性统一的观点

C.实践是检验真理唯一标准的观点

D.具体的实践能对一切认识做出确定检验的观点

30.真理和谬误的界限在于（　　）。

  A.是否符合人的利益和愿望   B.是否符合马克思主义

  C.是否反映了客观事物的本质和规律 D.是否为大多数人所接受

31.下列有关相对真理的观点错误的是（　　）。

  A.相对真理是绝对真理中的错误部分

  B.相对真理是指人们在一定条件下的正确认识是有限度的

  C.相对真理和绝对真理是同一客观真理的两重属性

  D.从过程上说，相对真理有待于发展

32.哲学上的"价值"是指（　　）。

  A.人类脑力和体力的耗费

  B.具有特定属性的客体对于主体需要的意义

  C.凝结在商品中的无差别的人类劳动

  D.某种活动的经济效益

33.价值评价是（　　）。

  A.一种纯主观的认识活动

  B.没有任何客观标准的评价

  C.没有正确与错误区分的评价

  D.有正确与错误之分的评价

34.在实践中，（　　）既是制约实践的客观尺度，又是实践追求的价值目标之一。

  A.真理   B.实践   C.创新   D.自由

35."人的思维是否具有真理性，这并不是一个理论的问题，而是一个实践的问题。人应该在实践中证明自己思维的真理性，即自己思维的现实性和力量，亦即自己思维的此岸性。"这一论断说明了（　　）。

  A.实践是认识的来源和动力

  B.实践是检验认识是否具有真理性的唯一标准

  C.实践检验真理不需要理论指导

  D.认识活动与实践活动具有同样的作用和力量

36.对于哲学史上长期争论不休的唯理论和经验论两大派别的正确评价是（　　）。

  A.唯理论是正确的，经验论是错误的

  B.经验论是正确的，唯理论是错误的

  C.唯理论和经验论各有片面的真理性

  D.唯理论和经验论都是完全错误的

二、多项选择题

1."有用的就是真理"，关于这一命题错误的有（　　）。

  A.把真理与真理有用性混同 B.歪曲了真理的本性

C.混淆真理与价值的界限　　　　D.重视实际忽视理论

2. 真理和谬误是（　　）。

　　A.性质不同的两种认识　　　　　B.绝对对立的两种认识

　　C.不同发展阶段的两种认识　　　D.在一定条件下可以互相转化的两种认识

3. 真理的客观性是指（　　）。

　　A.真理中含有不依赖于人的意志的内容

　　B.真理的内容和它所反映的客体是相符合相一致的

　　C.真理性认识的内容具有客观性

　　D.真理的内容和形式都是客观的

4. "公说公有理，婆说婆有理"，这句话体现在真理观上的错误是（　　）。

　　A.否认了真理的客观性　　　　　B.否认了真理的绝对性

　　C.否认了真理的有用性　　　　　D.夸大了真理的相对性

5. 承认真理的相对性就是承认（　　）。

　　A.真理本身包含着错误

　　B.人们对世界的认识具有近似的性质，认识有待于深化

　　C.世界上尚有未被认识的东西，认识有待于扩展

　　D.真理是具体的历史的

6. 任何真理都（　　）。

　　A.具有客观性　　　　　　　　　B.是绝对性和相对性的统一

　　C.同谬误有根本区别　　　　　　D.可以在一定条件下转化为谬误

7. 实际工作中的教条主义是（　　）。

　　A.片面夸大书本知识的作用　　　B.否认了真理的相对性

　　C.一种主观主义　　　　　　　　D.绝对主义的一种表现

8. "只要再多走一小步，仿佛是同一方面迈出的一小步，真理便会变成错误。"这句话意味着（　　）。

　　A.任何真理都不存在绝对的因素

　　B.任何真理都有自己适用的条件和范围

　　C.真理和谬误没有确定的界限

　　D.真理和谬误的对立只有在非常有限的领域内才有绝对的意义

9. 实践是检验真理的唯一标准，是因为实践（　　）。

　　A.具有直接现实性的优点　　　　B.具有能动性的优点

　　C.具有物质客观性　　　　　　　D.能把认识和客观联系起来

10.真理的发展是（　　）。

　　A.通过实践而发现真理，又通过实践而证实真理、发展真理

　　B.真理同谬误相比较而存在、相斗争而发展

　　C.真理是由相对不断走向绝对的永无止境的过程

　　D.由感性上升到理性认识的过程

11.真理原则和价值原则的对立表现在（   ）。

  A.真理原则是侧重于客体性的原则，价值原则是侧重于主体性的原则

  B.真理原则是一种条件性原则，价值原则是一种目的性原则

  C.真理原则是一种统一性原则，价值原则是一种多样化原则

  D.真理原则是遵循实践标准的原则，价值原则是排斥实践标准的原则

12.真理和价值的关系是（   ）。

  A.追求价值以追求真理为基础

  B.追求真理以追求价值为目标

  C.真理和价值都要通过实践检验

  D.真理和价值的统一是具体的历史的统一

13.爱因斯坦1939年在获悉铀核裂变及其链式反应的发现后，曾上书美国总统罗斯福，建议研制原子弹，以防德国占先。然而，让爱因斯坦感到意外的是，"二战"结束前夕，美国向日本的广岛和长崎投下两颗原子弹，悍然将原子弹用于战争。这对爱因斯坦震动很大，从此开始投身反对核战争的运动。这段材料蕴含的哲学原理是（   ）。

  A.真理和价值总是一致的

  B.真理和价值都是人类活动要追求的目标

  C.真理和价值总是不一致

  D.真理和价值统一于人类的实践之中，最终由实践检验

14."没有抽象的真理，真理总是具体的"，这一命题的含义是（   ）。

  A.真理的认识不需要抽象概括　　B.真理有其适用的具体范围和条件

  C.真理不是抽象不变的公式　　　D.真理是具体生动的事实

15."真理原来是人造的，是人造出来供人用的，是因为它对人大有用处，所以才给以'真理'的美名。"这段话的观点说明（   ）。

  A.经过实践检验的就是真理　　　B.有用的就是真理

  C.符合客观规律的是真理　　　　D.能为我主观需要服务的是真理

16.下列对待马克思主义的态度符合绝对真理和相对真理辩证关系的是（   ）。

  A.马克思主义句句是真理，应该坚持永远句句照办

  B.马克思主义具有与时俱进的理论品格

  C.马克思主义是科学真理，应随着实践的发展而发展

  D.马克思主义的基本原则和方法必须坚持，已经过时的个别结论要修改

17.尽管历史上罗马教廷把哥白尼的"日心说"当作"异端邪说"加以打击，但这既不能改变地球绕太阳运转的规律，也不能阻止人们接受"日心说"。这一事实说明（   ）。

  A.客观规律不以人的意志为转移　　B.人在客观规律面前无能为力

  C.客观规律起作用是无条件的　　　D.真理中包含着不依赖于人的客观内容

18.基因编辑是应对遗传性疾病的一种潜在治疗方法，但其技术运用极具争议，这不仅是因为基因的变化会传给后代并最终有可能影响整个基因库，而且更重要的是基因编辑会产生长远而深刻的社会影响，可能衍生出一系列棘手的伦理、法律和安全难

题。正因为如此，许多国家对人类基因编辑技术制定了相应的伦理、法律规范。人类严格控制基因编辑行为的原因在于（　　）。

A. 人的实践活动要遵循真理尺度与价值尺度的统一

B. 人的实践活动是合目的性与合规律性的统一

C. 科学技术有时表现为异己的、敌对的力量

D. 基因编辑技术可能突破人类的伦理道德底线

19. 某地野生动物园内老虎咬人导致一死一伤，成为网络热议的焦点。但在舆论场，越是外围、不在场的人，越热爱归因，而且有一种"迫切归因"的癖好——事情刚发生，一些人就凭着一些道听途说的碎片化信息，试图"一锤定音"，原因出在哪里、问题根源在何处、责任在谁，各种分析头头是道。一些人不仅迫切地归因，而且还喜欢"单一归因"，抓住某个不确定的局部细节，就以为掌握了全部的事实真相，攻其一点不及其余，无视其他可能的原因，把可能的单一原因当成绝对真理，以不容置疑的口吻说出来。这种思维的错误在于没有认识到（　　）。

A. 真理是全面的　　　　　　　　B. 因果关系是复杂多样的

C. 有其因必有其果　　　　　　　D. 认识具有反复性

20. 东汉安帝时，昌邑县令王密为感谢杨震的提挈之恩，夜里怀金十斤馈赠，被杨震拒绝。王密说："暮夜无知者。"杨震答道："天知，神知，我知，子知。何谓无知！"王密听后"愧而出"。杨震拒收馈赠表明（　　）。

A. 客观事物的某种属性是否有价值以人的需要为基准

B. 同一客体对于不同主体的价值不同

C. 价值评价结果依据主体的特点而转移

D. 客体的属性是以人的感觉而存在的

21. 真理的客观性或客观真理是指（　　）。

A. 有用即真理　　　　　　　　　B. 真理的内容是客观的

C. 真理本身就是客观事物　　　　D. 客观的社会实践是检验真理的唯一标准

22. 绝对真理即真理的绝对性含义包括（　　）。

A. 真理具有的客观性　　　　　　　B. 每个真理的获得所体现的世界可知性

C. 无数相对真理的总和构成的终极真理　D. 认识和真理发展具有的无限性

23. 承认真理的相对性就是承认（　　）。

A. 真理本身包含着错误

B. 人们对世界的认识具有近似的性质，认识有待于深化

C. 世界上有尚未被认识的东西，认识有待于扩展

D. 真理是具体的、历史的

24. 关于绝对真理和相对真理的关系，下列观点正确的有（　　）。

A. 相对真理是不同于绝对真理的另一种真理

B. 相对真理中包含有绝对真理的成分

C. 无数相对真理的总和构成绝对真理

D. 相对真理和绝对真理辩证转化

25.相对主义片面夸大真理的相对性，否认真理的绝对性、客观性，怀疑科学理论的可靠性，把真理看成是主观随意的东西。这种相对主义在实际生活中表现为（　　）。

A.怀疑主义　　　　　　　　　　B.诡辩论

C.教条主义　　　　　　　　　　D.思想僵化

26.庄子在《齐物论》中讲："是亦彼也，彼亦是也，彼亦一是非，此亦一是非。"这种观点（　　）。

A.把现存的真理看成是终极真理　B.片面夸大真理的相对性

C.把真理说成是主观的　　　　　D.会导致怀疑主义和诡辩论

27.黑格尔曾以下雨好不好为例说明真理的具体性，抽象地、简单地说下雨好还是坏，都不是真理。如果久旱逢甘霖，说下雨好才是真理，因为它符合客观实际；如果淫雨不止，再说下雨好就不是真理，而成为明显的谬误。这说明（　　）。

A.真理是相对的　　　　　　　　B.真理是历史的

C.真理是全面的　　　　　　　　D.真理是有条件的

28.真理和谬误是（　　）。

A.主观对客观的反映　　　　　　B.相比较而存在的

C.相斗争而发展的　　　　　　　D.在一定条件下相互转化的

29.毛泽东说："通过实践发现真理，又通过实践而证实真理和发展真理。"这句话说明（　　）。

A.实践是检验真理的根本途径　　B.实践是发展真理的根本动力

C.任何实践都包含着真理　　　　D.任何实践都能发现真理

30.古希腊的普罗泰戈拉说："人是万物的尺度，是存在的事物存在的尺度，也是不存在的事物不存在的尺度。"他认为一切事物不过是相对有意识的主体而存在，人的感觉就是事物的真相，这种观点（　　）。

A.属于主观唯心主义　　　　　　B.否认事物和认识的绝对性

C.把感觉的相对性绝对化　　　　D.否认真理的客观内容，会导致不可知论

31.实践是检验真理的唯一标准，并不排斥逻辑证明的作用。逻辑证明是根据前提条件推断出某种结论的思维过程，它是探索真理、论证真理和扩大真理范围的重要手段，是对实践标准的一个重要补充，但不是检验真理的标准。这是因为（　　）。

A.逻辑证明只能证明前提条件与结论的一致性

B.逻辑证明不具有普遍性的特点和优点

C.逻辑证明不能证明认识与客观事物及其规律是否一致

D.逻辑证明中使用的逻辑法则，必须经过实践的检验才能获得真理性

32.实践作为检验认识真理性的标准是确定的，这是因为（　　）。

A.实践是世界的本体

B.只有实践才是检验真理的标准

C.实践最终一定能够检验认识的真理性

D.凡经过实践检验的真理都有不可推翻的性质

33. 实践作为检验认识真理性的标准具有不确定性，这是因为（　　）。

A. 逻辑证明也是检验真理的重要标准

B. 实践对认识真理性的检验是有条件的

C. 检验认识真理性的实践具有局限性

D. 实践对认识真理性的检验不可能一次完成

34. 实践检验和证明真理是一个过程，这个过程永远不会完结。这表明实践标准的（　　）。

A. 相对性　　　　　B. 不确定性　　　　　C. 有限性　　　　　D. 非至上性

35. 人们的实践活动总是受真理尺度和价值尺度的制约。实践的真理尺度是指人们在实践中所必须遵循的反映了实践对象的客观规律和本质的真理。人们只有按照真理办事，才能在实践中取得成功。实践的价值尺度是指人们在实践中所必须遵循的以满足人们需要为内容的特定的价值目标。因此，任何实践活动都是（　　）。

A. 物质性和意识性的统一　　　　　B. 客体尺度和价值尺度的统一

C. 真理尺度和价值尺度的统一　　　D. 合规律性和合目的性的统一

36. 价值的客观性表现在（　　）。

A. 价值就是主体的需要和利益

B. 价值必须以客观事物本身所具有的属性为现实基础

C. 人的需要受社会实践和历史条件制约

D. 价值关系是一种自然的、现成的关系

37. 价值的主体性表现在（　　）。

A. 事物的某种属性是否有价值以主体的需要为基准

B. 同一客体对于不同的主体有不同的价值

C. 主客体之间的价值关系是在实践中确立的

D. 主客体之间的价值关系是主体需要与客体之间随机相遇的关系

38. 价值评价是一种关于价值现象的评价性的认识活动，是主体在对客体属性、本质和规律认识的基础上，把自身需要的内在尺度运用于客体，对主体和客体的价值关系进行评判。因此（　　）。

A. 价值评价是依主体的特点而转移的

B. 价值评价结果与评价主体有直接联系

C. 价值评价是一种主观随意性的认识活动

D. 价值评价结果的正确与否依赖于相关的知识性认识

39. 对于高校自主招生，有人认为是抢生源，有人认为是对现行高考制度的修正和补充。不同的人对同一对象有不同的看法，这说明（　　）。

A. 价值评价是不具有客观标准的认识活动

B. 价值评价的结果与评价主体直接相关

C. 价值评价以人的利益作为检验评价结果的标准

D. 价值评价的主体不同，因而对同一对象的评价会有差异

40. 价值评价在实践中的功能主要表现在，它是（　　）。

A. 检验实践活动成功与否的根本尺度

B. 推动实践不断实现价值的精神驱动力量

C. 实践发展的规范因素

D. 实践发展的导向因素

41. 一个科学的、合理的价值评价，必须符合的基本要求有（　　）。

A. 对客体状况的正确认识

B. 对主体需要的正确认识

C. 符合主体利益的、具有客观必然性的需要

D. 人类的一切需要

42. 具有同样化学知识的人，有的为人类造福，有的制造毒品危害人民。由此可见（　　）。

A. 价值观对人的行为起着规范和导向作用

B. 价值观不同，即使拥有相同的真理也会有不同的行为取向

C. 树立正确的价值观对人生具有积极的意义

D. 只要拥有科学知识就能保证人们行为价值取向的正确

43. 真理和价值之间的矛盾是人类活动的内在矛盾，真理与价值的统一是人类活动的内在要求。真理和价值统一于人类的实践活动之中。人类在自己的实践活动中，要把真理原则和价值原则结合起来，通过一定的自我调节来解决真理和价值的冲突。真理与价值的统一表现在（　　）。

A. 价值的形成和实现以坚持真理为前提

B. 真理必然是有价值的

C. 有价值的东西必然是真理

D. 真理合规律，价值合目的

44. 在真理标准的问题上，下列说法中属于唯心主义观点的有（　　）。

A. 公说公有理，婆说婆有理

B. 统治者认为正确的就是真理

C. 多数人认为正确的就是真理

D. 经过实践反复证实的就是真理

45. 人类社会发展的历史表明，对一个民族、一个国家来说，最持久、最深层次的力量是全社会共同认可的核心价值观。面对世界范围思想文化交流交融交锋形势下价值观的新态势，面对改革开放和发展社会主义市场经济条件下思想意识多元多样多变的新特点，积极培育和践行社会主义核心价值观，有利于（　　）。

A. 促进人的全面发展和引领社会全面进步

B. 巩固全党全国人民团结奋斗的共同思想基础

C. 巩固马克思主义在意识形态领域的指导地位

D. 集聚实现中华民族伟大复兴中国梦的强大正能量

46. 逐渐"飞入寻常百姓家"的人工智能对人类的社会生活产生了巨大影响。对此，技术乐观派认为人工智能为人类发展更新了"发动机"，悲观派则认为人工智能的发展可能导致"人类的终结"。对人工智能社会效用的评价是（　　）

A. 对客观事物发展规律的真理性评价

B. 对主体需要发展程度的认知性评价

C. 受主体情感、兴趣和爱好影响的主观性评价

D. 对客观事物的属性及其满足主体需要的价值性评价

三、简答题

1. 分析真理与价值的辩证统一关系。

2. 简述真理与谬误的对立统一关系。

3. 简述真理的绝对性和相对性的辩证关系。

4. 简述价值的特性。

5. 简述实践作为检验认识真理性的标准的确定性和不确定性。

四、论述题

1. 试论述真理的客观性。

2. 运用真理的客观性和价值性原理，评析"有用即真理"和"有权即真理"的观点。

3. 价值评价有哪些特点？怎样科学地加以理解和把握？

4. 结合实际谈谈社会主义核心价值观的科学内涵和重大意义。

5. 1978年，中国掀起了真理标准问题的大讨论热潮，由此拉开新时期思想解放运动的序幕。"实践是检验真理的唯一标准"的哲学根据何在？在当时的历史背景下这一讨论有何重大意义？

6. 试用真理和价值的辩证统一理论，分析科学精神和人文精神的关系。

五、材料分析题

1. 阅读下列材料并回答问题：

詹姆士说："对于实用主义者，真理成为经验中各种各样确定的、有作用价值的类名。""要是真观念对人生没有好处，或者真观念的认识是肯定无益的，而假观念却是唯一有用的，那么……我们的责任就会是回避真理。"

胡适说："真理原来是人造的，是人造出来供人用的，是因为他们大有用处，所以才给他们'真理'的美名的。我们所谓真理，原不过是人的一种工具，真理和我们手里这张纸，这条粉笔，这块黑板，这把茶壶是一样的东西：都是我们的工具。""我们人类所要的知识并不是那绝对存在的'道'哪、'理'哪，乃是这个时间、这个境地、这个我的这个真理。那绝对的真理是悬空的，是抽象的，是笼统的，是没有凭据的，是不能证实的。"

罗蒂说："对于实用主义者来说，真理的首要标准是其与一个人的其他信念的一致。""是我们的信念和愿望形成了我们的真理标准。""'真理'将被看作不过是一个表示满意的形容词的名词化，而不是被看作一个表示与超越的东西，不是人类的东西的接触。"

——摘自《论实用主义的"真理论"》，《哲学研究》2007年第2期。

用马克思主义真理观对上述材料进行评析。

2. 阅读下列材料并回答问题：

自从 1997 年 2 月，英国罗斯林研究所宣布克隆羊"多利"问世以来，有关克隆人的争论一直不断。从表面上看，也许会给人以反对和赞成两派"壁垒分明"的印象。其实，情况错综复杂。反对的也好，赞成的也好，都有不同的理由，甚至不同的立场。而且，有时反对者和赞成者举起同一面旗子，却有不同的解读。

很多科学家一直坚持反对生殖性克隆。反对的理由主要有：（1）不安全。虽然克隆技术近几年发展迅速，但目前克隆动物的成功率还只有 2% 左右，贸然应用到人身上，克隆出畸形、残疾、早夭的婴儿，是对人的健康和生命的不尊重和损害。科学界普遍认为，由于对细胞核移植过程中基因的重新编程和表达知之甚少，克隆人的安全性没有保障，必须慎之又慎。（2）可能影响基因多样性。克隆人的"闸门"一旦开启，人们很有可能会以多种多样的理由来要求克隆人或"制造"克隆人，出现所谓"滑坡效应"或"多米诺骨牌效应"。法国科学家让保罗·列纳曾指出："到那时候，萦绕在每个人心灵的最高梦想将是从生物角度完善自身。随着我们消灭疾病的愿望越来越强，有朝一日我们也一定会出于要传给后代一个可靠的基因的愿望而真心接受一个克隆生殖、已事先设计完毕的孩子。"果真发生这种状况，将危及人类基因库的多样性，威胁人类的生存和发展。（3）有损人的尊严。根据公认的人是目的而非工具以及每个人都享有人权和尊严的伦理原则，生命科学界和医疗卫生界自然也要遵循。克隆人恰恰背离了这些原则。比如，克隆人把人当作产品甚至商品，克隆人损害了每个个体生命的独一无二性，都侵犯或伤害了人的尊严。联合国教科文组织、国际人类基因组组织以及美国总统生命伦理咨询委员会、法国国家生命伦理咨询委员会等都以此作为反对克隆人最重要、最根本的理由。

——摘自《沈铭贤上海讲演——从克隆人之争看生命伦理学》，东方网–文汇报
（2004 年 1 月 4 日）。

(1) 对克隆人采取严肃和谨慎的态度，是否是为了价值，为了对生命的尊重和负责，而放弃真理的追寻？
(2) 这一事例是否说明了追求真理与遵循价值原则是矛盾的？

3. 阅读下列材料并回答问题：

郭明义，鞍山钢铁集团矿山公司齐大山铁矿采场公路管理员。几十年来，他"把雷锋的道路作为自己的人生选择，把雷锋的境界作为自己的人生追求"，连续 15 年每天提前 2 小时上班，相当于多奉献了 5 年的工作量；连续 20 年先后 55 次无偿献血和捐献血小板，累计献血量 6 万多毫升；连续 16 年为希望工程、工友、灾区群众捐款 12 万元，资助 180 多名特困生。可是，他一家至今还住在一间不过 40 平方米的旧楼房里。有人曾不解地问郭明义："你这么做究竟值不值得？""如果发出一点光，放出一点热，能够换来孩子幸福的笑脸，换来他人生命之花的绽放，换来人与人之间的温暖和谐，这样的人生，我无怨无悔！""给人温暖就是给自己幸福。"他是这样说的，也是这样做的。

30 年来，郭明义就像一支火把燃烧着自己，也点燃了志愿者和社会上更多人的爱心。他 8 次发起捐献造血干细胞的倡议，得到 1700 多人的响应；他 7 次发起献血的建议，600 多人无偿献出 15 万毫升热血；他发起成立遗体（器官）捐献志愿者俱乐部，汇聚了 200 多名志愿者；他发起成立的"郭明义爱心联队"，从 12 人已经发展到 2800 多人，捐款 40 余万元，资助特困生 1000 多名。

郭明义的精神是一块磁石，在鞍钢、在辽宁、在全国吸引汇集越来越多的人加入爱心行动，为他人奉献、为社会分忧、为国家尽责，凝聚成巨大的道德力量，推动着当代中国社会稳定和谐发展。郭明义的先进事迹体现了"简单中的伟大"。

——摘自《新时期的道德模范——郭明义（时代先锋）》，《人民日报》（2010 年 9 月 19 日）。

(1) 如何理解"给人温暖就是给自己幸福"？

(2) 为什么说郭明义的先进事迹是"简单中的伟大"？

4. 阅读下列材料并回答问题：

早年，梅兰芳与人合演《断桥》，也就是《白蛇传》，剧情是白娘子和许仙两个人悲欢离合的爱情故事，梅兰芳在剧中饰演白娘子。剧中，白娘子有一个动作就是面对负心的丈夫许仙追赶、跪在地上哀求她的时候，她爱恨交加、五味杂陈，就用一根手指头去戳许仙的脑门儿，不想，梅兰芳用力过大，跪在那里扮演许仙的演员毫无防备地向后仰去。这是剧情里没有设计的动作，可能是梅兰芳入戏太深，把对许仙的恨全都聚集在了手指头上，才造成了这样的失误。眼见许仙就要倒地，怎么办？梅兰芳下意识地用双手去扶许仙。许仙是被扶住了，没有倒下。可梅兰芳马上意识到，我是白娘子，他是负心郎许仙，我去扶他不合常理，这戏不是演砸了吗？大师到底是大师，梅兰芳随机应变，在扶住他的同时，又轻轻地推了他一下。所以，剧情就由原来的一戳变成了一戳、一扶和一推，更淋漓尽致地表现出了白娘子对许仙爱恨交织的复杂心情。这个动作，把险些造成舞台事故的错误演得出神入化，得到了大家的认可。从此，在以后的演出中，梅兰芳就沿用了这个动作，而且，其他剧也开始移植采用这个动作。这个动作成了经典之作。由此可见，不仅在舞台上，在各行各业，在各个岗位，在工作中，在生活中，无论是大师还是普通人，失误和错误是难免的，关键是出现失误和错误以后怎么去对待，怎么去处理。处理不当，会酿成事故，导致全盘失败；处理得当，能败中取胜，化腐朽为神奇。

——摘自《梅兰芳与〈断桥〉》，青报网（2014 年 10 月 16 日）。

(1) 为什么"无论是大师还是普通人，失误和错误是难免的"？

(2) 梅兰芳为什么能"把险些造成舞台事故的错误"变为成功的"经典之作"？

(3) 我们在认识和实践活动中出现错误或失败该怎样对待和处理？

5. 阅读下列材料并回答问题：

古代，沧州城南有一座临河寺庙，庙前有两尊面对流水的石兽，据说是"镇水"用的。一年暴雨成灾，大庙山门倒塌，门前两只石兽一起沉入河中。庙僧一时无计可施，他待到十年后募金重修山门，才感到那对石兽不可或缺，于是派人下河寻找。按照他的想法，河水东流，石兽理应顺流东下，谁知一直向下游找了十里地，也不见其踪影。这时，一位在庙中讲学的先生提出他的见解：石兽不是木头做的，而是由大石头制成，它们不会被流水冲走，石重沙轻，石兽必然于掉落之处朝下沉，你们往下游找，怎么找得到呢？旁人听来，此言有理。不料，一位守河堤的老兵插话：我看不见得，凡大石落入河中，水急石重而河床沙松者应求之于上游。众人一下子全愣住了：这可能吗？老兵解释道："我等长年守护于此，深知河中情势，那石兽很重，而河沙又松，西来的河水冲不动石兽，反而把石兽下面的沙子冲走了，还冲成一个坑，时间一久，石兽势必向西倒去，掉进坑中。如此年复一年地倒，就好像石兽往河水上游翻跟头一样。"寻找者依照他的指点，果真在河的上游发现并挖出了那两头石兽。

——笔者根据相关资料整理改编。

(1) 庙僧按照常理，认为石兽应顺流而下，从真理的具体性分析其失当之处。

(2) 守河堤老兵关于石兽"逆流而上"的见解对我们辩证地思考问题有何启示？请举一例说明之。

6.阅读下列材料并回答问题：

材料一 1978年，中国正徘徊在一个新的十字路口。中国发展的逻辑是什么？中国现代化到底要通过何种方式抵达？自近代以来盘桓在中华民族头上的问题，再次成为时代之问。

时间定格在这一刻。中国上百台印刷机转动，不同的报头之下，出现了同一个标题；校园的阅报栏前挤满年轻的面孔，无数学子闻风而至，阅读同一篇文章；千百人重新铺展稿纸，千百支笔重新抖落尘埃，准备书写同一个主题；被一种沉重的沉默笼罩的中国大地，随着第一声响动，忽然爆发出轰鸣。

这是1978年5月，一篇名为《实践是检验真理的唯一标准》的特约评论员文章在《光明日报》刊发，掀起了席卷中国的真理标准大讨论，成为那支撬动改革开放的哲学杠杆。

这场讨论，成为拨乱反正、改革开放的哲学宣言，不但为十一届三中全会的召开凝聚了思想共识，而且确立了中国改革进程的理论原则和思维模式。

这场讨论，推动了马克思主义中国化的进一步深入，既成为改革开放的前奏，也成为中国特色社会主义的前奏，使中国在道路探索上实现了理论创新与实践检验的良性互动。

这场讨论，成为中国社会思想现代化的重要一环。解放思想的力量、实事求是的精神，强有力地推动着中国由传统型社会向现代型社会演进，从封闭型社会向开放型社会过渡。

——摘自《光明日报》（2018年5月11日）。

材料二 实践没有止境，理论创新也没有止境。世界每时每刻都在发生变化，中国也每时每刻都在发生变化，我们必须在理论上跟上时代，不断认识规律，不断推进理论创新、实践创新、制度创新、文化创新以及其他各方面创新。

时代是思想之母，实践是理论之源。只要我们善于聆听时代声音，勇于坚持真理、修正错误，二十一世纪中国的马克思主义一定能够展现出更强大、更有说服力的真理力量！

——摘自习近平：《决胜全面建成小康社会 夺取新时代中国特色社会主义伟大胜利——在中国共产党第十九次全国代表大会上的报告》。

(1) 如何理解"实践是检验真理的唯一标准"？

(2) 从实践标准的绝对性与相对性的关系，谈谈你对"实践没有止境，理论创新也没有止境"的认识。

7. 阅读下列材料并回答问题：

2016 年 3 月，世界围棋冠军李世石与谷歌围棋人工智能程序阿尔法围棋（AlphaGo）的人机大战吸引了全世界的眼光。AlphaGo 最终以 4：1 击败李世石，此次 AlphaGo 的胜利被业界认为是人工智能发展史上一个重要的里程碑。

人工智能一般被认为是通过模拟、延伸和扩展人类智能，产生具有类人智能的计算系统。经过半个多世纪的努力，人类在人工智能技术的诸多领域取得了一连串重要突破。1968 年，斯坦福大学的计算机科学家设计出了第一个专家系统；1982 年，加州理工学院物理学家提出了新的神经网络模型；1997 年，IBM"深蓝"电脑战胜国际象棋世界冠军卡斯帕罗夫；2011 年，IBM 超级计算机"沃森"在美国电视答题节目中战胜两位人类冠军；2013 年，机器在人脸识别上超过人类；仅一年后，机器人在物体识别上也获胜……未来人工智能继续超越人类的可能性很高。

在人工智能应用前景充满无限可能的情况下，其潜在风险也引发了广泛讨论。2016 年 2 月，在美国加州发生了一起无人驾驶汽车因躲避路上障碍物而撞上公交车的交通事故，这凸显出人工智能设备在应对人类社会各种场景时面临的挑战。人们还担心人工智能技术成熟后的问题，比如将机器人用于战争是否会带来像核武器一样的后果。

有学者表示，人机对弈是人类思考自身作用的契机，人工智能的目的是帮助人类，创造出比李世石更优秀的棋手应该是人类的胜利。也有学者认为，在面对复杂的伦理问题时，人工智能技术可能会陷入不可预知的选择困难。著名物理学家霍金也发出警告：我不认为人工智能的进步一定会是良性的。德国人工智能研究所柏林分所所长汉斯·乌斯克莱特强调说，人工智能的研究方向不是要取代人类，而是要与人类互补，增强人类的能力。人工智能不会取代人类，因为只有人类才具有创造力和目标，而机器只关注如何解决眼前遇到的问题。要让人工智能避免犯下道德层面的错误，关键在于人类自己。在美国《连线》杂志创始主编凯文·凯利看来，每个发明都不可避免带来新问题，但同时也会带来新的解决方案。解决这些问题的方式不是减少技术的使用，而是通过改进技术来提供解决方案。他认为，即使新的科技发明带来的 49% 是问题，但它首先带来了 51% 的好处。这正是人类进步的动力。从这个意义上讲，"阿尔法围棋"和李世石无论谁胜谁败，人类都是最后的赢家。

——摘自《人民日报》（2016 年 4 月 12 日）。

从真理和价值辩证关系的视角看，为什么人们对人工智能技术会产生多种多样

的看法和评价？

第二章第二节 习题参考答案

第三节 认识世界和改造世界

一、单项选择题

1. 在自由和必然的关系问题上，马克思主义哲学认为自由就是（ ）。

A. 对客观必然性的认识和对客观世界的改造

B. 人们的活动摆脱自然规律和社会规律的制约

C. 人们按照自己的意志完全自由地创造自己的历史

D. 人们按照共同拟定的计划和谐地改造客观世界

2. "进行社会主义现代化建设必须尊重知识，尊重人才。"这一思想体现的辩证唯物主义认识论的原理是（ ）。

A. 理性认识依赖于感性认识

B. 认识具有反复性、无限性和上升性

C. 科学理论对实践有指导作用

D. 理论来源于实践

3. 最初人们把文盲定义为"不识字的人"；后来又把文盲确定为"看不懂现代信息符号、图表的人"；而现在联合国把文盲确定为"不能用计算机交流的人"。从哲学上看，这表明（ ）。

A. 人在确定事物的标准上起主导作用

B. 事物之间是普遍联系的

C. 人的认识随着社会实践的变化而变化

D. 人的认识是一个反复曲折的过程

4. "观念的东西不外是移入人的头脑并在人的头脑中改造过的物质的东西而已。"这是（ ）。

A. 机械唯物主义观点

B. 主观唯心主义观点

C. 辩证唯物主义观点

D. 唯心主义辩证法观点

5. 哲学史上，唯理论与经验论的共同点是（ ）。

A. 认为感性认识与理性认识是辩证统一关系

B. 夸大理性认识，否认感性认识

C. 割裂感性认识和理性认识的辩证统一关系

D. 夸大感性认识，否认理性认识

6. 习近平在欧美同学会成立 100 周年庆祝大会上的讲话中说：希望广大留学人员继承和发扬留学报国的光荣传统，做爱国主义的坚守者和传播者，秉持"先天下之忧而忧，后天下之乐而乐"的人生理想，始终把国家富强、民族振兴、人民幸福作为努力志向，自觉使个人成功的果实结在爱国主义这棵常青树上。个人成功的果实之所以应该结在爱国主义这棵常青树上，是因为爱国主义是（　　）。

A. 个人实现人生价值的力量源泉　　　B. 个人实现人生价值的直接条件

C. 个人成功的根本保障　　　　　　　D. 个人成功的决定性因素

7. 人生目的是人在实践中关于自身行为的根本指向和人生追求，它所认识和回答的根本问题是（　　）。

A. 人为什么活着　　　　　　　　　　B. 人如何对待生活

C. 怎样对待人生境遇　　　　　　　　D. 怎样选择人生道路

8. 马克思引用亚当·斯密的话指出："他清楚地看到：'个人之间天赋才能的差异，实际上远没有我们所设想的那么大，这些十分不同的、看来是使从事各种职业的成年人彼此有所区别的才赋，与其说是分工的原因，不如说是分工的结果。'搬运工和哲学家之间的原始差别要比家犬和猎犬之间的差别小得多。他们之间的鸿沟是分工造成的。"由此可见（　　）。

A. 个人之间才能的差异是天赋的　　　B. 成年人彼此之间的区别是分工的原因

C. 生理素质决定个人才能的高低　　　D. 实践造成了个人之间才能的差异

9. 王夫之的"知行始终不相离"说和王守仁的"知行合一"说的关系是（　　）。

A. 两者都是唯心主义观点　　　　　　B. 两者都把知与行混同起来

C. 前者肯定知行统一，后者混淆知行差别　D. 两者都肯定知行的对立统一

10. "不登高山，不知天之高也；不临深溪，不知地之厚也。"这句话包含的哲理是（　　）。

A. 知行合一　　　　　　　　　　　　B. 因知而行

C. 行先于知，由行致知　　　　　　　D. 以知验行，以知证行

11. 哥白尼提出的地球绕着太阳转的理论，完全把太阳绕着地球转这一直观常识颠倒了过来，此后人们就把具有这种颠倒意义的理论称为"哥白尼式的革命"。"哥白尼式的革命"包含的哲学道理是（　　）。

A. 直观常识是错觉

B. 直接经验来源于间接经验

C. 革命是推动社会发展的直接动力

D. 科学理论能预见未来，端正实践的方向

12. 唯心主义之所以长期存在和发展有着深刻的社会历史根源、阶级根源和认识论根源，其中的认识论根源是指（　　）。

A. 把人的精神作为世界的本原

B. 把认识过程主观化、简单化、直线化、片面化

C. 统治阶级的歪曲或偏见，不能正视世界的本来面目

D. 生产力水平低，社会文明发展不充分局限了人们的认识

13. 黑格尔说，对于同一句格言，出自饱经风霜的老年人之口与出自缺乏阅历的青少年

之口，其内涵是不同的。这一思想的哲学寓意是（　　）。

A.理性认识是不可靠的

B.感性认识总是同理性认识对立的

C.同一句格言，由于理论准备不同，感受就不一样

D.感性认识丰富的人与经验贫乏的人相比，对事物的理解深度是不一样的

14.实际工作中的教条主义和经验主义（　　）。

A.都犯了类似唯理论的错误

B.都犯了类似经验论的错误

C.其错误既是唯心主义又是形而上学

D.都坚持从感觉、经验出发

15.成语中的"量体裁衣"和"按图索骥"这两种正反的典型事例主要说明，实现从理性认识到实践的飞跃，必须（　　）。

A.反映事物的本质和规律

B.解决个别的、具体的问题

C.从实际出发，坚持理论和实践相结合的原则

D.把理论的正确性与现实的可行性统一起来

16.马克思说："在科学上没有平坦的大道，只有不畏劳苦沿着陡峭山路攀登的人，才有希望到达光辉的顶点。"这一观点主要说明（　　）。

A.直觉和灵感激发人的创造力

B.想象和幻想是科学创造中的可贵品质

C.意志对人的认识的发展是一种重要的支撑力量和推动力量

D.借助科学理论，可以对纷繁复杂的现象做出系统的说明

17.承认"人类的一切认识都具有相对性"是（　　）。

A.怀疑论的观点　　　　　　B.诡辩论的观点

C.相对主义的观点　　　　　D.辩证唯物主义的观点

18."不识庐山真面目，只缘身在此山中。"这一诗句的哲学寓意是（　　）。

A.存在便是被感知　　　B.事物的真面目是不可达到的

C.真理是具体和多元的　D.只有克服主观片面性才能获得对事物的正确认识

19.马克思主义用实践的观点、历史的观点看待自由。下列关于自由的观点错误的是（　　）。

A.自由是必然的认识和世界的改造

B.自由是历史的产物

C.自由在本质上是一种社会状态

D.认识必然就是人的行动自由

20.人类认识世界和改造世界的根本目标是（　　）。

A.检验真理，发展真理　　　B.追求真理，创造价值

C.满足需要，实现利益　　　D.认识必然，争取自由

21. 党的思想路线的核心是（　　）。

A. 一切从实际出发　　　　　　　B. 理论联系实际

C. 实事求是　　　　　　　　　　D. 在实践中检验和发展真理

22. 主体认识、改造客体的过程，从根本上说是（　　）。

A. 主体认识客体，客体得到改造的过程

B. 主体摆脱客体的制约，实现自身价值

C. 主体为了满足自己的需要，获得一定的价值

D. 主体为了满足客体的需要，实现客体的价值

23. 我国古代荀子说："凡以知，人之性也；可以知，物之理也。"这是（　　）。

A. 唯心主义观点　　　　　　　　B. 辩证法观点

C. 可知论观点　　　　　　　　　D. 一元论观点

24. 鲁迅说：读《红楼梦》，"经学家看到的是'易'，道学家看到的是'淫'，才子看见的是缠绵悱恻，革命家看见的是'排满'，荒诞家看见的是'宫廷秘史'"。这种差异表明（　　）。

A. 人的认识具有主观随意性　　　B. 认识对象是由主观意识创造出来的

C. 理性认识是感性认识的基础　　D. 认识受主体因素的制约

25. 随着信息技术的发展，包括核试验在内的许多科学研究都可以用计算机进行模拟试验，这样既可以达到实验效果，又可以节省实验费用，降低实验风险。从认识论角度看，上述事实说明（　　）。

A. 人们可以认识和利用规律　　　B. 有些认识不需要通过实践即可获得

C. 实践发展提供了新的认识工具和手段　　D. 科学理论对实践具有指导作用

26. 传统理论认为水稻、小麦等自花授粉作物没有杂交优势，而袁隆平等科学家在实践中观察到的现象与此不符，于是大胆创新，反复试验，成功培育出三系杂交水稻。这说明（　　）。

A. 正确的理论对实践有重大指导意义

B. 理论必须在实践中得到检验和发展

C. 原来正确的理论随着时间的发展会逐渐丧失合理性

D. 通过实践，总会发现真理包含着错误

27. 绝大多数的艺术家都认为真正的艺术创作来源于生活积累。从认识论的角度来看，这句话表明（　　）。

A. 感性认识可以上升为理性认识　　B. 认识是人脑特有的机能

C. 实践是认识的唯一来源　　　　　　D. 艺术创作要通过偶然把握必然

28. 在听完一位成功的企业家讲课后，一些来自企业的学员感到有些失望，便问他："你讲的那些内容我们也差不多知道，可为什么我们之间的差距会那么大呢？"这位企业家回答说："那是因为你们仅是知道，而我却做到了，这就是我们的差别。"这句话表明了实践高于理论认识，因为实践具有（　　）。

A. 普遍有效性　　　　　　　　　B. 客观规律性

C. 主体能动性　　　　　　　　　D. 直接现实性

29.“只有音乐才能激起人的音乐感；对于没有音乐感的耳朵来说，最美的音乐也毫无意义。”这表明（   ）。

    A. 人的认识是主体与客体相互作用的过程和结果

    B. 人的感觉能力决定认识的产生和发展

    C. 人的认识能力是由人的生理结构决定的

    D. 事物因人的感觉而存在

30.“当一位杰出的老科学家说什么是可能的时候，他差不多总是对的；但当他说什么是不可能的时候，他差不多总是错的。”这一名言的哲学意蕴是（   ）。

    A. 在科学研究中，经验是不可靠的

    B. 事物的可能性是因人而异的

    C. 世界上一切事物只有可能性，没有不可能性

    D. 每代人所获得的真理性认识，既有绝对性，又有相对性

31.未来学家尼葛洛庞蒂说：“预测未来的最好办法就是把它创造出来。”从认识与实践的关系看，这句话给我们的启示是（   ）。

    A. 认识总是滞后于实践   B. 实践是认识的先导

    C. 实践高于认识   D. 实践与认识是合一的

32.在自由问题上，哲学史上存在多种看法，比如有倡导消极地顺应自然、抹杀人类自由可能性的宿命论；还有强调人的意志或精神力量绝对自由的唯意志论，这二者都是错误的。马克思主义认为自由是（   ）。

    A. 不受约束的自主状态   B. 认识和利用必然的自觉自主状态

    C. 主体意识能动性的发挥   D. 对客观条件的积极适应

33.钱学森曾经说过：“我作为一名中国的科技工作者，活着的目的就是为人民服务。如果人民最后对我的一生所做的工作表示满意的话，那才是最高的奖赏。”这说明评价人生价值的根本尺度是（   ）。

    A. 个体在社会中的地位   B. 个体在社会中的影响

    C. 个人对社会和他人的生存和发展的贡献   D. 个体从社会获得的满足程度

34.教条主义（   ）。

    A. 承认感性认识与理性认识的辩证统一

    B. 重视理论和书本知识的作用

    C. 重视感性经验，重视实践

    D. 一切从本本出发，把理论当成万古不变的教条

35.马克思主义认识论是（   ）。

    A. 能动的革命的反映论   B. 经验论

    C. 先验论   D. 不可知论

36.唯物主义认识论和唯心主义认识论的根本区别在于（   ）。

    A. 是否承认认识是主体对客体的反映

    B. 是否承认人有认识能力

    C. 是否承认世界是可以被认识的

　　D. 是否承认认识世界是为了改造世界

37. "在观察事物之际，机遇偏爱有准备的头脑"，从哲学上讲，这句话强调（　　）。

　　A. 人们对每一件事物都要细心观察

　　B. 人们在认识事物时要有理性的指导

　　C. 人们获得感性经验的重要性

　　D. 人们要充分发挥主观能动性

二、多项选择题

1. 马克思指出：哲学家们只是用不同的方式解释世界，而问题在于改变世界。这说明（　　）。

　　A. 马克思主义以前的哲学家只注重认识世界，忽视改造世界

　　B. 哲学的任务只在改造世界

　　C. 哲学不仅要认识世界，而且要改造世界

　　D. 认识世界和改造世界是不可分的，认识世界的目的在于改造世界

2. 马克思说："批判的武器当然不能代替武器的批判，物质力量只能用物质力量来摧毁，但是理论一经群众掌握，也会变成物质力量。"这段话体现的哲学思想是（　　）。

　　A. 理论对实践不起作用　　　　　　B. 理论对实践有指导作用

　　C. 理论不能代替实践　　　　　　　D. 理论可以决定一切

3. 马克思主义认识论是能动的反映论，这是因为它强调（　　）。

　　A. 人们是在改造世界的实践中认识世界的

　　B. 认识是以实践为基础的辩证发展过程

　　C. 人的主观因素在认识中有重要作用但不起决定作用

　　D. 人的主观因素在认识中起决定作用

4. 据英国媒体披露，美英等国的科学家们正在酝酿一个大胆的计划——把红色的火星改造成另一个地球，如果这个计划能够实施，说明（　　）。

　　A. 人类能够能动地认识世界和改造世界

　　B. 人类能够认识和把握客观规律性，即必然性

　　C. 从自然的束缚中解放出来，征服自然，走向自由

　　D. 人类完全不受自然的束缚

5. 认识世界和改造世界的关系（　　）。

　　A. 是辩证统一的　　　　　　　　　B. 是完全同一的

　　C. 正确地认识世界是有效地改造世界的前提　　D. 改造世界是认识世界的目的

6. 改造主观世界包括（　　）。

　　A. 改造主体的认识能力和精神境界

　　B. 改造主体观察和处理问题的立场、观点和方法

　　C. 提高主体的道德修养

　　D. 提高主体的思维能力

7. 自由与必然的关系在于（　　）。

　　A. 两者是绝对对立的

B. 自由不能脱离必然而独立存在

C. 自由是从必然转化来的

D. 自由是对客观必然性的认识和对客观世界的改造

8. 军事活动作为极其复杂的动态过程，从根本上说包括（　　）。

A. 军事认识 　　　　　　　　　B. 军事实践

C. 社会实践 　　　　　　　　　D. 社会生产

9. 军事实践的鲜明特点包括（　　）。

A. 对抗性和暴烈性 　　　　　　B. 主客体间的双向能动性

C. 多变性和不确定性 　　　　　D. 鲜明的社会历史性

10. 军事认识的显著特点包括（　　）。

A. 隐蔽性 　　　B. 时效性 　　　C. 不确定性 　　　D. 严酷性

11. 19世纪英国作家惠兹里特说："一个除了书本以外一无所知的纯粹学者，必然对书本也是无知的。"与这句话在内涵上相一致的名言还有（　　）。

A. 纸上得来终觉浅，绝知此事要躬行

B. 尽信书，则不如无书

C. 感觉到的东西我们不能立刻理解它，只有理解了的东西才能更深刻地感觉它

D. 饱经风霜的老人与缺乏阅历的少年对同一句格言的理解是不同的

12. "没有革命的理论，就没有革命的运动"体现的哲学原理是（　　）。

A. 实践决定理论 　　　　　　　B. 理论对实践有能动的反作用

C. 理论可以成为实践的先导 　　D. 科学理论可以指明实践的正确方向

13. 主体在认识中的作用主要表现在，主体的（　　）。

A. 身体素质决定认识内容的客观性

B. 精神素质制约着认识的发生和发展

C. 认知结构制约人们选择和整理客体信息

D. 非理性因素影响主观能动性的发挥

14. 在实践基础上实现真理与价值的具体的历史的统一，是人类社会进步的内在条件，也是马克思主义哲学的一条基本原则。这一原则充分体现为（　　）。

A. 马克思主义哲学的科学性和革命性的统一

B. 坚持真理和捍卫人民利益的统一

C. 尊重历史规律和无产阶级及人类解放的统一

D. 社会主义一要发展生产力，二要实现共同富裕的基本原则

15. 辩证法的"个别——一般——个别"、认识论的"实践——认识——实践"和群众路线的"群众——领导——群众"之间的关系表明（　　）。

A. 前两者是哲学基础，后者是实际工作中的运用

B. 这三个公式是一致的

C. 世界观、认识论和方法论是统一的

D. 马克思主义哲学原理可以具体化为认识路线和工作方法

16. 我们党的思想路线是一切从实际出发，理论联系实际，实事求是，在实践中检验真理

和发展真理。强调要解放思想，实事求是，与时俱进。党的思想路线体现了（　　）。

A. 世界观和方法论的统一　　　　　B. 唯物论和辩证法的统一

C. 客观规律性和主观能动性的统一　D. 实践和认识的统一

17. 下列有关理论创新和实践创新的观点正确的有（　　）。

A. 理论创新是实践创新的先导

B. 理论创新与实践创新可以相互代替

C. 实践创新是理论创新的基础

D. 两者相互依赖、相互促进

18. 改造主观世界就是改造人们的认识能力，改造主观世界和客观世界的关系，核心是（　　）。

A. 改造世界观　　　　　　　　　　B. 改造客观世界

C. 改造客观规律　　　　　　　　　D. 改造观察和处理问题的立场、观点和方法

19. 马克思主义哲学认为（　　）。

A. 自由是对必然的认识和对世界的改造

B. 自由就是摆脱束缚

C. 自由是具体的、历史的

D. 自由在本质上是一种社会状态

20. 毛泽东说："自由是必然的认识和世界的改造。"这就是说（　　）。

A. 要用实践的观点看待自由和必然的关系

B. 必然是自由的限度和根据

C. 在实践中驾驭了必然才有现实的自由

D. 认识并创造必然才有意志自由

21. 恩格斯说："自由是历史的产物。"这就是说（　　）。

A. 共产主义社会就是必然王国

B. 认识必然，争取自由是一个世界历史性的过程

C. 自由王国只有在必然王国的基础上才能繁荣起来

D. 人没有成为社会关系的主人，也就不能成为自然和人自身的主人

22. 毛泽东指出，无产阶级和革命人民改造世界的斗争，要实现的任务包括（　　）。

A. 改造客观世界　　　　　　　　　B. 改造自己的主观世界

C. 改造自己的认识能力　　　　　　D. 改造主观世界同客观世界的关系

23. 下列判断体现辩证唯物主义认识论中实践观点的是（　　）。

A. 天下之事，闻者不如见者知之为详，见者不如居者知之为尽

B. 心中醒，口中说，纸上作，不从身上习过，皆无用也

C. 力行而后知之真

D. 不闻不若闻之，闻之不若见之，见之不若知之，知之不若行之

24. "你把性格交给星座，把努力交给鸡汤，把运气交给锦鲤，然后对自己说：听过许多道理，但依然过不好这一生。"这句话讽刺的是一类人，这类人的错误在于不懂得（　　）。

A. 实践对认识的决定作用　　　　　B. 间接经验的重要性

C. 实践具有高于理论的品格　　　D. 间接经验要以某种直接经验为基础

25.生物学的历史可以说是显微镜的发展史。17世纪中叶，英国科学家使用诞生不久的显微镜观察软木塞，发现了植物细胞，开启了近代生物学的大门。此后，显微镜的放大功能和成像质量不断提升，人类对细胞的认知也随之深刻和全面。20世纪中叶，科学家们利用X射线晶体学发现了DNA双螺旋结构，人类的观察极限从亚细胞结构推向了分子结构。我国科学家的重要科研成果"剪接体的高分辨率三维结构"的背后，也站着一个默默无闻的英雄——冷冻电子显微镜。显微镜在生物学发现中的作用表明（　　）。

A. 探索未知世界的科学实验是人类最基本的实践活动

B. 实践的主体和客体正是依靠中介系统才能够相互作用

C. 人类认识水平的提高与实践条件的进步有着直接的关系

D. 实践主体、客体和中介三者的有机统一构成实践的基本结构

26.显微摄影是一门使用照相机拍摄显微镜下一般用肉眼无法看清的标本的技术。肉眼中千篇一律的细沙，在显微镜下，却是"一沙一世界"。有的晶莹剔透像宝石，有的金黄酥脆像饼干。即使是司空见惯的柴米油盐，在显微镜下也会展现神奇而充满魅力的另一面。显微镜下的"一沙一世界"表明（　　）。

A. 任何事物都具有无限多样的属性

B. 事物的本质随着人们认识的变化而改变

C. 人们可以通过制造和使用工具日益深化对客观世界的认识

D. 人们能够通过对个别事物的认识而达到对世界整体的把握

27.1971年，迪士尼乐园的路径设计获得了"世界最佳设计奖"，设计师格罗培斯却说那不是他的设计，原因是在迪士尼乐园主题工程完成后，格罗培斯暂停修乐园的道路，并在空地上撒上草种，五个月后，乐园里绿草如茵，草地上被游客走出了不少宽窄不一的小路，格罗培斯根据这些行人踏出来的小路铺设了人行道，成了"优雅自然、简洁便利、个性突出"的优秀设计。格罗培斯的设计智慧对我们认识和实践活动的启示是（　　）。

A. 要从生活实践中获取灵感　　　　B. 要尊重群众的实践需求

C. 不要对自然事物做任何改变　　　D. 要对事物本来面目做直观反映

28.一位社会学家发现大楼的一块玻璃坏了，起初他没太当回事，没过多久，他发现许多处窗户都破损了，经过调研后，他得出结论：一样东西如果有点破损，人们就会有意无意地加快它的破损速度；一样东西如果完好无损，或是及时维护，人们就会精心地护理。这就是著名的"破窗定律"。下列关于道德修养的名言与"破窗定律"内涵相近的是（　　）。

A. "非知之难，行之惟难；非行之难，终之斯难"

B. "善不可谓小而无益，不善不可谓小而无伤"

C. "小善虽无大益，而不可不为；细恶无近祸，而不可不去也"

D. "见贤思齐焉，见不贤而内自省也"

29.当事物的具体过程尚未结束，原有的矛盾尚未得到充分的暴露和展开，向另一个具

体过程推移、转变的条件还不具备时，如果人们硬要把将来可能做的事情勉强拿到现在来做，企图超越阶段，就会（　　）。

A. 犯保守的错误

B. 犯冒进的错误

C. 犯离开具体历史的"左"的或"右"的错误思想

D. 割裂知和行的具体的历史的统一

30. 巴甫洛夫说："要想一下子全知道，就意味着什么也不知道。"这一命题所包含的哲学寓意有（　　）。

A. 知与不知是对立统一的

B. 从不知到知是一个连续性与间断性的统一

C. 全知也就是不可知

D. 量变是质变的前提和基础

31. "实事求是"包含着丰富的哲学思想，它体现着（　　）。

A. 主观和客观的统一　　　　　B. 认识和实践的统一

C. 唯物主义和辩证法的统一　　D. 自由和必然的统一

32. 认识的主体和客体的关系包括（　　）。

A. 第一性和第二性的关系　　　B. 反映和被反映的关系

C. 改造和被改造的关系　　　　D. 社会意识和社会存在的关系

三、简答题

1. 简述一切从实际出发的科学内容。

2. 认识世界和改造世界的关系。

3. 简述人类从必然王国走向自由王国的过程。

4. 简要说明理论创新和实践创新的关系。

5. 简要说明自由和必然的关系。

四、论述题

1. 如何理解辩证唯物主义认识论与党的思想路线的关系？

2. 运用认识与实践、社会存在与社会意识的辩证关系原理，阐述习近平新时代中国特色社会主义思想的形成、发展及其伟大作用。

五、材料分析题

1. 阅读下列材料并回答问题：

火星是地球的近邻，随着科技的发展进步，人们通过发射探测器的方式获得了更多关于火星的信息，于是有人设想将火星改造为第二个宜居的"地球"。科学家分析，要把火星改造成"地球"，工程师们得解决两个首要问题。其一，想办法把火星的大气层变得更稠密，现在火星的大气压力只有地球的大约百分之一。其二，"加热"火星，由于火星表面温度低于 −60℃，不适宜大型生物生存。而科学家们设想的解决方案则是：在环火星轨道中建造一面直径达数英里的反光镜，通过反光镜将阳光集中反射到火星两极的冰盖上，使那里的冰融化，释放出大量气态二氧化碳。这些二氧化碳将大大增加火星大气层的密度，并造成明显的温室效应，使火星变暖；或者，在火星上建造一些特殊的工厂，这些工厂的产品就是能造成超级温室效应的气体，比如一种含有碳、氯和氟的混合气体，这种气体的温室效应比二氧化碳要强数千倍。只要将这些工厂建在火星表面的各个"战略要点"上，就能较快地把整个火星变得跟地球一样温暖。这种解决方案是否可行还有待深入研究，另外，人们也无法估算出这一改造工程到底需要多少费用。

——笔者根据相关资料整理改编。

用这一材料分析人类在认识世界与改造世界的关系中，是怎样从必然走向自由的？

2. 阅读下列材料并回答问题：

当今时代，称为"知识爆炸"或"信息爆炸"的时代，科学技术日新月异，新知识、新成果层出不穷。据联合国教科文组织的统计，人类近 30 年来所积累的科学知识，占有史以来积累的科学知识总量的 90%，而在此之前的几千年中所积累的科学知识只占 10%。英国技术预测专家詹姆斯·马丁的测算结果也表明了同样的趋势：人类的知识在 19 世纪是每 50 年翻一番，20 世纪初是每 10 年翻一番，20 世纪 70 年代是每 5 年翻一番，而近 10 年大约每 3 年翻一番。国内也有专家认为，不仅知识的量在飞速增长，而且知识更新的速度也越来越快，知识倍增的周期越来越短。20 世纪 60 年代，知识倍增的周期是 8 年，20 世纪 70 年代减少为 6 年，20 世纪 80 年代缩短成 3 年，进入 20 世纪 90 年代以后，更是 1 年就增长 1 倍。人类真正进入了知识爆炸的时代，现有知识每年在以 10% 的速度更新。可见，当今信息和知识的增加、更新、换代十分频繁。人们已经无法对所有的认识都采用"事必躬亲"的方式，更多的是依靠获取信息"间接"地来提高自身的知识水平和能力。这也客观地要求知识经济和信息社会所需要的新型人才，必须具有很强的信息获取、信息分析和信息加工的能力，如果不能以最有效的方法去获取信息、分析信息和加工信息，就无法及时地利用这些信息，也就无法适应"知识爆炸"和"信息爆炸"的社会经济发展的需要。

——参考陈丽等：《知识的"技术"发展史与知识的"回归"》，《现代远程教育研究》2022 年第 5 期。

(1) 随着科技的不断发展，人们主要是通过书本、网络以及接受教育等途径和手段获得知识和信息，这是否意味着直接经验的功能和作用将逐渐萎缩？

(2) 作为军校学员，谈谈到基层部队去实习或见习锻炼的体会。

3. 下面是一组有关自由观的材料：

材料一 霍尔巴赫认为，"人的任何行为举止都是不自由的"，自由是"一种纯粹的幻想""人在他生存的每一瞬间，都是在必然性掌握之中的一个被动的工具""人在他的一生中没有一刻是自由的",只能服从必然性和"宿命"的摆布。

——摘自霍尔巴赫:《自然的体系》上卷。

材料二 ✎ 萨特认为,自由是人的存在方式,自由与人不可分。自由就是"选择的自主""这个选择永远是无条件的",不"附属于""任何必然性""不受因果关系制约",无任何根据和是非标准。因此,"人是绝对自由的,人就是自由"。

——摘自萨特:《存在与虚无》和《存在主义是一种人道主义》。

材料三 ✎ 恩格斯指出:"自由不在于幻想中摆脱自然规律而独立,而在于认识这些规律,从而能够有计划地使自然规律为一定的目的服务。"

"自由就在于根据对自然界的必然性的认识来支配我们自己和外部自然;因此它必然是历史发展的产物。……文化上的每一个进步,都是迈向自由的一步。"

——摘自《马克思恩格斯选集》第 3 卷。

根据以上材料分析回答:

(1) 材料一所表述的自由观及其错误。
(2) 材料二所表述的自由观及其错误。
(3) 结合材料三简要说明马克思主义自由观的基本观点。

4. 结合下列材料并回答问题:

材料一 ✎ 有个人不小心打碎一个花瓶,但他没有陷入沮丧,而是细心地收集起满地的碎片。他把这些碎片按大小分类称出重量,结果发现:10~100 克的最少,1~10 克的稍多,0.1~1 克和 0.1 克以下的最多;同时他还发现,这些碎片的重量之间存在着倍数关系,即较大块的重量是次大块的重量的 16 倍……因此他发现了"碎花瓶理论"。这个理论可以帮助人们恢复文物、陨石等不知其原貌的物体,给考古和天体的研究带来了意想不到的效果。这个人就是丹麦的物理学家雅各布·博尔。

——摘自《生活里有创新火花》,《光明日报》(2011 年 2 月 21 日)。

材料二 ✎ 迪迪·艾伦年轻时到一家电影公司打工,跟着知名电影剪辑师罗伯特·怀斯学习。她在给电影《江湖浪子》剪辑时,犯了一个非常不应该的错误:在从一个镜头切换到另一个镜头时,第一个镜头中的声音竟然延续到第二个镜头中去,并且长达三秒钟,导致主人公驾驶汽车逐渐远去,镜头随之切换到已经到达的目的地的场景,而这时依旧可以听见第一个镜头中的汽车声!罗伯特·怀斯非常生气,他把这段影片往艾伦面前一扔说:"把你所犯的错误剪掉!"艾伦沮丧极了,正在她准备剪去自己所犯的那个"错误"时,她忽然看见窗台上的一个小盆景,那是一株地莓,它曾经生长在艾伦家的园子里。只是别的地莓都能长出又甜又红的果实,唯独这株地莓不会结果,可它虽然不会结果,却能开出特别鲜红的花朵。所以艾伦把它移植到了这里,成了一道美丽的风景。如果说不会结果是一种"错误",但就在这种错误中,它却开出了最美丽的花!想到该里,艾伦怦然心动,她开始重新审视起那段影片,猛然意识到:这个错误的本身,其实就是一朵最美丽的地莓花!按照传统的技法,在镜头切换的同时声音也随之戛然而止,艾伦却把声音延续到第二个镜头中,而这不仅能巧妙糅合由镜头切换而产生的断裂感，还能更加有序地连贯电影节奏！艾伦由此想到，有些时候，把第二个镜头中的声音提前一点出现在第一个镜头的结尾处，也是一种能巧妙显示电影节奏的手法。于是，她把这种"错位剪辑"用到了这部影片的每一个切换的镜头中。影片上映后，这种剪辑效果让所有观众耳目一新，并引起了电影同行的关注和沿用，一场电影剪辑艺术的革新悄悄开始了！当86岁高龄的艾伦病逝后，人们对艾伦的人生态度和对电影的贡献做了这样的总结："她深信这个世界上没有真正的错误，只有被忽略的智慧！即便是一株无法结出果实的地莓，也不要轻易扔掉，因为它可能会开出最美丽的花朵！"

——摘自《最美丽的花》，《扬子晚报》（2011年6月27日）。

(1) 从打碎花瓶这一现象中所概括出的"碎花瓶理论"为什么能帮助人们恢复文物、陨石等不知原貌的物体？

(2) 如何理解"世界上没有真正的错误，只有被忽略的智慧"？

(3) 上述两例对我们增强创新意识有何启示？

第二章第三节 习题参考答案

第三章

人类社会及其发展规律

📖 **学习目标**

　　学习和把握历史唯物主义的基本原理，着重了解社会存在与社会意识的辩证关系、社会基本矛盾及其运动规律、文明及其多样性、社会发展的动力以及人民群众和个人在社会历史中的作用，提高运用历史唯物主义正确认识历史和现实、正确认识社会发展规律的自觉性和能力。

📖 **学习要点**

○ 社会存在与社会意识的辩证关系
○ 社会基本矛盾及其运动规律
○ 世界历史的形成发展
○ 社会进步与人的发展
○ 文明及其多样性
○ 社会历史发展的动力
○ 人民群众和个人在社会历史中的作用
○ 群众、阶级、政党、领袖的关系

第一节　人类社会的存在与发展

一、单项选择题

1. 俄国早期马克思主义理论家普列汉诺夫说，绝不会有人去组织一个"月食党"以促进或阻止月食的到来，但要进行社会革命就必须组织革命党。这是因为社会规律与自然规律有所不同，社会规律是（　　）。
   A. 不具有重复性的客观规律　　B. 由多数人的意志决定的
   C. 通过人的有意识的活动实现的　D. 比自然规律更易于认识的规律

2. 历史唯物主义是关于（　　）。
   A. 社会历史现象的知识总汇　　　B. 社会发展一般规律的科学
   C. 生产发展的理论　　　D. 经济关系的学说

3. 正确认识社会历史观的基本问题是解决其他社会历史观问题的基础和前提。社会历史观的基本问题是（　　）。
   A. 思维与存在的关系问题　　　B. 社会意识与社会存在的关系问题
   C. 生产力和生产关系的关系问题　　　D. 经济基础和上层建筑的关系问题

4. 唯物史观和唯心史观是两种根本对立的历史观。划分唯物史观和唯心史观的唯一标准是（　　）。
   A. 对物质和意识关系问题的不同回答
   B. 对思维和存在的同一性问题的不同回答
   C. 对社会存在和社会意识谁是第一性、谁是第二性问题的不同回答
   D. 对是人民群众还是英雄人物创造历史的不同回答

5. 认为人们的思想动机、主观意志是社会发展的根本原因，这种观点属于（　　）。
   A. 庸俗唯物主义　　　B. 唯理论
   C. 经验论　　　D. 唯意志论

6. 把人类社会之外的某种神秘精神当作社会发展、人的命运的决定和支配力量，这种看法属于（　　）。
   A. 朴素唯物主义　　　B. 教条主义
   C. 经验主义　　　D. 历史观上的客观唯心主义

7. 唯物史观创立的社会历史条件主要是（　　）。
   A. 欧洲资产阶级思想家对资本主义社会的探索与批判
   B. 工业革命以来欧洲资本主义迅速而充分的发展
   C. 费尔巴哈哲学唯物主义的基本内核
   D. 黑格尔哲学辩证法的合理内核

8. 唯物史观认为，人类的第一个历史活动就是（　　）。
   A. 吃喝住穿　　　B. 物质生活资料的生产
   C. 人的自觉意识活动　　　D. 结成社会关系

9. 从自然界演化到人类社会，是自然史上的一次巨大飞跃。这次飞跃产生的关键在于（　　）。
   A. 生命活动　　　B. 类人猿产生
   C. 劳动实践的作用　　　D. 绝对精神的外化

10.历史唯物主义认为，社会存在是指（　　）。
   A. 人类社会各种关系的总和　　　B. 人类自身生产各种条件的总和
   C. 自然界各种要素的总和　　　D. 社会物质生活条件的总和

11.社会存在属于社会生活的物质方面，是社会实践和物质生活条件的总和。下列选项属于社会存在的是（　　）。
   A. 生产关系　　　B. 监狱

C. 法庭   D. 意识形态

12.社会存在是指社会的物质生活条件，它有多方面的内容。其中，起决定性作用的是（　　）。

    A. 社会形态   B. 地理环境

    C. 人口因素   D. 生产方式

13.地理环境是（　　）。

    A. 划分社会形态的主要依据   B. 社会发展的决定性因素

    C. 社会制度变更的决定力量   D. 社会存在和发展的必要条件

14."每一种特殊的、历史的生产方式都有其特殊的、历史地起作用的人口规律"，这种观点是（　　）。

    A. 唯物史观的观点   B. 进化论的观点

    C. 社会达尔文主义的观点   D. 唯心史观的观点

15.随着生产和科学技术的进步，对人口素质的要求越来越高。这种情况表明（　　）。

    A. 现代生产的发展主要靠人口数量

    B. 人口数量越少就越有利于社会发展

    C. 人口素质决定社会发展

    D. 人口素质越高就越能推动社会发展

16.物质资料的生产方式包括（　　）。

    A. 劳动者和劳动工具两个方面   B. 劳动资料和劳动对象两个方面

    C. 生产力和生产关系两个方面   D. 劳动者和生产资料两个方面

17.社会意识是（　　）。

    A. 社会的精神生活过程   B. 社会的政治生活过程

    C. 人类改造社会的过程   D. 人类自我改造的过程

18.社会意识主要是对（　　）。

    A. 物质资料生产方式的反映   B. 阶级斗争的反映

    C. 统治阶级意志的反映   D. 社会存在的反映

19.社会意识分为两个层次，即（　　）。

    A. 个体意识和群体意识   B. 经济意识和政治意识

    C. 阶层意识和阶级意识   D. 社会心理和社会意识形式

20.社会意识形态的突出特点是（　　）。

    A. 为特定的经济基础服务   B. 普遍性

    C. 长期性   D. 复杂性

21.在下列各组社会意识诸形式中，全部属于意识形态的是（　　）。

    A. 自然科学、道德、宗教   B. 法律思想、艺术、逻辑学

    C. 政治思想、艺术、语言学   D. 法律思想、哲学、宗教

22.下列选项中，完全不属于社会意识形态的是（　　）。

    A. 政治法律思想、道德、逻辑学   B. 哲学、艺术、道德

    C. 语言学、逻辑学、物理学   D. 宗教、文学、自然科学

23.道德是（　　）。

　　A. 人们关于社会政治关系、政治制度和设施的观点、理论的总和

　　B. 调整人们之间以及个人和社会之间的关系的行为规范的总和

　　C. 靠形象来表现人们对社会生活的理解、情感、愿望和意志

　　D. 统治人民的自然力量和社会力量在人的头脑中虚幻和颠倒的反映

24.下列（　　）原理可以解释"大众心理影响经济走势"这一社会现象。

　　A. 社会意识对社会存在具有决定作用

　　B. 社会意识反作用于社会存在

　　C. 社会心理可以左右社会发展方向

　　D. 只有正确的社会意识才能影响社会发展

25.一种社会意识对社会存在作用的大小主要取决于（　　）。

　　A. 实际掌握群众的广度和深度　　　　B. 反映统治阶级利益的程度

　　C. 反映被统治阶级利益的程度　　　　D. 与社会经济发展水平是否相平衡

26.社会意识相对独立性的最突出的表现是（　　）。

　　A. 社会意识的发展变化有自己的历史继承性

　　B. 社会意识的发展变化与社会存在的发展变化具有不完全同步性

　　C. 社会意识的发展水平与社会经济的发展水平具有不完全平衡性

　　D. 社会意识对社会存在有反作用

27.马克思指出，艺术的一定繁盛时期绝不是同社会的一般发展成比例的，如古希腊的神话和史诗是在人类社会的不发达阶段产生的。这一思想主要说明（　　）。

　　A. 精神生产同物质生产存在着不平衡的关系

　　B. 社会意识具有历史继承性

　　C. 社会意识和社会存在的发展同步

　　D. 精神产品促进社会的发展

28.列宁说："意识到自己的奴隶地位而与之作斗争的奴隶，是革命家。没有意识到自己的奴隶地位而过着默默无言、浑浑噩噩、忍气吞声的奴隶生活的奴隶，是十足的奴隶。对奴隶生活的各种好处津津乐道并对和善的好主人感激不尽以至垂涎欲滴的奴隶是奴才，是无耻之徒。"这三种奴隶的思想意识之所以有如此巨大的差异，是由于（　　）。

　　A. 人的社会意识并不都是社会存在的反映

　　B. 人的社会意识与社会存在具有不一致性

　　C. 人的社会意识中的各种形式之间相互作用

　　D. 人的社会意识具有历史继承性

29.先进的社会意识之所以能对社会的发展起促进作用，是由于（　　）。

　　A. 它正确反映了社会发展规律　　　　B. 它是对社会存在的反映

　　C. 它具有历史继承性　　　　　　　　D. 它具有相对独立性

30.一定历史发展阶段上的社会意识，在内容上主要是反映现实的社会存在，但同时也会吸收、保留以往形成的某些思想材料，即"古为今用"；在形式上继承以往既有的方式和方法，同时又根据新的内容和条件加以改造、补充和发展，并增添一些新的

形式，即"推陈出新"。这说明（　　）。

  A. 社会意识并不都是社会存在的反映

  B. 社会意识与社会存在发展的不平衡性

  C. 社会意识中的各种形式之间相互作用

  D. 社会意识具有历史继承性

31. 在人类文明发展的进程中，"创新设计"起着重要作用。以奔驰、通用、波音、西门子等为代表的汽车、飞机、电力电器设计，引领了现代交通和电气化社会；以英特尔、微软、苹果、联想等为代表的芯片、软件、智能终端设计，造就了信息网络社会生活方式。以上材料说明（　　）。

  A. 创新推动社会制度的发展　　　　B. 社会意识是对社会存在的反映

  C. 创新促进思维方式的变革　　　　D. 社会意识对社会存在具有反作用

32. "一定的文化是一定社会的政治和经济在观念形态上的反映。"这里讲的文化是指（　　）。

  A. 人化自然　　　　　　　　　　　B. 对象化的事物

  C. 政治文化　　　　　　　　　　　D. 观念形态的文化

33. 人类社会的基本矛盾是（　　）。

  A. 人与自然、个人与社会之间的矛盾

  B. 先进与落后、革新与守旧之间的矛盾

  C. 落后的社会生产与人们日益增长的物质文化需要之间的矛盾

  D. 生产力与生产关系、经济基础与上层建筑之间的矛盾

34. 社会基本矛盾是指贯穿社会发展始终，规定社会发展过程的基本性质和基本趋势，并对社会历史发展起根本推动作用的矛盾。社会基本矛盾运动中最基本的动力因素是（　　）。

  A. 生产力　　　　　　　　　　　　B. 生产关系

  C. 经济基础　　　　　　　　　　　D. 上层建筑

35. 人类社会发展的一般规律是（　　）。

  A. 生产方式内部的矛盾规律

  B. 生产力和生产关系、经济基础和上层建筑之间的矛盾运动规律

  C. 社会存在和社会意识的矛盾规律

  D. 物质生产和精神生产的矛盾规律

36. 马克思指出，判断一个变革时代不能以该时代的意识为依据，相反，这个意识必须从物质生活的矛盾中去解释。这里的"物质生活的矛盾"从根本上说是（　　）。

  A. 社会生产力与生产关系的现存冲突

  B. 经济基础与上层建筑的现存冲突

  C. 人类社会与自然界的现存冲突

  D. 社会存在与社会意识的现存冲突

37. 社会基本矛盾变化的根本原因是（　　）。

  A. 生产力的发展　　　　　　　　　B. 生产关系的发展

  C. 经济基础的发展　　　　　　　　D. 上层建筑的发展

38.生产力和生产关系、经济基础和上层建筑这两对社会基本矛盾的关系是（   ）。

    A. 前者和后者相互决定

    B. 前者和后者并行不悖

    C. 以前者为基础，两者相互制约、相互作用

    D. 以后者为基础，推动前者矛盾的解决

39.历史唯物主义认为，生产力范畴是标志（   ）。

    A. 人类进行生产活动、政治活动和科学实验能力的范畴

    B. 人类改造旧的社会制度、创建新的社会制度能力的范畴

    C. 人类利用和改造自然，从自然界获取物质资料能力的范畴

    D. 人类认识和改造主观世界与外部物质世界能力的范畴

40.生产力是社会发展的决定性因素。它本质上反映了（   ）。

    A. 人与人的关系   B. 人与社会的关系

    C. 人与自然的关系   D. 人与自我的关系

41.在生产力的要素系统中，其中最活跃、占有最主导地位的要素是（   ）。

    A. 思想范畴   B. 劳动对象

    C. 劳动者   D. 科学技术

42.劳动对象是指（   ）。

    A. 生产资料   B. 各种产品

    C. 引入生产过程中进行加工改造的物质对象   D. 各种生产工具

43.马克思说："各种经济时代的区别，不在于生产什么，而在于怎样生产，用什么劳动资料生产。劳动资料不仅是人类劳动发展的测量器，而且是劳动借以进行的社会关系的指示器。"这一思想主要说明（   ）。

    A. 劳动者是最活跃、最革命的力量

    B. 不同的劳动对象直接制约着生产力水平

    C. 生产工具作为生产力水平的客观尺度，是划分经济时代的物质标志

    D. 科学技术是直接的生产力

44.衡量生产力发展水平的客观尺度是（   ）。

    A. 劳动工具的状况   B. 劳动者的素质

    C. 劳动对象的广度和深度   D. 劳动产品的质量和数量

45.先进生产力的集中体现和主要标志是（   ）。

    A. 劳动者   B. 劳动对象   C. 科学技术   D. 管理方式

46.生产关系是人们在生产过程中结成的（   ）。

    A. 人与人的政治关系   B. 人与自然的关系

    C. 人与人的分工协作关系   D. 人与人的经济关系

47.人和物的要素之所以能变成现实的生产力，是因为（   ）。

    A. 劳动对象范围不断扩大

    B. 把科学技术物化在机器工具等生产资料中

    C. 一定的生产资料所有制形式把诸要素结合起来

D. 正确调整分配关系以及由它决定的消费关系

48. 社会关系中最基本的关系是（　　）。

　　A. 政治法律制度　　　　　　　　B. 生产关系

　　C. 历史文化传统　　　　　　　　D. 伦理道德规范

49. 关于生产资料所有制在生产关系中的地位，下列选项中表述错误的是（　　）。

　　A. 生产资料所有制决定人们在生产中的地位

　　B. 生产资料所有制决定产品分配关系

　　C. 生产资料所有制决定整个生产关系的性质

　　D. 生产资料所有制决定生产力

50. 在生产关系中起决定作用的是（　　）。

　　A. 生产资料所有制形式　　　　　B. 产品的分配形式

　　C. 人们在生产中的地位及相互关系　D. 管理者和生产者的不同地位

51. 区分社会制度性质的根本标准是（　　）。

　　A. 生产力的发展水平　　　　　　B. 科学技术的发展程度

　　C. 占统治地位的生产关系的性质　D. 上层建筑本身是否完善

52. 生产力与生产关系矛盾运动中，生产关系就是（　　）。

　　A. 活跃的、革命的因素　　　　　B. 相对稳定的因素

　　C. 决定生产力性质的因素　　　　D. 始终推动生产力发展的因素

53. 生产关系落后于生产力固然会阻碍其发展，而由于人为的原因，使某种生产关系"超越"生产力水平的"拔高"了的生产关系也会阻碍生产力的发展。但是，不管哪种情况，生产关系对生产力的反作用归根到底还是由生产力决定的，生产关系对生产力反作用的性质也取决于它是否适合生产力的状况。因此，判断一种生产关系是否优越的标准，在于这种生产关系（　　）。

　　A. 是否为生产力服务　　　　　　B. 是公有制还是私有制

　　C. 是否超越生产力水平　　　　　D. 是促进还是阻碍生产力的发展

54. 马克思指出："在一切社会形式中都有一种一定的生产决定其他一切生产的地位和影响，因而它的关系也决定其他一切关系的地位和影响。这是一种普照的光，它掩盖了一切其他色彩，改变着它们的特点。"这一观点主要说明（　　）。

　　A. 生产关系决定生产力

　　B. 政治和观念结构决定经济结构

　　C. 阶级的存在仅仅同生产发展的一定历史阶段相联系

　　D. 占统治地位的生产关系决定了社会经济结构的性质

55. 生产关系对生产力反作用的性质取决于它是否（　　）。

　　A. 适合生产力的状况　　　　　　B. 决定生产力

　　C. 服务于经济基础　　　　　　　D. 决定上层建筑

56. "手推磨产生的是封建主的社会，蒸汽磨产生的是工业资本家的社会"，这句话揭示了（　　）。

　　A. 生产工具是衡量生产力水平的重要尺度

B. 科学技术是第一生产力

C. 社会形态的更替有其一定的顺序性

D. 物质生产的发展需要建立相应的生产关系

57. "手推磨产生的是封建主的社会，蒸汽磨产生的是工业资本家的社会。"这句话的哲学寓意是（　　）。

A. 生产力状况决定生产关系的性质和形式

B. 经济基础的需要决定上层建筑的产生

C. 上层建筑的反作用集中表现在为自己的经济基础服务

D. 阶级斗争是阶级社会发展的直接动力

58. 一定社会形态的经济基础是（　　）。

A. 生产力　　　　　　　　B. 该社会的各种生产关系

C. 政治制度和法律制度　　D. 与一定生产力发展阶段相适应的生产关系的总和

59. 经济基础是指由社会一定发展阶段的生产力所决定的生产关系的总和，经济基础的实质是（　　）。

A. 占支配地位的经济关系

B. 制度化的物质社会关系

C. 生产关系的具体实现形式

D. 社会基本经济制度所采取的组织形式和管理形式

60. 由社会一定发展阶段的生产力所决定的生产关系的总和是（　　）。

A. 生产方式　　　　B. 经济体制　　　　C. 上层建筑　　　　D. 经济基础

61. 我国现阶段实行生产资料公有制为主体，多种所有制经济共同发展的基本经济制度的理论依据是（　　）。

A. 唯物辩证法普遍联系的原理

B. 生产力与生产关系矛盾运动的原理

C. 人民群众是历史创造者的原理

D. 经济基础与上层建筑矛盾运动的原理

62. 上层建筑是指（　　）。

A. 社会的经济制度

B. 科学技术

C. 社会生产关系

D. 建立在一定社会经济基础之上的意识形态及相应的制度和设施

63. 上层建筑系统由两大部分组成，这两大部分是（　　）。

A. 政治上层建筑和观念上层建筑　　B. 政治制度和法律制度

C. 国体和政体　　　　　　　　　　D. 政治法律制度和政治法律设施

64. 政治上层建筑是在一定的（　　）指导下建立起来的，是统治阶级意志的体现。

A. 社会意识形式　　　　　　B. 社会意识

C. 意识形态　　　　　　　　D. 杰出人物的思想理论

65.社会政治结构的核心是（   ）。

    A.国家政权　　　　B.党派组织　　　　　　C.社群组织　　　　　　D.法律设施

66.从国家的起源看，国家是（   ）。

    A.阶级矛盾不可调和的产物　　　　B.社会管理职能的独立化

    C.人们为了解决纠纷而制定的契约　　D.保护全民利益的产物和表现

67.国家代表（   ）。

    A.全体社会成员利益　　　　　　　B.剥削阶级利益

    C.广大劳动人民利益　　　　　　　D.统治阶级利益

68.社会各阶级在国家政权中的地位和作用的问题属于（   ）。

    A.国体问题　　　　B.政体问题　　　　　　C.行政问题　　　　　　D.法律问题

69.在社会生活中，上层建筑对于社会发展的性质取决于（   ）。

    A.国家政权的阶级属性　　　　　　B.社会意识形态的性质

    C.它所服务的经济基础的性质　　　D.社会生产力的性质

70.对上层建筑起主导作用并决定上层建筑性质的是（   ）。

    A.生产力　　　　　　　　　　　　B.经济体制

    C.意识形态　　　　　　　　　　　D.占统治地位的生产关系

71.政治文明实质上属于（   ）。

    A.物质形态文明　　　　　　　　　B.精神形态文明

    C.生态文明　　　　　　　　　　　D.制度文明

72.经济基础决定上层建筑，上层建筑对经济基础具有反作用。上层建筑反作用的性质，取决于它所服务的经济基础的性质，归根到底取决于（   ）。

    A.它是否有利于社会的和谐　　　B.它是否有利于政治的发展

    C.它是否有利于文化的发展　　　D.它是否有利于生产力的发展

73.下列有关经济基础和上层建筑相互关系的观点错误的是（   ）。

    A.经济基础是根源，上层建筑是派生物

    B.不同性质的经济基础一定会产生不同性质的上层建筑

    C.上层建筑反作用的性质取决于它所服务的经济基础的性质

    D.上层建筑对经济基础总是起促进作用

74.十一届三中全会以来，我党制定的一系列正确的路线、方针、政策促进了我国经济的迅猛发展，这说明（   ）。

    A.经济基础发展的道路是由上层建筑决定的

    B.上层建筑的发展决定经济基础的发展方向

    C.上层建筑对经济基础具有积极的能动作用

    D.社会主义社会的发展不受经济基础决定上层建筑规律的制约

75.唯物史观认为，掌握人类社会发展的规律是改革的客观依据，其中对于我国进行社会主义政治体制改革和建设社会主义精神文明都有直接现实意义的社会规律是（   ）。

    A.生产关系一定要适合生产力状况规律

    B.上层建筑一定要适合经济基础发展状况的规律

C. 否定之否定规律

D. 质量互变规律

76.社会形态是（　　）。

A. 生产力和生产关系的统一

B. 同生产力发展一定阶段相适应的经济基础和上层建筑的统一体

C. 社会存在和社会意识的统一

D. 物质世界和精神世界的统一

77.关于社会形态，下列观点错误的是（　　）。

A. 社会形态是生产力和生产关系的统一

B. 社会制度即社会形态

C. 社会形态的发展既有统一性，又有多样性

D. 社会形态的发展是一种自然历史过程

78.社会形态的更替是历史的客观必然性和人们的自觉选择性的统一，是合规律性和合目的性的统一。人们的历史选择性，归根到底（　　）。

A. 取决于民族利益　　　　　　B. 是人民群众的选择性

C. 取决于交往　　　　　　　　D. 取决于对历史必然性的把握程度

79.关于社会形态演化的次序，正确的选项是（　　）。

A. 奴隶社会、原始社会、资本主义社会、社会主义及共产主义社会

B. 奴隶社会、封建社会、资本主义社会、社会主义及共产主义社会

C. 原始社会、奴隶社会、封建社会、资本主义社会、社会主义及共产主义社会

D. 原始社会、奴隶社会、资本主义社会、封建社会、社会主义及共产主义社会

80.关于社会发展道路，下列选项正确的是（　　）。

A. 人类社会发展的道路既有统一性，又有多样性

B. 人类社会发展的道路的统一性体现了不同国家和民族发展过程的特殊性和个性

C. 人类社会发展的道路的多样性体现了社会历史发展总趋势的普遍性和共性

D. 人类社会发展的道路统一性与多样性的关系是主观与客观、认识与实践的关系

81.当代的美国、日本、德国等社会各有其特点，它们属于（　　）。

A. 相同的社会共同体　　　　　B. 不同的社会形态

C. 同一种社会形态　　　　　　D. 自由王国

82."世界历史发展的一般规律，不仅丝毫不排斥个别发展阶段在发展的形式或顺序上表现出特殊性，反而是以此为前提的。"这是对（　　）辩证关系的概括。

A. 社会形态更替的统一性和多样性

B. 社会形态更替的必然性和历史选择性

C. 社会形态更替的前进性和曲折性

D. 社会形态更替的超前性和滞后性

83.社会形态更替归根结底是（　　）的结果。

A. 社会矛盾运动　　　　　　　B. 社会基本矛盾运动

C. 阶级斗争　　　　　　　　　D. 解放思想

84."社会形态的发展是一种自然历史过程。"这句话说的是（　　）。

A. 社会发展是纯粹自发的过程

B. 社会规律与自然规律没有差别

C. 社会发展具有不以人的意志为转移的客观规律性

D. 人的思想动机对社会发展不起作用

85.社会形态更替的客观必然性，主要是指社会形态依次更替的过程和规律是客观的，其发展的基本趋势是确定不移的。从根本上规定了社会形态更替的客观必然性的是（　　）。

A. 生产力和生产关系矛盾运动的规律性

B. 经济基础与上层建筑矛盾运动的规律性

C. 社会存在与社会意识矛盾运动的规律性

D. 社会基本矛盾运动的规律性

86.近年来马克思的《资本论》在西方一些国家销量大增。列宁曾说，马克思的《资本论》的成就之所以如此之大，是由于这本书使读者看到整个资本主义社会形态是个活生生的形态，既有"骨骼"，又有"血肉"。人类社会作为一种活的有机体，其"骨骼"系统是指（　　）。

A. 地理环境、人口因素和生产方式等社会物质生活条件

B. 与一定的生产力相适应的生产关系

C. 建立在一定经济基础之上的政治法律制度及设施

D. 由政治法律思想、道德、宗教、哲学等构成的社会意识形态

87.美国经过南北战争直接过渡到资本主义社会；日耳曼人没有经过奴隶社会直接过渡到封建社会；俄国从原始社会过渡到封建社会，再从封建社会通过列宁领导的俄国十月革命进入社会主义社会；中国从半封建、半殖民地直接过渡到社会主义社会，这些历史事实说明（　　）。

A. 社会形态的更替是没有规律可言的

B. 社会发展是不存在共同道路的

C. 社会发展是客观必然性与主体选择性的统一

D. 社会发展是前进性与曲折性的统一

88.马克思、恩格斯指出："各个相互影响的活动范围在这个发展进程中越是扩大，各民族的原始封闭状态由于日益完善的生产方式、交往以及因交往而自然形成的不同民族之间的分工消灭得越是彻底，历史也就越是成为世界历史。"世界历史形成的根本原因是（　　）。

A. 生产关系的变革　　　　　B. 经济基础的发展

C. 上层建筑的变化　　　　　D. 生产力的发展

二、多项选择题

1. 唯心史观的错误在于（　　）。

A. 认为社会历史就是精神发展史

    B. 否认社会历史发展有客观规律

    C. 认为人民群众创造历史

    D. 认为社会发展的根源在于人们的思想动机

2. 在社会存在与社会意识的关系问题上，唯物史观认为（　　）。

    A. 社会存在决定社会意识的产生与发展

    B. 社会意识反映社会存在

    C. 社会意识与社会存在的发展完全同步

    D. 社会意识能动地反作用于社会存在

3. 马克思、恩格斯说："不是意识决定生活，而是生活决定意识。"这说明社会意识（　　）。

    A. 只是日常生活的反映　　　　　B. 根源于社会存在

    C. 是社会物质交往的产物　　　　D. 在不同时代有其独特的内容和特点

4. 马克思主义哲学产生之前的旧哲学都没有正确解决社会存在和社会意识的关系问题，其原因在于（　　）。

    A. 不能理解社会生活的实践本质

    B. 否认人民群众对历史发展的决定作用

    C. 只考察历史活动的思想动机

    D. 肯定社会意识的相对独立性

5. "人有了物质条件才能生存，人有了精神条件才能生活"的观点（　　）。

    A. 夸大了社会意识的作用　　　　B. 夸大了社会存在的作用

    C. 看到了社会意识条件的作用　　D. 看到了社会物质条件的作用

6. 下列选项中，属于历史唯物主义"社会存在"范畴的有（　　）。

    A. 人们的物质生产实践活动

    B. 人们实践活动所利用的自然资源

    C. 人们在实践活动中所形成的各种社会关系

    D. 人们实践活动所创造的生产力

7. 社会存在包括（　　）。

    A. 自然环境　　　　　　　　　　B. 人口因素

    C. 生产方式　　　　　　　　　　D. 全部社会关系

8. 下列各项属于物质生活条件的有（　　）。

    A. 生产方式　　　　　　　　　　B. 地理环境

    C. 人口因素　　　　　　　　　　D. 国家政权

9. 地理环境和人口因素在社会形成和发展中具有重要作用，其主要表现是，它们（　　）。

    A. 是社会存在和发展的必要前提　B. 可以加速或延缓社会历史的发展

    C. 决定社会制度的更替　　　　　D. 支配社会发展的方向

10. "不是土壤的肥力，而是它的差异性和它的自然产品的多样性，形成了社会分工的自然基础，并且通过人所处的自然环境的变化，促使他们自己的需要、能力、劳动资料和劳动方式趋于多样化。"这一思想说明（　　）。

    A. 地理环境决定社会发展的进程

B. 地理环境越是富饶对社会发展就越是有利

C. 地理环境的多样化和差异性，才更有利于社会的发展

D. 地理环境通过对生产发展的影响而影响社会发展

11. 地理环境对社会发展的作用表现在（　　）。

    A. 它是社会存在和发展的自然前提和必要条件

    B. 它为物质生产提供了对象和资源条件

    C. 它能够影响生产的效率和具体方式

    D. 它能够决定一定社会的法律制度

12. 正确地理解地理环境同人类社会关系原理的意义在于要求我们（　　）。

    A. 合理地开发自然资源，减少资源浪费

    B. 不要破坏生态环境，要保护人与自然的协调关系

    C. 尽快地开发自然资源，以促进生产发展

    D. 要坚持走可持续发展的道路

13. 关于人口生产和物质生产的关系，唯物史观认为它们（　　）。

    A. 一起构成社会存在和发展的基础　　　　B. 是社会存在的基本要素

    C. 对社会发展起决定作用　　　　　　　　D. 在人类历史上同时存在并相互作用

14. 人口因素不是社会发展的决定力量，这是因为（　　）。

    A. 人口状况的优劣不能加速或延缓社会的发展

    B. 人口生产的社会形式受生产方式性质的制约

    C. 人口因素不能决定社会制度的性质

    D. 人口生产受生产力发展水平的制约

15. 生产方式是人类社会存在和发展的决定力量，这是因为生产方式（　　）。

    A. 是人类社会的物质承担者

    B. 决定着社会的结构、性质和面貌

    C. 只有相对的独立性

    D. 其变化决定社会历史的变化和社会形态的更替

16. 生产方式（　　）。

    A. 是生产力和生产关系的统一

    B. 构成了人类社会发展的决定力量

    C. 从生产的技术结构看，它是人与自然之间的物质交换方式

    D. 从生产的社会组织形式看，它是人与人之间的物质交往方式

17. "物质生产方式是社会历史发展的决定力量"是说（　　）。

    A. 物质生产方式是人类社会赖以存在的基础，是其他一切社会活动的首要前提

    B. 物质生产方式决定着社会的结构、性质和面貌，制约着人们的全部社会生活

    C. 物质生产方式直接决定着社会意识

    D. 物质生产方式不发达，社会生活包括人们的精神生活也不发达

18. 生产方式集中体现了人类社会的物质性，这是因为（　　）。

    A. 生产力是人们改造自然的现实的物质力量

B. 生产关系是物质性的社会关系

C. 生产方式使自然界的一部分转化为社会物质生活条件

D. 生产方式是人们为获取物质生活资料而进行的生产活动的方式

19. 历史唯物主义把社会意识理解为（　　）。

    A. 社会精神生活的总和　　　　　　B. 社会存在的反映

    C. 个体意识和群众意识的统一　　　D. 社会心理和社会意识形式的统一

20. 社会意识是社会生活的精神方面，是社会存在的反映。社会意识具有复杂的结构，可以从不同角度将其划分为（　　）。

    A. 个人意识和群体意识

    B. 社会心理和社会意识

    C. 作为上层建筑的意识形式和非上层建筑的意识形式

    D. 社会存在和社会意识

21. 下列属于社会意识形式而不属于意识形态的有（　　）。

    A. 哲学　　　　　　B. 物理学　　　　　　C. 数学　　　　　　D. 语言学

22. 下列各项属于社会存在决定社会意识的表现的有（　　）。

    A. 任何社会意识都是对社会存在的直接反映

    B. 社会意识的内容来源于社会存在

    C. 社会意识随着社会存在的发展变化而发展变化

    D. 社会意识受意识主体的立场、观点、方法的影响和制约

23. 正确解决社会存在和社会意识的关系的重大意义是（　　）。

    A. 宣告了历史唯心主义的彻底破产

    B. 为反对主观主义和教条主义提供了锐利武器

    C. 为揭示社会发展的客观规律开辟了道路

    D. 为无产阶级的革命实践提供了科学历史观和基本原则

24. 社会意识的相对独立性表现在（　　）。

    A. 社会意识和社会存在各自的发展不完全同步

    B. 社会意识的发展具有历史继承性

    C. 社会意识各种形式之间相互制约、相互影响和相互渗透

    D. 社会意识对社会存在具有能动的反作用

25. 18 世纪，经济上落后的法国在哲学上和政治思想领域方面取得的成就，超过了当时经济上先进的英国，这表明（　　）。

    A. 社会意识的发展不依赖社会经济

    B. 社会意识并不决定社会存在

    C. 社会意识具有相对独立性

    D. 社会意识的发展和经济的发展并不是完全对应的

26. 人类社会的基本矛盾包括（　　）。

    A. 社会存在和社会意识的矛盾

    B. 生产力和生产关系的矛盾

C. 上层建筑和经济基础的矛盾

D. 人民日益增长的物质文化需要同落后的社会生产之间的矛盾

27. 生产力和生产关系的矛盾、经济基础和上层建筑的矛盾是人类社会的基本矛盾，因为这两对矛盾（　　）。

A. 包括社会生产的基本领域

B. 贯穿于人类社会发展过程的始终

C. 是其他一切社会矛盾的根源

D. 体现着生产力、生产关系、上层建筑之间的必然联系

28. 生产力就是人们（　　）。

A. 能动地改造物质世界的实际能力

B. 不能自由选择的物质力量

C. 在生产中形成的物质利益关系

D. 解决社会同自然之间矛盾的实际能力

29. 下列属于生产力要素的有（　　）。

A. 在校学生　　　　　　　　　B. 技术工人

C. 正在使用的车床　　　　　　D. 未开垦的荒地

30. 生产工具是（　　）。

A. 生产中不可少的因素　　　　B. 社会生产方式更替的决定性力量

C. 凝结着科学技术的生产力　　D. 衡量生产力发展水平的客观尺度

31. 科学技术也是生产力，因为（　　）。

A. 它能引起劳动对象的变革，促进劳动者素质的提高

B. 它属于上层建筑

C. 它可以提高劳动生产率

D. 它可以提高管理效率

32. 科学技术（　　）。

A. 本身就是直接的现实生产力

B. 作为生产力的内在要素直接影响到生产力的其他要素

C. 就是先进生产力的集中体现与主要标志

D. 就是潜在的知识形态的生产力

33. 当代科学技术成为第一生产力，这是因为（　　）。

A. 它在现代生产和经济增长中占有首要地位

B. 它体现着先生产后科学技术的内在结构的变化

C. 科学技术成为当代生产力的生长点和突破口

D. 当代科学技术成为实体生产力

34. 生产关系是（　　）。

A. 社会关系中最基本的关系　　B. 一种人和人的物质利益关系

C. 生产力的社会组织形式　　　D. 人们的主观愿望和要求

35.从广义上看，生产关系可以概括为以下几个环节（　　）。

A. 生产 B. 分配 C. 交换 D. 消费

36.从狭义上看，生产关系主要包括（　　）几个方面。

A. 生产资料所有制形式 B. 人们在生产中的地位及相互关系

C. 消费方式 D. 分配形式

37.以下不属于生产关系的因素有（　　）。

A. 实践主体和客体的关系 B. 产品数量和质量的关系

C. 生产资料所有制关系 D. 生产中人与人的关系

38.唯物史观认为（　　）。

A. 生产关系的性质取决于自身的合理性及其程度

B. 生产关系的性质取决于生产力的性质和发展水平

C. 生产关系的作用取决于生产力的发展要求

D. 生产关系的变革取决于生产力的发展变化

39.生产资料所有制关系构成全部生产关系的基础，这是因为（　　）。

A. 只有它才能把生产力中人和物的要素结合起来，使生产力成为现实

B. 它才是区分社会经济结构的基本标志

C. 它决定生产关系的其他方面

D. 它构成了生产、分配、交换和消费的四个环节

40.生产关系一定要适合生产力状况的规律表明（　　）。

A. 在生产方式的矛盾运动中，生产力始终是决定性因素

B. 生产力的性质取决于生产关系的性质

C. 生产关系的性质和变化发展，取决于生产力的状况和要求

D. 不能离开生产力的状况，主观任意地改变生产关系

41.正确掌握生产关系一定要适合生产力状况的规律，其意义在于（　　）。

A. 能科学理解社会历史的发展进程

B. 能正确评判生产关系的变革状况

C. 是制定马克思主义政党的路线、方针、政策的客观依据

D. 是坚定社会主义信念的科学依据

42.生产关系长久地落后于生产力的增长，必然导致（　　）。

A. 严重阻碍社会生产力的发展

B. 经济建设发展迟缓，人民生活水平下降

C. 背离生产力一定要适合生产关系状况的规律

D. 国民经济不能正常运行

43.在生产力和生产关系的相互关系中（　　）。

A. 生产力决定生产关系

B. 生产关系决定生产力

C. 生产关系决定生产力，生产力也决定生产关系

D. 适合生产力状况的生产关系推动生产力的发展

44.生产关系对生产力的反作用表现为（　　）。

A.适合生产力状况时，推动生产力的发展

B.不适合生产力状况时，阻碍生产力的发展

C.在不改变生产关系生产力就不能发展时，生产关系就决定生产力

D.落后或超越于生产力的生产关系都不适合生产力的状况

45.生产关系一定要适合生产力状况的规律（　　）。

A.体现了社会存在和社会意识的辩证关系

B.是生产力和生产关系之间内在的本质的必然的联系

C.是人类社会发展的普遍规律

D.是社会主义社会特有的规律

46.生产力和生产关系的矛盾运动过程的方向和道路，就是由基本适合到基本不适合再到新的基本适合，循环往复，不断前进。这一矛盾运动过程主要是下列什么辩证法规律的表现？（　　）

A.对立统一规律　　　　　B.质量互变规律

C.否定之否定规律　　　　D.科学规律

47.一方水土孕育一方文化。很早以前，人们就在平原、高原、山地、河谷、海域等广阔的地理空间发展出农耕、渔猎、游牧等不同经济形态，进而形成具有明显地域差别的文化。高铁、互联网等虽然极大消除了不同地域空间之间的界限，加速了地域文化的同质性转化，但地域文化并没有消失，还在持续对当代社会发展产生重要影响。"一方水土孕育一方文化"表明（　　）。

A.文化是人类社会发展的决定力量

B.自然地理空间影响文化的外在特征

C.社会经济状况决定文化发展形态

D.不同形态文化的发展具有相对独立性

48.2019年10月24日，中共中央政治局就区块链技术发展现状和趋势进行集体学习。习近平在主持学习时指出，我们要"提高运用和管理区块链技术能力，使区块链技术在建设网络强国、发展数字经济、助力经济社会发展等方面发挥更大作用"。有专家认为，基于区块链技术，人们可以构建在没有中介辅助下多个参与方之间的资产交易、价值传递的网络，通过建立执行智能合约，推动契约关系和规则的维护和履行，降低信用建立成本，营造良好市场环境。区块链技术所实现的人与人之间相互联系的延伸和变化，表明人们在现实社会关系中（　　）。

A.是一种单纯的经济和商业关系　　B.具有多样性和复杂性的特征

C.归根到底受生产关系的制约　　　D.是由信息技术构造的虚拟关系

49.经济基础是指由社会一定发展阶段的生产力所决定的生产关系的总和。经济基础的实质是（　　）。

A.生产资料的社会主义公有制　　B.社会一定发展阶段上的基本经济制度

C.制度化的物质社会关系　　　　D.生产关系的具体实现形式

50.经济结构的主要功能有（　　）。

  A.把生产力中的人与物结合起来 B.促进或阻碍生产力的发展

  C.决定政治结构和文化结构 D.构成人类社会的本质

51.政治上层建筑和观念上层建筑的关系是（　　）。

  A.它们都是建筑在一定经济基础之上并为其服务的

  B.国家政权是一切上层建筑的核心

  C.政治上层建筑是依据观念上层建筑的要求建立起来的

  D.观念上层建筑就是政治上层建筑的另一种形式

52.作为上层建筑的社会意识形态包括（　　）。

  A.自然科学和心理学、语言学 B.道德和宗教

  C.艺术和哲学 D.政治思想和法律思想

53.道德是调整人们之间以及个人和社会之间关系的行为规范的总和，依靠（　　）起作用。

  A.社会舆论 B.信念、习惯、传统

  C.法律 D.教育

54.政治上层建筑包括（　　）。

  A.国家政权 B.军队

  C.政治法律思想 D.政党组织

55.政治上层建筑（　　）。

  A.是在一定意识形态指导下建立的 B.是统治阶级意志的体现

  C.决定观念上层建筑 D.在整个上层建筑中居主导地位

56.下列各项科学揭示上层建筑与经济基础矛盾运动的有（　　）。

  A.经济基础决定上层建筑 B.上层建筑反作用于经济基础

  C.上层建筑决定经济基础 D.上层建筑一定要适合经济基础状况

57.关于国家，下列观点错误的有（　　）。

  A.它是阶级矛盾不可调和的产物和表现

  B.它不是一个地域观念

  C.它本质上不是一个阶级概念、政治范畴

  D.它是一个阶级统治另一个阶级的暴力机关

58.2011年4月，耶鲁大学出版了《马克思为什么是对的》一书，书中列举了当前西方社会10个典型的歪曲马克思主义的观点。其中一种观点认为：马克思主义将世间万物都归结于经济因素，艺术、宗教、政治、法律、道德等都被简单地视为经济的反映，对人类历史错综复杂的本质视而不见，而试图建立一种非黑即白的单一历史观。上述观点是对马克思主义关于经济基础和上层建筑辩证关系思想的严重歪曲，其表现为（　　）。

  A.把社会历史发展多重因素的综合作用歪曲为单一因素决定论

  B.把上层建筑与经济基础的相互作用歪曲为机械的单向作用

  C.把经济作为社会的"基础"所具有的归根到底的决定作用歪曲为唯一决定作用

  D.把意识形态对社会历史始终具有的积极能动作用歪曲为消极被动作用

59.经济基础对上层建筑的决定作用，主要表现在（　　）。

    A. 经济基础决定上层建筑的产生、变化与发展

    B. 经济基础决定上层建筑的性质

    C. 经济基础决定上层建筑是否具有反作用

    D. 经济基础决定上层建筑是否包括自然科学

60.上层建筑对经济基础的能动作用在于（　　）。

    A. 它为自己的经济基础服务

    B. 它要促进自己经济基础的形成、巩固和发展

    C. 它要排除自己经济基础的对立物

    D. 它决定自己所服务的经济基础的性质

61.上层建筑既具有对经济基础的依赖性，又具有相对独立性，这就使上层建筑不会完全地、绝对地适应经济基础的需要，它们之间总会有矛盾。这种矛盾表现在（　　）。

    A. 新建立起来的上层建筑不能完全适应经济基础的要求

    B. 上层建筑有脱离经济基础的倾向

    C. 上层建筑有落后于经济基础的状况

    D. 上层建筑成为经济基础和生产力发展的严重阻碍

62.上层建筑一定要适合经济基础发展状况规律的内容是（　　）。

    A. 上层建筑第一性，经济基础第二性

    B. 经济基础决定上层建筑的产生、性质和发展变化的方向

    C. 上层建筑的反作用取决于并服务于经济基础的性质和要求

    D. 经济基础是经济结构，上层建筑即政治结构

63.经济基础与上层建筑相互作用的矛盾运动规律（　　）。

    A. 具有不以人的意志为转移的客观性　　　　B. 人们在实践中可以发明和创造出来

    C. 通过人的自觉活动实现　　　　D. 是客观与主观相互制约的关系

64.实现我国社会主义上层建筑对经济基础的保护，必须（　　）。

    A. 坚持党的领导　　　　B. 做到利益分配公平合理

    C. 人民当家作主　　　　D. 依法治国

65.交往对社会生活的重要影响包括（　　）。

    A. 促进生产力的发展　　　　B. 促进社会关系的进步

    C. 促进文化的发展与传播　　　　D. 促进人的全面发展

66.社会形态的更替具有客观性和必然性，但这并不否定人们历史活动的能动性，并不排斥人们在遵循社会发展规律的基础上，对于某种社会形态的历史选择性。人们历史活动的能动性和选择性主要体现在（　　）。

    A. 社会发展的客观必然性为人们的历史选择提供了基础、范围和可能性空间

    B. 社会形态更替的过程是主体能动性与客观规律性相统一的过程

    C. 人们的历史选择性归根结底是人民群众的选择性

    D. 社会发展的客观过程由每一个参与历史活动的个人的主观意志所决定

67. 社会发展往往面临多种可选择的道路，其中符合历史发展规律的是（　　）。
  A. 多数人选择的道路　　　　　　B. 势力强大的人选择的道路
  C. 先进阶级选择的道路　　　　　D. 能够解放和发展生产力的道路

68. 从社会发展的主体选择性的角度看，中国人民走上社会主义道路，其原因在于（　　）。
  A. 社会主义符合中国人民根本利益的要求
  B. 在历史进程中没有多种道路可供人们选择
  C. 中国人民在国际交往中受到俄国十月革命的历史启示
  D. 中国共产党对历史必然性及本国国情的正确把握

69. 关于社会进步与人的发展表述正确的是（　　）。
  A. 社会进步是社会形态从低级到高级的发展
  B. 社会进步促进人的发展
  C. 人的发展最根本的是人的自由程度的提高
  D. 资本主义社会没有发展，直到它被更高的社会形态所取代

70. 社会形态更替具有（　　）。
  A. 必然性和任意性　　　　　　　B. 超前性和滞后性
  C. 统一性和多样性　　　　　　　D. 必然性和选择性

71. 马克思说："无论哪一个社会形态，在它所能容纳的全部生产力发挥出来以前，是决不会灭亡的；而新的更高的生产关系，在它的物质存在条件在旧社会的胎胞里成熟以前，是决不会出现的。"这段话说明（　　）。
  A. 生产力的发展是促使社会形态更替的最终原因
  B. 一种新的生产关系的产生需要客观的物质条件的成熟
  C. 无论哪一种社会形态，当它还能够促进生产力发展时，是不会灭亡的
  D. 社会形态总是具体的、历史的

72. 马克思主义的社会形态理论指出（　　）。
  A. 社会形态是具体的、历史的　　B. 社会形态是有机的统一整体
  C. 社会形态是永恒的、不变的　　D. 社会形态是超社会的、超历史的

73. 马克思把人类社会划分为五种形态，其中包括（　　）。
  A. 奴隶社会　　　　　　　　　　B. 封建社会
  C. 资本主义社会　　　　　　　　D. 共产主义社会

74. 社会形态演进的辩证性表现为（　　）。
  A. 社会形态的更替是客观决定性与主体选择性的统一
  B. 社会发展的道路是前进性与曲折性的统一
  C. 社会历史进程是渐进性与跨越性的统一
  D. 社会进步的方向是确定性与不确定性的统一

75. 低级社会形态向高级社会形态的跨越，有着两者之间基本的衔接基础，这种基础包括（　　）。
  A. 生产方式　　　　B. 自然条件　　　　C. 文化传统　　　　D. 社会心理

76.社会形态是同生产力发展的一定阶段相适应的（　　）。

　　A.经济基础和上层建筑的统一体

　　B.社会的经济形态、政治形态和观念形态的统一体

　　C.社会存在与意识形态的统一体

　　D.生产力和生产关系的统一体

77.社会发展道路的统一性和多样性，主要表现为（　　）。

　　A.社会发展合规律性与合目的性的绝对对立

　　B.社会形态更替的统一性和多样性

　　C.同类社会形态既有共同的本质，又有各自的特点

　　D.社会发展的循环往复

78.列宁指出："世界历史发展的一般规律，不仅丝毫不排斥个别发展阶段在发展的形式或顺序上表现出特殊性，反而是以此为前提的。"这说明（　　）。

　　A.同类社会形态既有共同的本质，又有各自的特点

　　B.每一种社会形态在不同的民族那里都有自己的特殊表现形式

　　C.人类以及各个民族具有解决自身矛盾的能力及其创造性

　　D.社会发展的基本趋势不是直线的，而是曲折的

79.社会发展过程中的决定性是指（　　）。

　　A.社会运动具有必然性、规律性

　　B.社会发展是一种自然历史过程

　　C.社会主体指向确定对象的活动

　　D.社会运动具有确定不移的基本趋势

80.在社会发展中，主体的选择性与社会发展过程中的决定性是内在统一的，这是因为（　　）。

　　A.主体选择的可能性空间是由人们不能自由选择的生产力等既定条件决定的

　　B.主体选择有既定前提并受社会规律的制约

　　C.主体的选择是社会发展决定性的实现方式

　　D.人类社会的发展是自然历史过程与人的自觉创造过程的统一

81.社会发展过程是前进性和曲折性的统一，这是因为（　　）。

　　A.社会发展是一个扬弃的过程

　　B.社会发展的必然性要通过偶然性来实现

　　C.社会发展过程中新旧事物反复较量，其总趋势是前进的

　　D.社会发展的曲折性要通过前进性来实现

三、简答题

　　1.简述唯心史观在对待社会历史发展及其规律问题上的缺陷。

　　2.简述地理环境对社会发展的重要影响。

　　3.简述人口因素对社会发展的重要影响。

　　4.简述物质生产方式的决定性作用。

5. 简述社会存在与社会意识的辩证关系。

6. 简述社会意识的相对独立性的主要表现。

7. 简述文化对社会发展重要作用的主要表现。

8. 简述生产关系的含义及内容。

9. 简述生产关系一定要适合生产力状况的规律。

10. 简述生产力与生产关系矛盾运动规律原理的重要意义。

11. 理解经济基础的内涵要把握哪两点？

12. 简述经济基础与上层建筑的辩证关系。

13. 简述经济基础决定上层建筑的表现。

14. 简述交往对社会生活的重要影响。

15. 简述社会形态更替的特点。

四、论述题

1. 既然社会存在决定社会意识，那么，为什么同一时代条件下人们的思想、观念却差异很大甚至相互对立呢？

2. 用社会存在和社会意识辩证关系的原理说明大力发展社会主义先进文化的意义。

3. 社会发展是社会基本矛盾运动的结果，可历史事件又是人们意志的"合力"造成的，两者矛盾吗？

4. 运用生产力和生产关系辩证关系的原理说明我国经济体制改革的重要意义。

5. 试论述上层建筑适合经济基础发展要求的规律及其对我国政治体制改革的意义。

6. 试论述世界历史的形成和发展与共产主义的实现之间的关系。

7. 如何正确理解和把握社会形态更替的必然性与人们的历史选择性的辩证关系？

8. 习近平指出："我们既要绿水青山，也要金山银山。宁要绿水青山，不要金山银山，而且绿水青山就是金山银山。"请结合自然地理环境在社会生存和发展中的作用，谈谈应怎样认识和处理经济发展与环境保护的关系。

9. 试用社会意识相对独立性原理，联系实际说明我国建设社会主义核心价值体系的必要性和可能性。

五、材料分析题

1. 用历史发展规律性的原理分析下列材料：

材料一 ✎ 人们必须认识到，人类进步能够改变的只有其速度，而不会出现任何发展顺序的颠倒或跃过任何重要的阶段。

——摘自孔德：《实证哲学》。

材料二 ✎ 一个国家应该而且可以向其他国家学习。一个社会即使探索到了本身运动的自然规律，……它还是既不能跳过也不能用法令取消自然的发展阶段。但是它能缩短和减轻分娩的痛苦。

——摘自马克思：《资本论》。

材料三 🖋 每一种真正的历史都是当代史。既然一件事实只有当它被人想起时才是一件历史的事实，……问什么是历史的事实和什么是非历史的事实这个问题就毫无意义了。一件非历史的事实是一件没有被思想过的事实，因而是不存在的，而谁也没有遇见过一件不存在的事实。

——摘自克罗齐：《历史学的理论和实际》。

(1) 材料一和材料二这两段话所表明的基本思想倾向的不同点和共同点是什么？

(2) 材料三与材料一、材料二的主要分歧是什么？

(3) 材料二体现了马克思主义的什么思想？

2. 阅读下列材料并回答问题：

我国地理条件复杂，西高东低，落差大，西部干旱，沙化严重，各种灾害频发，原本脆弱的生态系统承载着十四亿人口，已是超负荷运行。目前，我国生态环境方面的问题是大气污染十分严重，碳氧化物、一氧化碳、二氧化物、烟尘、工业粉尘排放总量居世界第一，并呈逐年上升趋势；水质污染令人心惊，全国82%的河流受到不同程度的污染，七大水系水质超过三类标准，36%的城市河段为劣五类水质，丧失使用功能，农村水质也普遍较差，农药、化肥、洗涤剂随意排放，乱砍滥伐缺乏有效治理，水旱灾害频发，造成严重经济损失，也使我国成为世界上水土流失最严重的国家之一。还由于我国环境条件达不到发达国家的标准，国产食品、机电、皮革、陶瓷、烟草、玩具、纺织等产品贸易出口受限，直接影响到经济发展。

——摘自高宏等：《刍议我国环境现状及治理对策》，《农民致富之友》2021年第30期。

(1) 结合上述材料，说明历史唯物主义关于自然环境是社会存在和发展的必要条件的原理。

(2) 结合上述材料，说明历史唯物主义关于人口是社会存在和发展的必要条件的原理。

(3) 综合上述材料，说明我国在现代化建设中必须实施什么样的战略。

3. 阅读下列材料并回答问题：

材料一 🖋 无论哪一个社会形态，在它所能容纳的全部生产力发挥出来以前，是决不会灭亡的；而新的更高的生产关系，在它的物质存在条件在旧社会的胎胞里成熟以前，是决不会出现的。

——摘自《马克思恩格斯选集》第2卷。

材料二 🖋 中国一切政党的政策及其实践在中国人民中所表现的作用的好坏、大小，归根到底，看它对于中国人民的生产力的发展是否有帮助及其帮助之大小，看它是束缚生产力的，还是解放生产力的。

——摘自《毛泽东选集》第3卷。

材料三 🖋 实现"两个一百年"奋斗目标、实现中华民族伟大复兴的中国梦，不断提高人民生活水平，必须坚定不移把发展作为党执政兴国的第一要务，坚持解放和发展社会生产力，坚持社会主义市场经济改革方向，推动经济持续健康发展。

——摘自习近平：《决胜全面建成小康社会　夺取新时代中国特色社会主义伟大胜利——在中国共产党第十九次全国代表大会上的报告》。

(1) 用社会基本矛盾原理分析说明一个社会形态在什么条件下决不会灭亡，而新的更高的生产关系在什么条件下是决不会出现的？

(2) 用唯物史观分析说明，判断政党政策及其实践好坏的标准。

4. 阅读下列马克思主义经典作家的论述，回答历史唯物主义有关原理：

材料一 劳动资料的使用和创造，虽然就其萌芽状态来说已为某几种动物所固有，但是这毕竟是人类劳动过程独有的特征，所以富兰克林给人下的定义是 a tool making animal，即制造工具的动物。动物遗骸的结构对于认识已经绝迹的动物的机体有重要的意义，劳动资料的遗骸对于判断已经消亡的社会经济形态也有同样重要的意义。各种经济时代的区别，不在于生产什么，而在于怎样生产，用什么劳动资料生产。劳动资料不仅是人类劳动力发展的测量器，而且是劳动借以进行的社会关系的指示器。

——摘自马克思：《资本论》。

材料二 新的社会思想和理论，只有当社会物质生活发展已在社会面前提出新的任务时，才会产生出来。可是，它们既已产生出来，便会成为最严重的力量，能促进解决社会物质生活发展过程所提出的新任务，能促进社会前进。在这里也就表现出新的思想、新的理论、新的政治观点和新政治制度所具有的那种伟大的组织的、动员的和改造的意义。新的社会思想和理论所以产生出来，正是因为它们为社会所必需，因为若没有它们那种组织的、动员的和改造的工作，便无法解决社会物质生活发展过程中已经成熟的任务。新的社会思想和理论既已在社会物质生活发展过程所提出的那些新任务基础上产生出来，便能扫除障碍，深入民众意识，动员民众、组织民众去反对社会上衰颓着的势力，因而推动着推翻社会上正在衰颓而阻碍社会物质生活发展的势力。于是，社会思想、理论和政治制度既已在社会物质生活发展过程、社会存在发展过程中已经成熟的那些任务基础上产生出来，便能反转来影响到社会存在，影响到社会物质生活，造成必要条件来彻底解决社会物质生活中业已成熟的任务，并使这社会物质生活可能向前发展。

——摘自斯大林：《辩证唯物主义和历史唯物主义》。

(1) 根据材料，说明生产关系与生产力、上层建筑与经济基础的矛盾。

(2) 根据材料二，说明社会意识对社会存在的能动的反作用。

5. 阅读下列材料并回答问题：

材料一 中国特色社会主义制度是党和人民在长期实践探索中形成的科学制度体系。《中共中央关于坚持和完善中国特色社会主义制度　推进国家治理体系和治理能力现代化若干重大问题的决定》(以下简称《决定》)凝练概括我国国家制度和国家治理体系 13 个方面的显著优势,站位很高、意义重大,充分彰显了中国特色社会主义制度自信。我国国家制度和国家治理体系 13 个方面的显著优势,是有机统一的整体,是我们党领导人民创造经济快速发展奇迹和社会长期稳定奇迹的根本保障所在,是"中国之治"的制度"密码"所在,是我们坚定"四个自信"的基本依据,需要深刻把握其深厚意蕴。《决定》强调,中国共产党领导是中国特色社会主义最本质的特征,是中国特色社会主义制度的最大优势,党是最高政治领导力量。因此,在我国国家制度和国家治理体系 13 个方面的显著优势中,第一条显著优势即"坚持党的集中统一领导,坚持党的科学理论,保持政治稳定,确保国家始终沿着社会主义方向前进的显著优势"。《决定》系统描绘了中国特色社会主义制度的"图谱",其中党的领导制度是国家的根本领导制度,统领和贯穿其他方面制度。我国国家制度和国家治理体系其他方面的显著优势,都是在我们党领导下形成的:我们党领导和支持人民当家作主,发展人民民主,密切联系群众,紧紧依靠人民推动国家发展;我们党始终在宪法法律范围内活动,坚持全面依法治国,建设社会主义法治国家,切实保障社会公平正义和人民权利;我们党坚持全国一盘棋,调动各方面积极性,集中力量办大事;我们党坚持各民族一律平等,铸牢中华民族共同体意识,实现共同团结奋斗、共同繁荣发展。我国国家制度和国家治理体系各方面的显著优势,是我们党充分发掘人民群众的智慧,充分吸纳人类一切优秀文明成果,不断推进理论创新、实践创新、制度创新的结晶。因此,充分发挥我国国家制度和国家治理体系的显著优势,就要始终坚持党的集中统一领导。

——摘自《人民日报》(2019 年 11 月 14 日)。

材料二 中国特色社会主义进入新时代,我们党一定要有新气象新作为。打铁必须自身硬。党要团结带领人民进行伟大斗争、推进伟大事业、实现伟大梦想,必须毫不动摇坚持和完善党的领导,毫不动摇把党建设得更加坚强有力。

全面从严治党永远在路上。一个政党,一个政权,其前途命运取决于人心向背。人民群众反对什么、痛恨什么,我们就要坚决防范和纠正什么。全党要清醒认识到,我们党面临的执政环境是复杂的,影响党的先进性、弱化党的纯洁性的因素也是复杂的,党内存在的思想不纯、组织不纯、作风不纯等突出问题尚未得到根本解决。要深刻认识党面临的执政考验、改革开放考验、市场经济考验、外部环境考验的长期性和复杂性,深刻认识党面临的精神懈怠危险、能力不足危险、脱离群众危险、消极腐败危险的尖锐性和严峻性,坚持问题导向,保持战略定力,推动全面从严治党向纵深发展。

新时代党的建设总要求是:坚持和加强党的全面领导,坚持党要管党、全面从严治党,以加强党的长期执政能力建设、先进性和纯洁性建设为主线,以党的政治建设为统领,以坚定理想信念宗旨为根基,以调动全党积极性、主动性、创造性为着力点,全面推进党的政治建设、思想建设、组织建设、作风建设、纪律建设,把制度建设贯穿其中,深入推进反腐败斗争,不断提高党的建设质量,把党建设成为始终走在时代前列、人民衷心拥护、勇于自我革命、经得起各种风浪考验、朝气蓬勃的马克思主义执政党。

——摘自习近平:《决胜全面建成小康社会 夺取新时代中国特色社会主义伟大胜利——
在中国共产党第十九次全国代表大会上的报告》。

(1) 从社会存在和社会意识辩证关系的角度，谈谈你对"中国特色社会主义制度是党和人民在长期实践探索中形成的科学制度体系"的认识。

(2) 为什么说"人民群众反对什么、痛恨什么，我们就要坚决防范和纠正什么"？

第三章第一节 习题参考答案

第二节　社会历史发展的动力

一、单项选择题

1. 唯物史观认为，社会发展的最终决定力量是（　　）。

　　A. 社会革命　　　　B. 社会改革　　　　C. 阶级斗争　　　　D. 生产力

2. 推动社会发展的根本动力是（　　）。

　　A. 社会革命　　　　　　B. 科学技术

　　C. 社会基本矛盾　　　　D. 社会主要矛盾

3. 列宁指出，社会进步的最高标准是（　　）。

　　A. 生产力的发展　　　　B. 生产资料公有制

　　C. 先进的文化　　　　　D. 高尚的道德

4. 社会基本矛盾是社会发展的（　　）。

　　A. 根本动力　　　　B. 直接动力　　　　C. 一般动力　　　　D. 巨大动力

5. 社会进步的内在根据在于（　　）。

　　A. 社会基本矛盾运动　　　B. 社会改革

　　C. 阶级斗争　　　　　　　D. 社会革命

6. 人类社会历史发展的决定力量是（　　）。

　　A. 生产方式　　　　B. 地理条件　　　　C. 社会意识　　　　D. 人口因素

7. 社会主义社会的基本矛盾是（　　）。

　　A. 生产力和生产关系、经济基础和上层建筑之间的矛盾

　　B. 走社会主义道路和走资本主义道路之间的矛盾

　　C. 人民日益增长的美好生活需要和不平衡不充分的发展之间的矛盾

　　D. 计划经济体制和市场经济体制之间的矛盾

8. 生产关系变革的根源是（　　）。

　　A. 先进思想理论的形成　　　　B. 新的生产关系已经出现

　　C. 生产力发展的客观要求　　　D. 人们进行自觉的革命行动

9. 我国进行经济体制改革的理论依据与指导是（　　）。

　　A. 社会存在决定社会意识的规律　　B. 生产关系必须适合生产力状况的规律

　　C. 经济基础决定上层建筑的原理　　D. 人民群众是社会历史创造者的原理

10. 关于历史发展的动力，下列选项中表述错误的是（　　）。

　　A. 社会基本矛盾是社会发展的根本动力

　　B. 阶级斗争是社会发展的直接动力

　　C. 人民群众是历史的创造者

　　D. 革命是历史的火车头

11. 阶级首先是一个（　　）。

　　A. 经济范畴　　　B. 政治范畴　　　　C. 法律范畴　　　　D. 思想范畴

12. 从起源上看，阶级是（　　）。

　　A. 生产发展到一定阶段的产物　　　B. 社会矛盾发展到一定阶段的产物

　　C. 分配关系极端不平等的产物　　　D. 政治暴力和军事征服的产物

13. 阶级的实质是（　　）。

　　A. 不同的社会地位和分工　　　　B. 一部分人对另一部分人的专政

　　C. 一个集团占有另一个集团的生产资料　　D. 一个集团占有另一个集团的劳动

14. 阶级（　　）。

　　A. 既是一个思想范畴，又是一个哲学范畴

　　B. 既是一个思想范畴，又是一个历史范畴

　　C. 既是一个政治范畴，又是一个经济范畴

　　D. 既是一个经济范畴，又是一个历史范畴

15. 在阶级社会中，占统治地位的思想就是（　　）。

　　A. 社会大多数人的思想　　　　B. 被压迫阶级的思想

　　C. 统治阶级的思想　　　　　　D. 劳动群众的思想

16. 在阶级社会中，占统治地位的思想文化，本质上是（　　）。

　　A. 社会生活的方面　　　　　　B. 非上层建筑的意识形式

　　C. 占统治地位的阶级意识形式　D. 具有鲜明阶级性的政治上层建筑

17. 阶级社会发展的直接动力是（　　）。

　　A. 人民群众　　　　　　　　　B. 社会基本矛盾

　　C. 政党　　　　　　　　　　　D. 阶级斗争

18. 马克思主义认为，阶级斗争是（　　）。

　　A. 一切社会发展的动力　　　　B. 阶级社会发展的根本动力

　　C. 阶级社会发展的直接动力　　D. 生产力与生产关系矛盾的根源

19. 马克思主义认为，阶级斗争的根源是（　　）。

　　A. 不同阶级在政治态度上的根本对立　　B. 不同阶级在意识形态上的根本对立

C. 不同阶级在经济利益上的根本对立　　　D. 不同阶级在职业分工上的根本对立

20.唯物史观认为，（　　）是阶级社会发展的直接动力。

A. 生产方式　　　　B. 阶级斗争　　　　C. 社会革命　　　　D. 社会改革

21.阶级斗争推动社会发展的作用，突出地表现在（　　）。

A. 社会形态更替的质变中　　　　　　　B. 同一社会形态阶段性部分质变中

C. 同一社会形态局部性部分质变中　　　D. 同一社会形态的量变过程中

22.在社会主义社会中，阶级分析方法是（　　）。

A. 分析一切社会现象的基本方法

B. 分析思想意识形态领域中各种现象的基本方法

C. 分析一切经济现象的基本方法

D. 分析一切带有阶级矛盾和阶级斗争性质的社会现象的基本方法

23.社会革命的实质是（　　）。

A. 革命阶级推翻反动阶级的统治，用新的社会制度代替旧的社会制度

B. 被统治阶级变为统治阶级

C. 消灭国家

D. 消灭剥削

24.严格意义上的社会革命是指（　　）。

A. 科学革命和技术革命

B. 文化革命和思想革命

C. 革命阶级向反动统治阶级夺取国家政权的斗争

D. 统治阶级内部进步势力反对保守势力的斗争

25.社会革命根源于（　　）。

A. 人口太多　　　　　　　　　　　　　B. 少数英雄人物组织暴动

C. 先进思想和革命理论的传播　　　　　D. 社会基本矛盾的尖锐化

26."革命是历史的火车头。"这句名言的含义是（　　）。

A. 社会革命和社会改良是绝对对立的

B. 每次革命都会创造奇迹，要不间断地"革命"

C. 社会革命是推动社会发展的决定性环节

D. 社会革命是对旧世界的彻底否定

27."革命是解放生产力，改革也是解放生产力。"这一论断表明社会改革与社会革命（　　）。

A. 都不改变社会制度的根本性质　　　　B. 都不需要采取暴力冲突的形式

C. 都以夺取国家政权为目的　　　　　　D. 都要解决社会基本矛盾

28.下列有关社会革命的观点错误的是（　　）。

A. 社会革命是阶级斗争的最高形式

B. 社会革命的实质是用新的社会制度代替旧的社会制度

C. 社会革命的根本问题是国家政权问题

D. 社会革命是对社会生活某一领域的革命性变革

29.改革在历史上具有普遍性,它是( )。

    A. 社会制度更替的一种形式   B. 统治阶级向被统治阶级妥协

    C. 对社会体制进行改善和革新   D. 革命阶级推翻反动阶级统治的斗争

30.社会主义改革的根本目的在于( )。

    A. 改变社会主义制度   B. 完善社会主义制度

    C. 解放和发展生产力   D. 实现社会公平

31.我国的改革是社会主义制度的自我完善,从根本上说,这是由( )。

    A. 我国社会主义社会基本矛盾的性质和特点决定的

    B. 和平与发展是时代主题的国际环境决定的

    C. 党的正确的路线、方针、政策决定的

    D. 我国的基本国情决定的

32.改革和社会革命都根源于( )之间的矛盾。

    A. 生产力和生产关系   B. 统治阶级和被统治阶级

    C. 剥削阶级和被剥削阶级   D. 统治阶级内部各政治派别

33.我国当前进行的改革是( )。

    A. 对社会根本经济制度的变革   B. 对社会根本政治制度的变革

    C. 对思想观念的根本变革   D. 社会主义制度的自我完善

34.恩格斯说:"在马克思看来,科学是一种在历史上起推动作用的、革命的力量。"又说,马克思"把科学首先看成是历史的有力的杠杆,看成是最高意义上的革命力量"。这说明马克思主义认为,科学技术革命是( )。

    A. 社会发展的根本动力   B. 一切历史冲突的根源

    C. 社会动力体系中的一种重要动力 D. 阶级社会发展的直接动力

35.现代科学技术革命使生产力的构成要素发生了质的变革,使人们的劳动形式产生了质的提升,使经济结构,特别是产业结构发生了重大调整。这表明( )。

    A. 现代科技革命作用的双重性

    B. 现代科技革命推动生产方式的变革

    C. 现代科技革命推动生活方式的变革

    D. 现代科技革命推动思维方式的变革

36.马克思说:"蒸汽、电力和自动纺织机甚至是比巴尔贝斯、拉斯拜尔和布朗基诸位公民更危险万分的革命家。"这一论断的含义是( )。

    A. 科技革命是对统治阶级的极大威胁

    B. 科技革命对变革社会制度具有直接、决定作用

    C. 滥用科技革命的成果会对人类造成危险

    D. 科技革命导致社会政治革命

37.20 世纪 50 年代,北大荒人烟稀少,一片荒凉。由于人口剧增,生产力水平低下,吃饭问题成为中国面临的首要问题,于是人们不得不靠扩大耕地面积增加粮食产量,经过半个世纪的开垦,北大荒成了全国闻名的"北大仓"。然而由于过度开垦已经造成了许多生态问题。现在,黑龙江垦区全面停止开荒,退耕还"荒"。这说

明（　　）。

A. 人与自然和谐最终以恢复原始生态为归宿

B. 人们改造自然的一切行为都会遭到"自然界的报复"

C. 人在自然界面前总是处于被支配的地位

D. 人们应合理地利用自然资源，实现人与自然的和谐相处

38. 越来越多的人进行网络购物，这主要体现的是科技革命影响人们的（　　）。

A. 生产方式　　　　　　　　B. 生活方式

C. 劳动方式　　　　　　　　D. 思维方式

二、多项选择题

1. 唯物史观认为，推动社会历史发展的动力包括（　　）。

A. 社会基本矛盾　　　　　　B. 社会革命和社会改革

C. 科学技术　　　　　　　　D. 先进文化

2. 下列关于社会主义矛盾的说法，正确的有（　　）。

A. 社会主要矛盾是其他一切社会矛盾的根源

B. 社会基本矛盾规定和制约着社会主要矛盾的存在和发展

C. 社会主要矛盾是社会基本矛盾的具体体现

D. 社会主要矛盾不是一成不变的，它在一定的条件下会发生转化

3. 下列命题中正确的有（　　）。

A. 社会基本矛盾是社会发展的根本动力

B. 社会基本矛盾的运动从生产力开始

C. 社会基本矛盾是社会发展的唯一动力

D. 社会基本矛盾贯穿于每一社会形态发展过程的始终

4. 阶级（　　）。

A. 本质上是一个经济范畴

B. 是一个历史范畴

C. 是生产力有一定发展而又发展不足的产物

D. 是一个永恒的社会历史现象

5. 在阶级社会，社会基本矛盾往往会通过（　　）形式表现出来和解决。

A. 阶级合作　　　　　　　　B. 阶级斗争

C. 社会革命　　　　　　　　D. 改革

6. （　　）属于阶级斗争。

A. 剥削阶级和被剥削阶级之间的斗争

B. 剥削阶级内部不同阶层之间的斗争

C. 进步阶级和反动阶级之间的斗争

D. 封建社会农民和手工业者之间的斗争

7. "阶级的存在仅仅同生产发展的一定历史阶段相联系。"由此可见（　　）。

A. 阶级是一个历史范畴

B. 有人类生产就有阶级

C. 阶级是生产有所发展而又发展不足的产物

D. 阶级首先是一个政治实体

8. 社会主义社会中的阶级斗争（　　）。

A. 是社会主义社会的主要矛盾　　　　　　B. 是一个客观存在

C. 不能缩小也不能夸大　　　　　　　　　D. 在某种条件下还有可能激化

9. 马克思主义的阶级分析方法要求（　　）。

A. 运用阶级和阶级斗争观点去分析一切社会现象

B. 全面分析阶级状况

C. 具体区分阶级、等级和阶层

D. 认清阶级关系的历史性和变动性

10. 关于马克思主义的阶级分析方法，以下说法正确的有（　　）。

A. 要时刻善于运用马克思主义的阶级分析方法来看待一切社会问题

B. 要全面、动态地分析阶级状况，分析各阶级的经济地位、政治立场和意识形态

C. 要准确把握各阶级之间的关系和阶级力量的对比及其变化，把握社会运动和社会生活的脉搏

D. 是马克思主义政党制定正确路线、方针、政策和策略的重要依据

11. 社会革命是（　　）。

A. 解决社会基本矛盾的主要方式之一　　　B. 推动社会形态更替的重要动力

C. 阶级社会发展的决定性环节　　　　　　D. 解放生产力的唯一形式

12. 马克思说："革命是历史的火车头。"这一观点说明社会革命（　　）。

A. 是实现阶级社会社会形态变更的决定性环节

B. 使人民群众创造历史的积极性和主动性得到充分发挥

C. 能改造和教育群众和革命阶级本身

D. 能解放生产力，促进生产力的发展

13. 社会革命的实质是（　　）。

A. 国家政权在各阶级之间的相互转移

B. 国家政权在统治阶级内部各集团之间的相互转移

C. 革命阶级推翻反动阶级的统治

D. 用先进的社会制度代替腐朽的社会制度

14. "如果资本主义的灭亡是由科学保证了的，为什么还要费那么大的力气去为它安排葬礼呢？"这种观点的错误在于（　　）。

A. 抹杀社会规律实现的特点　　　　B. 否认革命在社会质变中的作用

C. 否认历史观上的决定论原则　　　D. 否定科学是推动历史前进的革命力量

15. 下列各项属于社会革命类型的有（　　）。

A. 新兴地主阶级推翻没落奴隶主阶级的革命

B. 新兴资产阶级推翻没落封建主阶级的革命

C. 中国封建社会的改朝换代

D. 无产阶级推翻资产阶级统治的革命

16. 社会主义社会的改革是一种（　　）。

A. 统一社会形态中的调整和变革

B. 用新的社会形态取代旧的社会形态

C. 用新体制取代旧体制，是制度创新

D. 解决社会主义社会基本矛盾的根本手段

17. 关于我国改革，以下说法正确的有（　　）。

A. 改革是社会主义制度的自我完善、自我发展

B. 改革的目的是解放生产力，发展生产力，促进社会全面进步

C. 改革的直接对象是束缚经济社会发展的旧体制和旧观念等

D. 改革开放是解决当代中国命运的关键选择

18. 我国社会主义改革是（　　）。

A. 社会主义制度的自我完善　　　　B. 调解社会基本矛盾的必要举措

C. 改变所有制性质　　　　　　　　D. 解放和发展社会生产力

19. 革命和改革都是（　　）。

A. 社会发展的重要动力　　　　　　B. 解决社会基本矛盾的主要方式

C. 为了解放和发展生产力　　　　　D. 社会形态的质变

20. 科学技术在高度发展的同时，也带来了全球性问题，这一观点表明（　　）。

A. 全球性问题是科学技术的直接结果

B. 全球性问题不是科学技术的直接结果

C. 科学技术的进步是主要的

D. 科学技术是当代人的"非人化"的根源

21. 科学技术的本质特征是（　　）。

A. 它是推动社会历史发展的根本动力

B. 它始终以客观事实和规律为依据，以实践为准绳

C. 它始终以继承为基础，以创新为灵魂

D. 它是一项特殊的社会事业，具有特殊的社会建制

22. 科学技术的社会功能主要有（　　）。

A. 认识功能　　　　　　　　　　　B. 生产功能

C. 经济和政治功能　　　　　　　　D. 文化教育功能

23. 现代科技革命推动生产方式的变革，主要表现在现代科技革命（　　）。

A. 使生产力的要素发生了质的变革

B. 导致了生产结构的重大调整

C. 推动了生产关系的调整

D. 使认识活动出现数学化、模型化、形式化的趋势

24. 每一次科技革命，都对生产方式产生了深刻影响，具体表现在，它改变了（　　）。

A. 社会生产力的构成要素　　　　　B. 人们的劳动形式

C. 社会经济结构　　　　　　　　　D. 社会生活方式

25.科学技术对生产方式的深刻影响表现在（　　）。

A.改变了社会生产力的构成要素　　　　B.改变了人们的劳动形式

C.促进了劳动力结构的智能化发展　　　D.改变了社会经济结构

26."全球问题"即危及地球生命和人类社会的问题，它属于（　　）。

A.自然问题　　　　B.科技问题　　　　C.社会问题　　　　D.人自身的问题

27.解决"全球问题"应该（　　）。

A.坚持技术决定论　　　　　　　　B.改善人类的活动方式

C.变革和完善社会制度和社会体制　　D.确立整体观念和全球意识

28.现代科学技术的发展和广泛应用，既带来了经济增长，又带来了资源枯竭、环境污染、生态失衡等"全球问题"。这些现象和事实说明（　　）。

A.科技发展在推动经济增长的过程中伴随着负面作用

B.产生上述问题的根本原因就是科技的广泛应用

C.事物发展过程中的矛盾是普遍存在的

D.必须进行社会改革，实施可持续发展战略

三、简答题

1.简述社会基本矛盾是社会发展的根本动力。

2.简述阶级斗争是阶级社会发展的直接动力。

3.简述革命是历史前进的"火车头"。

4.简述改革在社会发展中的作用。

5.简述科学技术在社会发展中的作用。

6.简述科技革命对生产方式的影响。

四、论述题

1.如何理解"一切历史冲突都根源于生产力和交往形式之间的矛盾"？

2.运用社会基本矛盾运动的原理分析深化改革的客观依据与重要意义。

3.社会主要矛盾及其转化的原理，对于指导中国特色社会主义实践具有重要意义。

4.马克思认为："火药、指南针、印刷术——这是预告资产阶级社会到来的三大发明。火药把骑士阶层炸得粉碎，指南针打开了世界市场并建立了殖民地，而印刷术则变成新教的工具，总的来说变成科学复兴的手段，变成对精神发展创造必要前提的最强大的杠杆。"这段话蕴含了哪些唯物史观原理？这段话反映的历史事实，对我们实现中华民族伟大复兴有哪些启示和思考？

5.请结合我国科学技术的重大成就，如高铁、大飞机以及"天宫""蛟龙""天眼""悟空""墨子"等，谈谈对科学技术在社会发展中的作用的认识。

五、材料分析题

1. 用历史唯物主义相关原理分析下列材料：

材料一 爱因斯坦曾指出，科学是一种强有力的工具，怎样用它？究竟是给人带来幸福还是带来灾难，全取决于人自己，而不取决于工具。刀子在人类生活上是有用的，但它也能用来杀人。

材料二 科学悲观主义认为，目前世界上存在的全球性问题，如环境污染、失业、战争、民族文化的衰退、精神堕落、贪图享受等，都是科学的罪过，要解决目前存在的问题，就应该恢复到不要科学的古代社会甚至原始社会状态中去。

材料三 科学乐观主义则认为，科学技术可以解决一切社会问题，随着科学技术的不断发展，科学技术会提供解决一切社会问题的手段，人类可以依靠自然科学去解决资本主义的各种矛盾。

——以上材料均由笔者根据相关资料整理改编。

(1) 材料一与材料二、材料三相比，有什么本质的区别？

(2) 比较材料一、材料二、材料三，请回答马克思列宁主义是如何看待科学技术的？

2. 阅读下列材料并回答问题：

材料一 社会主义社会中的阶级斗争是一个客观存在，不应该缩小，也不应该夸大。实践证明，无论缩小或者夸大，两者都要犯严重的错误。

——摘自《邓小平文选》第二卷。

材料二 无产阶级中有一部分人醉心于教条的实验，醉心于成立交换银行和工人团体，换句话说，醉心于这样一些形式的运动，即放弃利用旧世界本身内的一切强大手段来变革旧世界的思想，却企图躲在社会背后，用私人的办法，在自身生存的有限条件的范围内实现自身的解放，因此必然是要失败的。

——摘自马克思：《路易·波拿巴的雾月十八日》。

(1) 根据材料说明阶级斗争在社会历史发展中的作用。

(2) 我们应该怎样正确看待阶级斗争？

3. 结合材料回答问题：

材料一 正像达尔文发现有机界的发展规律一样，马克思发现了人类历史的发展规律，即历来为繁芜丛杂的意识形态所掩盖着的一个简单事实：人们首先必须吃、喝、住、穿，然后才能从事政治、科学、艺术、宗教等等；所以，直接的物质的生活资料的生产，从而一个民族或一个时代的一定的经济发展阶段，便构成基础，人们的国家设施、法的观点、艺术以至宗教观念，就是从这个基础上发展起来的，因而，也必须由这个基础来解释，而不是像过去那样做得相反。

——摘自恩格斯：《在马克思墓前的讲话》。

材料二 人类的物质文化在过去 200 年中发生的变化远甚于前 5000 年。18 世纪时，人类的生活方式实质上与古代的埃及人和美索不达米亚人的生活方式相同。人类仍在用同样的材料建造房屋，用同样的牲畜驮运自己和行李，用同样的帆和桨推动船，用同样的纺织品制作衣服，用同样的蜡烛和火炬照明。然而今天，金属和塑料补充了石块和木头，铁路、汽车和飞机取代了牛、马和驴，蒸汽机、内燃机和原子动力代替风和人力来推动船，大量合成纤维织物与传统的棉布、毛织品和亚麻织物竞争，电使蜡烛黯然失色，并已成为只要按一下开关，便可做大量功的动力之源。这一划时代的变化的起因一方面见于前章提到的科学革命，一方面见于所谓的工业革命。

——摘自 L. S. 斯塔夫里阿诺斯：《全球通史：从史前史到 21 世纪》。

材料三 取快递、购物、考勤打卡、智能门禁……时下，人脸识别技术应用越来越普遍，个人隐私如何安放也成了备受关注的话题。近日，因不愿意使用人脸识别技术，游客郭某将某野生动物园告上法庭，理由是园方强制收集用户脸部数据，侵犯了消费者的合法权益。该案被称为"中国人脸识别第一案"，也让人脸识别技术再次引发关注。人脸识别系统，用起来看似很方便，但方便背后也有风险。人脸信息涉及个人的生物信息安全，如果这种信息被复制、被转让、被利用，那么后果不堪设想。所以，人脸信息谁能收集，收集之后怎么用，保存期限是多少，泄露风险如何防范，责任怎么承担，迫切需要一套法律体系来规范和约束。不能是谁想收集就收集，也不能仅仅因为收集者图一时方便，就让被收集人面临风险。如果存在可替代方案，是否需要刷脸，刷脸人要有知情权，要有选择权。同时，刷脸成功之后，合同期届满，刷脸人，有要求删除信息的权利。每一个人只有一张脸，公民有保护隐私的需求和权利。很多时候，要求"记住我"是人的权利，要求"忘记我"也是人的权利。所有的技术，本质上是要让人们的生活更便利、更安全。更安全比更便利更重要。只有得到制度的严密保护，在安全前提下的"刷脸"，才是真正的科技便利和科技实惠。

——摘自央广网（2019 年 11 月 6 日）和央视网（2019 年 11 月 10 日）。

(1) 如何理解"人们的国家设施、法的观点、艺术以至宗教观念"必须要由"一个民族或一个时代的一定的经济发展阶段"这个基础来解释？

(2) 结合材料二、材料三谈谈如何正确把握科学技术的社会作用，从而让科学技术更好地造福于人类。

第三章第二节 习题参考答案

第三节　人民群众在历史发展中的作用

一、单项选择题

1. 唯物史观和唯心史观的对立，在历史创造者问题上表现为（　　）的对立。

   A. 神学史观和人本史观　　　　　　B. 群众史观与英雄史观

   C. 反映论和先验论　　　　　　　　D. 辩证法和形而上学

2. 唯物史观和唯心史观在历史创造者问题上的根本对立，在于是否承认（　　）。

   A. 个人在历史发展中的作用

   B. 思想动机在社会发展中的作用

   C. 人民群众是推动历史发展的决定力量

   D. 剥削阶级代表人物在历史发展中的作用

3. 究竟谁是历史的创造者？是人民群众创造历史还是英雄创造历史？这是唯物史观和唯心史观的分水岭。唯心史观从社会意识决定社会存在的基本前提出发，否认物质资料生产方式是社会发展的决定力量，抹杀人民群众的历史作用，宣扬少数英雄人物创造历史，因而这样的观点被称为英雄史观。英雄史观产生的认识根源是（　　）。

   A. 社会意识决定社会存在

   B. 停留于历史现象的表面，把少数英雄人物的作用加以夸大并绝对化

   C. 社会生产力水平较低，社会的政治统治和精神生活被少数人所垄断

   D. 剥削阶级的偏见

4. 英雄创造历史的观点的前提是（　　）。

   A. 社会意识决定社会存在　　　　　B. 社会意识有能动的反作用

   C. 社会运动是受偶然性支配的　　　D. 人是社会运动的主体

5. 在现实性上，人的本质是（　　）。

   A. 人的经济利益　　　　　　　　　B. 人的价值追求

   C. 一切社会关系的总和　　　　　　D. 人的政治立场

6. 马克思主义揭示人的本质的出发点是（　　）。

   A. 人的自身需要　　　　　　　　　B. 人类的共同利益

   C. 人的自然属性　　　　　　　　　D. 人的社会关系

7. "历史不过是追求着自己目的的人的活动而已。"这句话表明（　　）。

   A. 人是研究社会历史的出发点

   B. 人们自己创造自己的历史

   C. 历史发展的方向是由人自己决定的

   D. 人的自我保存和发展是历史的原动力

8. 任何英雄人物的行为都不能超出他们所处历史条件所许可的范围。这种看法是（　　）。

　　A. 宿命论观点　　　　　　　　　B. 机械论观点

　　C. 历史循环论观点　　　　　　　D. 历史唯物主义的观点

9. 人民群众既是历史的"剧中人"，又是历史的"剧作者"，这是（　　）。

　　A. 唯心主义的观点　　　　　　　B. 折中主义的观点

　　C. 历史唯物主义的观点　　　　　D. 历史循环论的观点

10. 恩格斯认为，人来源于动物界决定了人们永远不能完全摆脱动物性，问题只在于摆脱得多些或少些。这一思想主要说明（　　）。

　　A. 自然属性是人的本质属性

　　B. 人的自然属性是社会属性得以存在的前提

　　C. 人是单个人所固有的抽象物

　　D. 人的存在先于本质

11. 马克思说，搬运夫和哲学家的鸿沟是由分工造成的，这一思想说明（　　）。

　　A. 人的自然属性决定社会属性

　　B. 人的自然属性只是动物的机能

　　C. 人的社会属性实质上属于精神属性

　　D. 人的社会属性是在人的后天实践和交往中形成并不断发展的

12. 马克思说："黑人就是黑人，只有在一定的关系下，他才成为奴隶。"这就是说（　　）。

　　A. 黑人就是奴隶

　　B. 在阶级社会，黑人是被剥削者

　　C. 社会关系决定了黑人的社会地位

　　D. 黑人的本质是从每一个黑人中概括的共性

13. 历史唯物主义充分肯定人民群众在社会历史发展中的地位和作用。它强调人民群众是社会历史发展的（　　）。

　　A. 创造者　　　　B. 参与者　　　　C. 旁观者　　　　D. 追随者

14. 人民群众的主体是（　　）。

　　A. 每个时代的进步阶级　　　　　　　B. 体力劳动者

　　C. 包括体力劳动者和脑力劳动者的劳动群众　　　D. 被剥削阶级

15. 人民群众之所以是历史的创造者，其根本原因在于（　　）。

　　A. 人民群众是人口的大多数　　　B. 人民群众是社会生产力的体现者

　　C. 人民群众具有先进思想　　　　D. 人民群众通晓历史发展的规律

16. 社会精神财富的源泉就是（　　）。

　　A. 客观的物质世界　　　　　　　B. 脑力劳动者的集体智慧

　　C. 思想家们的创造性思维　　　　D. 人民群众的社会实践

17. 制约人民群众创造历史活动的决定性条件就是（　　）。

　　A. 生产力与生产关系的状况　　　B. 人们头脑中的传统观念

　　C. 科学文化水平　　　　　　　　D. 人们的生活水平

18.人民群众创造历史的活动要受到一定社会历史条件的制约，这就是说人民群众
（　　）。

    A. 不是社会历史的主体　　　　　B. 不能推动社会形态的更替

    C. 不是社会革命的主力　　　　　D. 不能随心所欲地创造历史

19.在社会主义条件下人民群众创造历史（　　）。

    A. 是完全自觉的　　　　　　　　B. 仍然是自发的

    C. 不受社会历史条件的制约　　　D. 仍然受到社会历史条件的制约

20.有关历史的参与者和创造者的关系，下列观点错误的是（　　）。

    A. 人人都是历史的参与者和创造者

    B. 历史的创造者必然是历史的参与者

    C. 历史的参与者不一定是历史的创造者

    D. 对历史的参与者和创造者及其作用要具体分析

21."一切为了群众，一切依靠群众，从群众中来，到群众中去"是我们党的（　　）。

    A. 群众观点　　　　B. 群众路线　　　　C. 认识路线　　　　D. 群众史观

22.唯物史观关于人民群众是历史创造者的原理，要求我们坚持马克思主义群众观点，
贯彻党的群众路线。群众路线的实质在于（　　）。

    A. 坚持人民群众自己解放自己

    B. 坚持一切向人民群众负责

    C. 坚持虚心向人民群众学习

    D. 充分相信群众，坚决依靠群众，密切联系群众，全心全意为人民群众服务

23.坚持以人民为中心，就必须坚持人民主体地位，坚持立党为公、执政为民，践行全
心全意为人民服务的根本宗旨，把党的群众路线贯彻到治国理政全部活动中，把人
民对美好生活的向往作为奋斗的目标。"坚持以人民为中心"的理论基础是唯物史观
关于（　　）。

    A. 人的本质是一切社会关系的总和的原理

    B. 人民群众是历史的创造者的原理

    C. 人民群众的活动受到社会历史条件制约的原理

    D. 总体的人在总体的历史过程中的主体地位的原理

24.以人为本的理论基础是（　　）。

    A. 唯物史观　　　　B. 民本论　　　　C. 人本主义　　　　D. 民生主义

25.坚持无产阶级政党的群众观点，就要坚信（　　）。

    A. 群众有自发的社会主义觉悟　　　B. 群众有高度的改革开放自觉性

    C. 群众运动具有天然合理性　　　　D. 人民群众自己解放自己

26.下列有关群众观点和群众路线的观点错误的是（　　）。

    A. 两者都是人民群众是历史创造者原理的体现和应用

    B. 群众观点是群众路线在实际工作中的贯彻运用

    C. 坚持党的群众观点和群众路线是保持党的先进性的必然要求

    D. 群众路线是党的生命线和根本工作路线

27.时势造英雄，时代呼唤英雄，时代锻炼英雄。这种情况主要表明（   ）。

    A.英雄人物决定历史发展的趋势   B.英雄人物的出现具有偶然性

    C.英雄人物的出现具有必然性   D.英雄人物是无产阶级的领袖

28.杰出人物的产生（   ）。

    A.纯粹是必然的   B.纯粹是偶然的

    C.是必然与偶然的统一   D.有些人是必然的，有些人是偶然的

29.历史人物在历史上的作用表现为（   ）。

    A.加速或延缓历史的发展   B.改变历史发展的规律

    C.决定历史时代的根本特点   D.改变历史发展的方向

30.个人在历史上的作用存在差别，有的人作用大些，有的人作用小些的看法是（   ）。

    A.历史唯物主义观点   B.历史唯心主义观点

    C.个人主义观点   D.唯意志主义观点

31.下列有关历史人物的观点错误的是（   ）。

    A.历史人物的作用受社会历史条件的制约

    B.历史人物的作用受人民群众及实践活动的制约

    C.历史人物的产生纯粹是一种偶然现象

    D.历史人物是适应时代的需要而产生的

32.关于评价无产阶级领袖人物，以下说法错误的是（   ）。

    A.要坚持历史分析方法

    B.要坚持阶级分析方法

    C.不要高度评价他们带领人民群众推动历史发展的伟大功绩

    D.不要忽略他们在认识和行动中所存在的历史局限性

33.影响一个阶级在群众中乃至在社会生活中的地位的主要因素是（   ）。

    A.该阶级成员的数量

    B.该阶级成员的质量

    C.该阶级成员的活动的积极性和组织化程度

    D.该阶级在生产关系体系中的地位

34.（   ）是阶级组织最集中、最严密、最高级的形式。

    A.政党   B.工会   C.国家   D.行会

二、多项选择题

1. 历史发展是"合力"作用的结果，这就是说（   ）。

    A.历史发展无规律可循   B.历史发展是无法认识的

    C.历史发展的因素是复杂的   D.社会中的每个人都是"合力"的一部分

2. 恩格斯说："历史是这样创造的，最终的结果总是从许多单个的意志的相互冲突中产生出来的，而其中每一个意志，又是由许多特殊的生活条件，才成为它所成为的那样。这样就有无数相互交错的力量，有无数个力的平行四边形，由此产生出合力，即历史结果；而这个结果又可以看作一个作为整体的、不自觉地和不由自主地起着

作用的力量的产物。"这一思想说明（　　）。

 A.人的活动的目的是由物质条件决定的

 B.人们活动的目的是预期的，但活动的结果不是预期的

 C.人的有意识的活动可以影响历史进程，但不能改变历史发展的总趋势

 D.由人们相互作用的合力形成的规律规定着社会发展的基本趋势

3.马克思说，人的本质"在其现实性上，它是一切社会关系的总和"。人的本质的内涵有（　　）。

 A.人的本质是单个人所固有的抽象物

 B.人的本质在于人的社会性

 C.人的本质是具体的、历史的

 D.人的本质形成于人的各种社会关系中

4.下列有关历史创造者的观点中，属于唯物史观的有（　　）。

 A.尊重社会发展规律与尊重人民群众历史主体地位是一致的

 B.历史是人民群众创造的

 C.人们自己创造自己的历史

 D.人们总是在既定条件下创造历史

5."人们自己创造自己的历史。"这一命题表明（　　）。

 A.人是历史的主体

 B.历史是由追求自己目的的人的活动构成的

 C.历史发展方向是由人自觉选定的

 D.历史发展的必然性体现在一定的历史主体的活动之中

6.唯物史观认为，人是现实社会中的人，要说明历史创造者问题，必须全面、具体、历史地考察和分析人们在社会历史发展中的作用。唯物史观在考察谁是历史的创造者时坚持的原则包括（　　）。

 A.唯物史观立足于现实的人及其本质来把握历史的创造者

 B.唯物史观立足于整体的社会历史发展过程来探究谁是历史的创造者

 C.唯物史观从社会历史发展的必然性入手来考察和说明谁是历史的创造者

 D.唯物史观从人与历史关系的不同层次上考察谁是历史的创造者

7.唯物史观和唯心史观的对立表现在（　　）。

 A.唯物史观承认社会发展规律性，唯心史观否认社会发展规律性

 B.唯心史观承认社会意识的作用，唯物史观否认社会意识的作用

 C.唯物史观认为社会存在决定社会意识，唯心史观则相反

 D.唯物史观承认人民群众创造历史的决定作用，唯心史观否认人民群众创造历史的决定作用

8."时势造英雄"和"英雄造时势"（　　）。

 A.是两种根本对立的观点

 B.这两种观点是互相补充的

 C.前者是历史唯物主义，后者是历史唯心主义

D. 前者是科学历史观，后者是唯心史观

9. "一言可以兴邦，一言可以丧邦"，英雄人物的意志可以改变历史发展的方向，这种观点是（　　）。

    A. 否认历史必然性的唯意志论   B. 否认历史偶然性的机械论

    C. 唯心主义非决定论在历史观上的表现   D. 夸大个人作用的唯心史观

10. "历史不过是追求着自己目的的人的活动而已"，这一观点表明（　　）。

    A. 人们自己创造自己的历史   B. 历史不是神创造的

    C. 历史是人们任意创造的   D. 历史是人的思想发展史

11. 马克思主义对"现实的人及其活动是社会历史存在和发展的前提"的理解有（　　）。

    A. 现实的人是基于自身需要和社会需要而从事一定实践活动的、处于一定社会关系中的、具有能动性的人

    B. 劳动是人类的本质活动

    C. 现实的人是指有血有肉的人

    D. 现实的人在其本质上是一切社会关系的总和

12. 下列各项属于人民群众创造历史的作用的表现的有（　　）。

    A. 人民群众是物质财富的创造者

    B. 人民群众是精神财富的创造者

    C. 人民群众的各种活动都能推动社会进步

    D. 人民群众是实现社会变革的决定力量

13. 唯物史观认为（　　）。

    A. 历史活动是群众的事业   B. 社会历史是由人的活动构成的

    C. 无数个人的合力作用推动历史发展   D. 个体精神决定历史

14. 人民群众（　　）。

    A. 是一个集合概念   B. 是一个历史范畴

    C. 是指一切对社会历史起推动作用的人们   D. 主体是劳动群众

15. 人民群众的历史作用表现为（　　）。

    A. 历史的创造者   B. 历史事件的决策者

    C. 物质财富的创造者   D. 社会变革的决定力量

16. 唯物史观第一次科学地解决了历史创造者的问题，认为人民群众是历史的创造者。人民群众（　　）。

    A. 从量上说是指社会人口的绝大多数

    B. 从质上说是指一切对社会历史发展起推动作用的人们

    C. 在任何历史时期都不包括剥削阶级

    D. 最稳定的主体部分始终是从事物质资料生产的劳动群众及其知识分子

17. 人的现实本质是一切社会关系的总和。对人的本质这一界定说明（　　）。

    A. 人的本质不是先天的，而是后天的

    B. 人的本质不是抽象的，而是具体的

    C. 在阶级社会里人的本质不是超阶级的，而是有阶级性的

D. 人的本质不是不变的，而是随着社会关系的变化相应地发生变化的

18. 马克思主义认为，劳动是（   ）。

A. 人和自然之间的物质交换和能量交换过程

B. 人的生命活动的基本形式

C. 人的本质活动

D. 形成人们全部社会关系的基础

19. 马克思说："人的本质不是单个人所固有的抽象物，在其现实性上，它是一切社会关系的总和。"这就是说，人的本质是（   ）。

A. 单个人天生具有的东西　　　　B. 从所有个体的人身上抽象出来的共同性

C. 各种社会关系的总和　　　　　D. 不断变化发展的

20. 马克思主义哲学认为（   ）。

A. 现实的人及其活动是社会历史存在和发展的前提

B. 人的本质是具体的、历史的

C. 人的自由是相对的

D. 人的本质属性是自然属性

21. 在社会历史发展过程中，人民群众起着决定性的作用。人民群众是（   ）。

A. 指一切对社会历史起作用的人们　　B. 先进生产力的创造者

C. 先进文化的创造主体　　　　　　　D. 实现自身利益的根本力量

22. 人民群众创造历史的作用突出地表现在人民群众是（   ）。

A. 物质财富和精神财富的创造者　　　B. 社会变革的决定力量

C. 先进生产力和先进文化的创造主体　D. 实现自身利益的根本力量

23. 党的群众路线的内容包括（   ）。

A. 一切为了群众　　　　　　　B. 一切依靠群众

C. 一切向群众负责　　　　　　D. 从群众中来，到群众中去

24. 中国共产党的群众观点和群众路线的理论基础主要是（   ）。

A. 人本主义　　　　　　　　　B. 科学主义

C. 马克思主义认识论　　　　　D. 唯物史观

25. 在新的历史时期，坚持和贯彻党的群众观点和群众路线，制定各项方针、政策的出发点和归宿是（   ）。

A. 人民拥护不拥护　　　　　　B. 人民赞成不赞成

C. 人民高兴不高兴　　　　　　D. 人民答应不答应

26. 唯物史观在坚持人民群众是历史的创造者这一基本前提下，高度重视个人在历史上的作用。历史人物是一定历史事件的主要倡导者、组织领导者或思想理论、科学文化的重要代表人物。下列关于历史人物历史作用的正确认识是（   ）。

A. 历史人物对历史发展的作用都是积极的

B. 历史人物会因其智慧、性格等因素对社会进程发生影响

C. 具有进步意义的历史人物往往能够首先发现或提出历史进程中新的历史任务

D. 历史人物不论发挥什么样的作用都不能决定和改变历史发展的总进程和总方向

27.马克思主义从必然性与偶然性的辩证统一中理解杰出人物的历史作用，认为（　　）。

  A.杰出人物会因其智慧、性格因素对社会进程发生影响

  B.杰出人物的历史作用受到一定历史条件的制约

  C.杰出人物能够改变历史发展的基本方向

  D.杰出人物历史作用的形成和发挥与其顺应人民群众的意愿密不可分

28.作家史铁生在《奶奶的星星》中讲到，奶奶告诉他的故事与通常的说法不同：一般人说，地上死一个人，天上就熄灭了一颗星星；而奶奶说，地上死一个人，天上又多了一颗星星，人死了就会升到天空，变成星星给走夜道的人照亮儿了。于是他"慢慢相信，每一个活过的人，都能给后人的路途上添些光亮，也许是一颗巨星，也许是一把火炬，也许只是一支含泪的烛光……"这对我们理解个人在社会历史中的作用的启示有（　　）。

  A.历史是无数个人相互作用的合力的结果

  B.杰出人物决定历史发展的走向

  C.人人都是历史的创造者

  D.每个人对社会发展都有或大或小的作用

29.历史唯物主义承认杰出人物的历史作用，认为（　　）。

  A.有些杰出人物是重大历史事件的策划者和指挥者

  B.有些杰出人物是社会变革和稳定发展的理论创造者

  C.有些杰出人物是社会发展方向和进程的决定者

  D.有些杰出人物是先进生产力的主要开创者

30."天下兴亡，匹夫有责。"这说明（　　）。

  A.人民群众具有创造历史的作用 B.普通个人也参与历史的创造

  C.每个人都要有历史责任感 D.某些个人能够创造历史

31.杰出人物在历史上的作用主要表现在，杰出人物（　　）。

  A.是历史事件的发起者、当事者

  B.是实现一定历史任务的组织者、领导者

  C.甚至决定历史事件的进程和结局

  D.有时决定历史发展的基本趋势

32.任何历史人物都是一定历史时代的产物，阶级社会中的历史人物必然代表一定阶级的利益，因此，科学评价历史人物应坚持（　　）。

  A.历史分析方法 B.实用主义方法

  C.存在主义方法 D.阶级分析方法

33.群众、阶级、政党、领袖的关系包括（　　）。

  A.群众是划分为阶级的 B.阶级通常是由政党领导的

  C.政党是由领袖来主持的 D.群众、阶级、政党、领袖构成一个有机整体

三、简答题

  1.简述唯物史观在考察谁是历史的创造者时坚持的原则。

2. 简述人民群众是历史的创造者。

3. 简述马克思主义群众观点。

4. 简述无产阶级政党的群众路线。

5. 怎样正确认识和处理群众、阶级、政党、领袖的关系？

四、论述题

1. 唯物史观考察历史创造者时坚持了哪些原则，怎样科学地理解和把握？

2. 人民群众在创造历史过程中的决定作用表现在哪些方面？

3. 试述评价历史人物应该坚持的科学方法和原则。

4. 为什么说生产关系一定要适合生产力状况的规律是无产阶级政党制定路线、方针、政策的重要依据？

5. 论述群众观点和群众路线的哲学基础及其意义。

6. 请结合人民群众是历史创造者的原理，谈谈对坚持以人民为中心重要性的认识。

五、材料分析题

1. 分析下列关于人民群众在历史上的作用问题的不同观点：

材料一 ✎ "民为贵，社稷次之，君为轻。"

——摘自《孟子·尽心章句下》。

"君者，舟也；庶人者，水也。水则载舟，水则覆舟。"

——摘自《荀子·王制》。

材料二 ✎ "大人物心理之动进稍易其轨而全部历史可以改观。""舍英雄几无历史。"

——摘自梁启超：《饮冰室合集》。

材料三 ✎ 黑格尔认为，历史不是个人随意创造的，而是决定于某种"绝对精神"。伟大人物是"绝对精神的代理人"，拿破仑代表了"绝对精神"，他骑着马，驰骋世界，主宰世界。世界历史是伟大人物和王朝的历史，而不是一般人民的历史。

——笔者根据相关资料整理改编。

(1) 说明材料一的合理思想和局限性。

(2) 说明材料二和材料三的共同点。

2. 阅读下列材料并回答问题：

材料一 ✎ 历史活动是群众的事业，随着历史活动的深入，必将是群众队伍的扩大。

——摘自《马克思恩格斯全集》第2卷。

材料二 ✎ 人民，只有人民，才是创造世界历史的动力。

——摘自《毛泽东选集》第3卷。

材料三 ✎ 善于把党的政策变为群众的行动，善于使我们的每一个运动，每一个斗争，不但领导干部懂得，而且广大的群众都能懂得，都能掌握，这是一项马克思列宁主义的领导艺术。我们的工作犯不犯错误，其界限也在这里。

——摘自《毛泽东选集》第4卷。

材料四 党的一切工作必须以最广大人民根本利益为最高标准。我们要坚持把人民群众的小事当作自己的大事，从人民群众关心的事情做起，从让人民群众满意的事情做起，带领人民不断创造美好生活！

——摘自习近平:《决胜全面建成小康社会 夺取新时代中国特色社会主义伟大胜利——

在中国共产党第十九次全国代表大会上的报告》。

(1) 人民群众对社会变革产生什么作用？

(2) 如何理解党的一切工作必须以最广大人民根本利益为最高标准？

第三章第三节 习题参考答案

资本主义的本质及规律

📖 **学习目标**

　　运用马克思主义的立场观点方法，准确认识资本主义生产方式的基本矛盾，深刻理解资本主义经济制度的本质，正确把握社会化大生产和商品经济运动的一般规律，正确认识和把握资本主义政治制度、意识形态及其本质。

📖 **学习要点**
　　○ 私有制基础上商品经济的基本矛盾
　　○ 劳动价值论及其意义
　　○ 剩余价值论及其意义
　　○ 资本主义基本矛盾与经济危机
　　○ 资本主义政治制度及其本质
　　○ 资本主义意识形态及其本质

第一节　商品经济和价值规律

一、单项选择题

1. （　　）是以交换为目的而进行生产的经济形式，是一定社会历史条件的产物。
　　A. 集体经济　　　　　　B. 自然经济　　　　　　C. 商品经济　　　　　　D. 产品经济
2. 商品经济产生的条件是（　　）。
　　A. 自然经济的存在和发展
　　B. 社会化大生产和资本主义私有制
　　C. 社会化大生产和社会主义公有制
　　D. 社会分工及生产资料和产品属于不同所有者

3. (　　) 构成社会财富的物质内容。

    A. 劳动产品　　　　B. 价值　　　　C. 使用价值　　　　D. 交换价值

4. 商品的价值 (　　)。

    A. 是一切劳动产品的共性　　　　　B. 体现生产者之间的社会关系

    C. 是交换价值的表现形式　　　　　D. 由具体劳动决定

5. 作为商品的计算机软件，其价值的物质承担者是 (　　)。

    A. 软件光盘本身　　　　　　　　　B. 软件的有用性

    C. 购买软件的货币　　　　　　　　D. 应用软件的计算机

6. 马克思说："一切商品对它们的所有者是非使用价值，对它们的非所有者是使用价值。"这句话表明 (　　)。

    A. 商品的使用价值是对它的购买消费者而言的

    B. 有使用价值的不一定有价值

    C. 商品所有者同时获得使用价值和价值

    D. 商品是使用价值和价值的对立统一

7.《资本论》中有这样的表述："对上衣来说，无论是裁缝自己穿还是他的顾客穿，都是一样的。"这主要是因为无论谁穿 (　　)。

    A. 上衣都是抽象劳动的结果　　　　B. 上衣都起着价值的作用

    C. 上衣都起着使用价值的作用　　　D. 上衣都是社会劳动的结果

8. 使用价值不同的商品可以以一定的数量比例关系相交换，是因为它们都有 (　　)。

    A. 交换价值　　　　B. 效用　　　　C. 价值　　　　D. 价格

9. 马克思指出："如果物没有用，那么其中包含的劳动也就没有用，不能算作劳动，因此不形成价值。"这句话说明 (　　)。

    A. 价值的存在以物的有用性为前提　　B. 价值的存在与物的有用性互为前提

    C. 只要物是有用的，它就有价值　　　D. 物越是有用就越有价值

10. 商品的使用价值、交换价值和价值的关系是 (　　)。

    A. 使用价值是交换价值的物质承担者，交换价值是价值的表现形式

    B. 交换价值是价值的物质承担者，使用价值是价值的表现形式

    C. 使用价值是价值的表现形式，交换价值是价值的基础

    D. 使用价值是价值的基础，价值是交换价值的表现形式

11. 商品的二因素是对立统一的，这对矛盾的解决有赖于 (　　)。

    A. 商品交换的实现　　　　　　　　B. 货币的出现并充当交换媒介

    C. 劳动生产率的不断提高　　　　　D. 商品价值的转移

12. 生产商品的劳动二重性是 (　　)。

    A. 必要劳动和剩余劳动　　　　　　B. 简单劳动和复杂劳动

    C. 具体劳动和抽象劳动　　　　　　D. 私人劳动和社会劳动

13. 具体劳动和抽象劳动的关系是 (　　)。

    A. 具体劳动和抽象劳动是两次不同的劳动过程

    B. 具体劳动是简单劳动，抽象劳动是复杂劳动

C. 具体劳动和抽象劳动是生产商品同一劳动过程的两个不同方面

D. 具体劳动生产物质产品，抽象劳动生产精神产品

14. 对"劳动是财富之父，土地是财富之母"这句话的正确解释是（　　）。

A. 劳动是创造价值的外部条件，土地是价值的真正源泉

B. 劳动创造使用价值，土地形成价值

C. 劳动和土地都是价值的源泉

D. 劳动必须和自然物相结合才能创造出物质财富

15. 商品的价值量由生产商品的社会必要劳动时间决定，它是在（　　）。

A. 同类商品的生产者之间的竞争中实现的

B. 不同商品生产者之间的竞争中实现的

C. 商品的生产者和消费者之间的竞争中实现的

D. 商品的生产者和销售者之间的竞争中实现的

16. 如果 1 双皮鞋 =2 件上衣符合等价交换原则，现在生产皮鞋的社会必要劳动时间增加一倍，而生产上衣的社会必要劳动时间减少一半，那么一双皮鞋可以交换到（　　）。

A. 1 件上衣　　　　　　　　　　B. 4 件上衣

C. 8 件上衣　　　　　　　　　　D. 16 件上衣

17. 下列关于劳动生产率及其与商品价值量关系的观点错误的是（　　）。

A. 劳动生产率是指劳动者生产使用价值的效率

B. 劳动生产率的高低可以用单位劳动时间内生产的产品数量来衡量

C. 劳动生产率的高低可以用单位产品中所耗费的劳动时间来衡量

D. 劳动生产率与商品的价值量成正比

18. 社会必要劳动时间是在现有的社会正常的生产条件下，在社会平均的劳动熟练程度和劳动强度下制造某种使用价值所需要的劳动时间。它是以（　　）。

A. 具体劳动为尺度的　　　　　　B. 简单劳动为尺度的

C. 复杂劳动为尺度的　　　　　　D. 个别劳动为尺度的

19. 在相同的劳动时间里，复杂劳动创造的价值大于简单劳动创造的价值。在以私有制为基础的商品经济条件下，复杂劳动转化为简单劳动是（　　）。

A. 商品生产者自觉计算出来的　　B. 市场管理部门事先规定的

C. 商品生产者协商出来的　　　　D. 商品交换过程中市场机制自发实现的

20. 货币的本质是（　　）。

A. 商品交换的媒介物　　　　　　B. 商品价值的一般等价物

C. 商品的等价物　　　　　　　　D. 商品的相对价值形式

21. 货币出现后，商品内在的使用价值和价值的矛盾就表现为（　　）。

A. 私人劳动和社会劳动之间的对立

B. 商品与货币之间的对立

C. 具体劳动与抽象劳动之间的对立

D. 必要劳动和剩余劳动之间的对立

22.货币的两个最基本的职能是（　　）。

　　A. 价值尺度和支付手段　　　　　　　B. 价值尺度和流通手段

　　C. 流通手段和贮藏手段　　　　　　　D. 流通手段和支付手段

23.货币之所以能执行价值尺度的职能，是因为（　　）。

　　A. 它是社会劳动的产物，本身具有价值

　　B. 它能衡量其他商品价值的大小

　　C. 它具有计量单位

　　D. 它可以是观念上的货币

24.支付工资的货币执行的是货币的（　　）。

　　A. 价值尺度职能　　　　　　　　　　B. 流通手段职能

　　C. 支付手段职能　　　　　　　　　　D. 贮藏手段职能

25."一手交钱一手交货"中的"钱"所充当的货币职能是（　　）。

　　A. 流通手段　　　　B. 价值尺度　　　　　　C. 支付手段　　　　　　D. 贮藏手段

26.（　　）是商品经济的基本规律。

　　A. 剩余价值规律　　　　　　　　　　B. 价值规律

　　C. 供求规律　　　　　　　　　　　　D. 生产关系一定要适应生产力的状况规律

27.在商品经济中，价值规律的表现形式是（　　）。

　　A. 商品价格经常高于价值　　　　　　B. 商品价格经常低于价值

　　C. 商品价格经常与价值一致　　　　　D. 商品价格围绕价值自发波动

28.在商品供求关系平衡的条件下，商品价格（　　）。

　　A. 与商品价值成正比，与货币价值成反比

　　B. 与商品价值成正比，与货币价值成正比

　　C. 与商品价值成反比，与货币价值成反比

　　D. 与商品价值成反比，与货币价值成正比

29."物以稀为贵"的现象在商品经济关系中主要是指（　　）。

　　A. 商品稀少价值就大　　　　　　　　B. 使用价值决定价值

　　C. 供求关系对价格有影响　　　　　　D. 心理因素决定价值

30.能够证明个别劳动具有社会性质的是（　　）。

　　A. 商品交换出去　　　　　　　　　　B. 专门机构的鉴定

　　C. 商品质量的高低　　　　　　　　　D. 商品技术含量的高低

31.以私有制为基础的商品经济的基本矛盾是（　　）。

　　A. 使用价值和价值之间的矛盾

　　B. 私人劳动和社会劳动之间的矛盾

　　C. 具体劳动和抽象劳动之间的矛盾

　　D. 复杂劳动和简单劳动之间的矛盾

32.马克思把商品转换成货币称为"商品的惊险的跳跃"，"这个跳跃如果不成功，摔坏的不是商品，但一定是商品占有者"。这是因为只有商品变为货币（　　）。

　　A. 抽象劳动才能转化为具体劳动　　　B. 价值才能转化为使用价值

C. 货币才能转化为资本　　　　　　D. 私人劳动才能转化为社会劳动

33. 理解马克思主义政治经济学的枢纽是马克思主义的（　　）。

    A. 商品与货币理论　　　　　　　　B. 剩余价值理论

    C. 劳动价值理论　　　　　　　　　D. 劳动二重性理论

34. 在实际经济生活中，价值分配首先是由（　　）。

    A. 价值创造决定的　　　　　　　　B. 生产资料所有制关系决定的

    C. 生产力发展决定的　　　　　　　D. 矛盾的主要方面决定的

35. 正确认识价值创造和财富生产的关系，关键是运用（　　）。

    A. 剩余价值学说　　　　　　　　　B. 资本有机构成学说

    C. 劳动二重性学说　　　　　　　　D. 平均利润学说

二、多项选择题

1. 商品经济是一定社会历史条件的产物，商品经济得以产生的社会历史条件是（　　）。

    A. 以使用价值为生产目的　　　　　B. 社会分工的出现

    C. 资本剥削雇佣劳动的出现　　　　D. 生产资料和劳动产品属于不同的所有者

2. 下列物品不属于商品的是（　　）。

    A. 未开采的石油　　　　　　　　　B. 农民给地主缴纳的实物地租

    C. 山间小溪、泉水　　　　　　　　D. 农民自己消费的口粮

3. 商品是（　　）。

    A. 一定生产关系的体现物　　　　　B. 使用价值和价值的统一体

    C. 用来交换的劳动产品　　　　　　D. 价值和交换价值的体现物

4. 商品的二因素是（　　）。

    A. 使用价值　　　　B. 交换价值　　　　C. 价值　　　　D. 价格

5. 马克思说："如果物没有用，那么其中包含的劳动也没有用，不能算作劳动，因此不形成价值。"这说明（　　）。

    A. 物越是有用越有价值　　　　　　B. 物没有用就没有价值

    C. 物的有用性是形成价值的前提　　D. 只要物是有用的就有价值

6. 人们往往将汉语中的"价""值"两字与金银财宝等联系起来，而这两字的偏旁却都是"人"，示意价值在"人"。马克思劳动价值论透过商品交换的物与物的关系，揭示了商品价值的科学内涵，其主要观点有（　　）。

    A. 劳动是社会财富的唯一源泉

    B. 具体劳动是商品价值的实体

    C. 价值是凝结在商品中的一般人类劳动

    D. 价值在本质上体现了生产者之间的社会关系

7. 使用价值和价值的关系是（　　）。

    A. 没有使用价值的东西一定没有价值

    B. 没有价值的东西肯定没有使用价值

    C. 有使用价值的东西肯定有价值

D. 有价值的东西肯定有使用价值

8. 具体劳动和抽象劳动的区别是（   ）。

   A. 具体劳动是体力劳动，抽象劳动是脑力劳动

   B. 具体劳动和抽象劳动是相互独立的两种劳动或两次劳动

   C. 具体劳动反映人与自然的关系，抽象劳动反映社会生产关系

   D. 具体劳动不是使用价值的唯一源泉，抽象劳动是价值的唯一源泉

9. 商品的使用价值量、价值量与劳动生产率之间的关系是（   ）。

   A. 劳动生产率与商品的使用价值量成正比

   B. 劳动生产率与单位商品的价值量成正比

   C. 劳动生产率与单位商品的价值量成反比

   D. 同一劳动时间创造的价值与劳动生产率的变化无关

10. 影响劳动生产率的因素主要包括（   ）。

   A. 劳动者的平均熟练程度   B. 科学技术的发展程度及其在生产中的应用

   C. 生产过程的社会结合   D. 生产资料的规模和效能以及自然条件

11. 商品价值形式的发展经历的阶段包括（   ）。

   A. 简单的或偶然的价值形式   B. 总和的或扩大的价值形式

   C. 一般的价值形式   D. 货币形式

12. 货币的最基本的职能包括（   ）。

   A. 价值尺度   B. 流通手段   C. 支付手段   D. 世界货币

13. 1918 年，马寅初在一次演讲时，有一位老农问他："马教授，请问什么是经济学？"马寅初笑着说："我给这位朋友讲个故事吧：有个赶考的书生到旅店投宿，拿出十两银子，挑了该旅店标价十两银子的最好房间，店主立刻用它到隔壁的米店付了欠单，米店老板转身去屠夫处还了肉钱，屠夫马上去付清了赊欠的饲料款，饲料商赶紧到旅店还了房钱。就这样，十两银子又到了店主的手里。这时书生回来说，房间不合适，他要回银子就走了。你看，店主一文钱也没赚到，大家却把债务都还清了，所以，钱的流通越快越好，这就是经济学。"在这个故事中，货币所发挥的职能有（   ）。

   A. 支付手段   B. 流通手段   C. 价值尺度   D. 贮藏手段

14. 某消费者的下列经济行为中，属于货币执行支付手段职能的有（   ）。

   A. 购买商品房，合同约定房价 30 万元

   B. 按购房合同约定，第二年付房款 10 万元

   C. 缴纳房屋契税 9000 元

   D. 交付车库租金 200 元

15. 在市场经济运行中，价值规律要求作为商品住房的价格（   ）。

   A. 以价值为中心，围绕价值上下波动

   B. 与价值变化的幅度始终保持一致

   C. 受供求关系影响，总是高于价值

   D. 以价值为基础，是价值的货币表现

16.价值规律的内容和要求是（   ）。

　　A.商品的价值量取决于生产该商品所耗费的个别劳动时间

　　B.商品交换必须按照各个生产者实际耗费的劳动量来进行

　　C.商品价值量取决于生产该商品的社会必要劳动时间

　　D.商品必须按照价值量相等的原则进行交换

17.在以私有制为基础的商品经济中，价值规律在市场配置资源过程中的作用主要是（   ）。

　　A.调节生产，克服生产的盲目性

　　B.自发地调节生产资料和劳动力在社会各生产部门之间的分配比例

　　C.刺激商品生产者改进生产和经营

　　D.自发地调节社会收入的分配

18.价值规律在对经济活动进行自发调节时，会产生的消极后果包括（   ）。

　　A.可能导致商品的平均价格和价值一致

　　B.可能导致垄断发生，阻碍技术进步

　　C.可能引起商品生产者两极分化

　　D.可能出现商品价格围绕价值自发波动

19.价格受市场供求的影响，围绕价值上下波动，不是对价值规律作用的否定，而是价值规律作用的表现形式，这是因为（   ）。

　　A.商品交换都是按照价格与价值相一致的原则进行的

　　B.从商品交换的总体看，价格总额与价值总额是相等的

　　C.从商品交换的较长时间看，价格与价值是趋于一致的

　　D.各种商品价格的波动，是以各自的价值为基础的

20.在某大学的课堂上，甲乙两组学生在讨论马克思的劳动价值论。甲组认为，商品的价值用货币来表示就是价格。整个社会劳动生产率不断地提高，商品的价值量是不断降低的，商品的价格也是会不断地降低的。乙组学生认为，是商品的供求关系决定商品的价格。在政治老师的引导下，两组学生认为，马克思的劳动价值论是极为科学的。因为，在现实的经济生活中，决定和影响商品价格高低的因素有（   ）。

　　A.商品价格和商品价值量的变化成正比

　　B.供求关系的变化决定商品的价格

　　C.商品的供求关系影响商品的价格

　　D.纸币发行数量的多少也影响商品的价格

21.私人劳动和社会劳动的矛盾构成私有制商品经济的基本矛盾，因为这一矛盾（   ）。

　　A.具有社会性和私人性两重属性

　　B.决定着商品经济的本质及发展过程

　　C.是商品经济其他一切矛盾的基础

　　D.决定着商品生产者的命运

22.（   ）根源于私人劳动与社会劳动的矛盾。

　　A.使用价值与价值的矛盾　　　　B.具体劳动与抽象劳动的矛盾

　　C.经济基础与上层建筑的矛盾　　D.生产力与生产关系的矛盾

23.在当今社会，科学技术能够（　　）。

    A.创造价值　　　　　　　　　　B.提高使用价值的生产率

    C.提高商品的价值　　　　　　　D.提高企业的利润

24.马克思认为，脑力劳动也是创造价值的劳动。在当今社会，科技劳动和管理劳动等脑力劳动，作为复杂劳动创造的价值（　　）。

    A.是一般的价值形式

    B.要大大高于简单劳动创造的价值

    C.等于自乘的或多倍的简单劳动创造的价值

    D.等于总和的或扩大的价值形式

25.马克思劳动价值论的理论和实践意义包括（　　）。

    A.扬弃了英国古典政治经济学的观点，为剩余价值论的创立奠定了基础

    B.揭示了私有制条件下商品经济的基本矛盾，为从物与物的关系背后揭示人与人的关系提供了理论依据

    C.揭示了商品经济的一般规律，对理解社会主义市场经济具有指导意义

    D.对清除商品拜物教和货币拜物教观念具有十分重要的意义

26.之所以说马克思主义的劳动价值论使劳动价值论成为科学，是因为马克思（　　）。

    A.认识到价值体现了商品生产者之间相互交换劳动的生产关系

    B.区分了具体劳动与抽象劳动

    C.最早说明了商品的价值是由生产商品所耗费的劳动决定的

    D.揭示了生产商品的劳动的二重性与商品的二因素之间的关系

三、简答题

    1.什么是商品经济？它产生的社会历史条件是什么？

    2.简述商品的二因素及其关系。

    3.简述劳动的二重性及其关系。

    4.简述社会必要劳动时间的内涵。

    5.简述货币的起源和本质。

    6.简述货币的基本职能。

    7.简述商品的价值规律及其作用。

    8.简述私人劳动和社会劳动的矛盾是商品经济的基本矛盾的原因。

    9.简述商品拜物教的内涵。

    10.简述马克思劳动价值论的意义。

四、论述题

    1.如何理解使用价值、交换价值和价值三者之间的关系？

    2.商品价值量是如何决定的？价值量与劳动生产率的关系如何？

    3.如何理解商品二因素的矛盾来自劳动二重性的矛盾，归根结底来源于私人劳动和社会劳动之间的矛盾？

4. 为什么说劳动二重性学说是"理解政治经济学的枢纽"？

5. 对马克思劳动价值论的新认识有哪些？

五、材料分析题

1. 阅读下列材料并回答问题：

材料一 处于流动状态的人类劳动力或人类劳动形成价值，但本身不是价值。它在凝固的状态中，在对象化的形式上才成为价值。

材料二 劳动并不是它所生产的使用价值即物质财富的惟一源泉。正像威廉·配第所说，劳动是财富之父，土地是财富之母。

材料三 铁会生锈，木会腐朽。纱不用来织或编，会成为废棉。活劳动必须抓住这些东西，使它们由死复生，使它们从仅仅是可能的使用价值转化为现实的和起作用的使用价值。它们被劳动的火焰笼罩着，被劳动当作自己的躯体加以同化，被赋予活力以在劳动过程中执行与它们的概念和使命相适合的职能……

——以上材料均摘自马克思：《资本论》第 1 卷。

(1) 如何正确认识生产要素在商品生产中的作用？

(2) 生产要素与劳动创造价值的关系是什么？

(3) 马克思劳动二重性理论说明了什么？

2. 阅读下列材料并回答问题：

材料一 一切劳动，一方面是人类劳动力在生理学意义上的耗费；就相同的或抽象的人类劳动这个属性来说，它形成商品价值。一切劳动，另一方面是人类劳动力在特殊的有一定目的的形式上的耗费；就具体的有用的劳动这个属性来说，它生产使用价值。

材料二 商品中包含的劳动的这种二重性，是首先由我批判地证明了的。这一点是理解政治经济学的枢纽……

——以上材料均摘自马克思：《资本论》第 1 卷。

(1) 结合材料一说明商品二因素和劳动二重性及其关系。

(2) 结合材料二说明为什么劳动二重性理论是理解政治经济学的枢纽？

3. 阅读下列材料并回答问题：

水的用途最大，但我们不能以水购买任何物品，也不会拿任何物品与水交换。反之，金刚钻虽几乎无使用价值可言，但须有大量其他货物才能与之交换。

——摘自亚当·斯密：《国民财富的性质和原因的研究》上卷。

运用马克思的劳动价值论说明"水和金刚钻的悖论"的原因。

4.阅读下列材料并回答问题:

材料一 经济体制改革是全面深化改革的重点,核心问题是处理好政府和市场的关系,使市场在资源配置中起决定性作用和更好发挥政府作用。市场决定资源配置是市场经济的一般规律,健全社会主义市场经济体制必须遵循这条规律,着力解决市场体系不完善、政府干预过多和监管不到位问题。

必须积极稳妥从广度和深度上推进市场化改革,大幅度减少政府对资源的直接配置,推动资源配置依据市场规则、市场价格、市场竞争实现效益最大化和效率最优化。政府的职责和作用主要是保持宏观经济稳定,加强和优化公共服务,保障公平竞争,加强市场监管,维护市场秩序,推动可持续发展,促进共同富裕,弥补市场失灵。

——摘自 2013 年 11 月《中共中央关于全面深化改革若干重大问题的决定》。

材料二 坚持正确处理政府和市场关系。坚持社会主义市场经济改革方向,更加尊重市场经济一般规律,最大限度减少政府对市场资源的直接配置和对微观经济活动的直接干预,充分发挥市场在资源配置中的决定性作用,更好发挥政府作用,有效弥补市场失灵。

——摘自 2020 年 5 月《中共中央 国务院关于新时代加快完善社会主义市场经济体制的意见》。

材料三 坚持和完善社会主义基本经济制度,充分发挥市场在资源配置中的决定性作用,更好发挥政府作用,推动有效市场和有为政府更好结合。

——摘自 2020 年 10 月《中共中央关于制定国民经济和社会发展第十四个五年规划和二〇三五年远景目标的建议》。

运用有关原理说明材料中做法的理论依据。

5.阅读下列材料并回答问题:

最初一看,商品好像是一种很简单很平凡的东西。对商品的分析表明,它却是一种很古怪的东西,充满形而上学的微妙和神学的怪诞。就商品是使用价值来说,不论从它靠自己的属性来满足人的需要这个角度来考察,或者从它作为人类劳动的产品才具有这些属性这个角度来考察,它都没有什么神秘的地方。很明显,人通过自己的活动按照对自己有用的方式来改变自然物质的形态。例如,用木头做桌子,木头的形状就改变了。可是桌子还是木头,还是一个普通的可以感觉的物。但是桌子一旦作为商品出现,就转化为一个可感觉而又超感觉的物。它不仅用它的脚站在地上,而且在对其他一切商品的关系上用头倒立着,从它的木脑袋里生出比它自动跳舞还奇怪得多的狂想。

可见,商品的神秘性质不是来源于商品的使用价值。这种神秘性质也不是来源于价值规定的内容。因为,第一,不管有用劳动或生产活动怎样不同,它们都是人体的机能,而每一种这样的机能不管内容和形式如何,实质上都是人的脑、神经、肌肉、感官等等的耗费。这是一个生理学上的真理。第二,说到作为决定价值量的基础的东西,即这种耗费的持续时间或劳动量,那么,劳动的量可以十分明显地同劳动的质区别开来。在一切社会状态下,人们对生产生活资料所耗费的劳动时间必然是关心的,虽然在不同的发展阶段上关心的程度不同。最后，一旦人们以某种方式彼此为对方劳动，他们的劳动也就取得社会的形式。

可是，劳动产品一旦采取商品形式就具有的谜一般的性质究竟是从哪里来的呢？显然是从这种形式本身来的。人类劳动的等同性，取得了劳动产品的等同的价值对象性这种物的形式；用劳动的持续时间来计量的人类劳动力的耗费，取得了劳动产品的价值量的形式；最后，生产者的劳动的那些社会规定借以实现的生产者关系，取得了劳动产品的社会关系的形式。

可见，商品形式的奥秘不过在于：商品形式在人们面前把人们本身劳动的社会性质反映成劳动产品本身的物的性质，反映成这些物的天然的社会属性，从而把生产者同总劳动的社会关系反映成存在于生产者之外的物与物之间的社会关系。由于这种转换，劳动产品成了商品，成了可感觉而又超感觉的物或社会的物。正如一物在视神经中留下的光的印象，不是表现为视神经本身的主观兴奋，而是表现为眼睛外面的物的客观形式。但是在视觉活动中，光确实从一物射到另一物，即从外界对象射入眼睛。这是物理的物之间的一种物理关系。相反，商品形式和它借以得到表现的劳动产品的价值关系，是同劳动产品的物理性质以及由此产生的物的关系完全无关的。这只是人们自己的一定的社会关系，但它在人们面前采取了物与物的关系的虚幻形式。因此，要找一个比喻，我们就得逃到宗教世界的幻境中去。在那里，人脑的产物表现为赋有生命的、彼此发生关系并同人发生关系的独立存在的东西。在商品世界里，人手的产物也是这样。我把这叫做拜物教。劳动产品一旦作为商品来生产，就带上拜物教性质，因此拜物教是同商品生产分不开的。

——摘自马克思：《资本论》第 1 卷。

(1) 结合材料说说什么是"商品拜物教"。
(2) 谈谈"商品拜物教"产生的原因。

第四章第一节 习题参考答案

第二节 资本主义经济制度

一、单项选择题

1. 马克思指出，资本主义社会的经济结构是从（ ）中产生的。后者的解体使前者的要素得到解放。

    A. 农村自然经济   B. 城市行会组织

    C. 商人和高利贷者   D. 封建社会的经济结构

2. 资本原始积累过程表现为"原始"的，这是说（　　）。

    A. 这一过程发生在原始社会

    B. 资本家采取的简单的方式进行的资本积累

    C. 资本原始积累是资本主义生产方式的前提和起点

    D. 资本家把剩余价值转化为初始资本的过程

3. 马克思指出，创造资本关系的过程，只能是（　　），这个过程一方面使社会的生活资料和生产资料转化为资本，另一方面使直接生产者转化为雇佣工人。

    A. 手工作坊中师徒关系逐渐转变为雇佣关系的过程

    B. 商人或高利贷者成为工业资本家的过程

    C. 城市行会组织瓦解的过程

    D. 劳动者和他的劳动条件的所有权分离的过程

4. 在私有制商品经济中价值规律的作用会导致小商品生产者（　　）。

    A. 都成为资本家   B. 都成为雇佣工人

    C. 两极分化   D. 彻底破产

5. 劳动力成为商品是在（　　）。

    A. 商品经济社会   B. 奴隶社会

    C. 封建社会   D. 资本主义社会

6. 货币转化为资本的前提是（　　）。

    A. 大量货币集中在资本家手中   B. 生产资料成为商品

    C. 劳动力成为商品   D. 剩余劳动的存在

7. 劳动力商品的价值是（　　）。

    A. 由它劳动所创造的价值决定的

    B. 直接由生产它的劳动时间决定的

    C. 由资本家支付工人工资的多少决定的

    D. 由生产、发展、维持和延续劳动力所必需的生活资料的价值决定的

8. 资本家之所以能够购买工人的劳动力，把工人变成雇佣工人，其根源在于（　　）。

    A. 资本主义的生产资料所有制   B. 商品经济的产生与发展

    C. 资本主义的生产过程   D. 国家垄断资本主义的形成

9. 劳动力商品最重要的特点是（　　）。

    A. 劳动能力存在于健康的人体中

    B. 其使用价值是剩余价值的源泉

    C. 买卖的是劳动力的使用权

    D. 其价值的决定包含道德的和历史的因素

10. 与以往的剥削制度不同，资本家与工人的关系是（　　）。

    A. 完全占有关系

B. 人身依附关系

C. 基于劳动者的完全的人身自由

D. 资本家只能通过购买工人劳动的方式剥削剩余价值

11. 资本主义生产方式的绝对规律是（　　）。

A. 生产价值　　　　　　　　　　B. 生产使用价值

C. 生产交换价值　　　　　　　　D. 生产剩余价值

12. 分析资本主义生产过程是劳动过程和价值增殖过程的统一，关键是运用（　　）。

A. 商品二因素原理

B. 资本区分为不变资本和可变资本的原理

C. 资本区分为固定资本和流动资本的原理

D. 劳动二重性原理

13. 资本主义生产过程的主要方面是（　　）。

A. 物质资料的生产过程　　　　　B. 劳动过程

C. 价值增殖过程　　　　　　　　D. 生产使用价值的过程

14. 资本主义生产过程是（　　）。

A. 生产过程和流通过程的统一　　B. 简单再生产和扩大再生产的统一

C. 劳动过程和价值形成过程的统一　D. 劳动过程和价值增殖过程的统一

15. 在商品生产过程中，生产资料的价值是借助于生产者的（　　）。

A. 具体劳动而增殖　　　　　　　B. 具体劳动转移到新产品中

C. 抽象劳动而增殖　　　　　　　D. 抽象劳动转移到新产品中

16. 在商品价值 c+v+m 中（　　）。

A. c、v、m 都是新创造的价值

B. c、v、m 都是转移来的旧价值

C. c、v 是转移的旧价值，m 是新创造的价值

D. c 是转移的旧价值，v、m 是新创造的价值

17. 马克思通过对资本主义生产中价值增殖过程的分析，把雇佣工人的劳动时间分为（　　）。

A. 生产生产资料价值的时间和生产剩余价值的时间

B. 转移旧价值的时间和创造新价值的时间

C. 生产使用价值的时间和生产价值的时间

D. 再生产劳动力价值的时间和生产剩余价值的时间

18. 价值增殖过程是超过一定点而延长了的价值形成过程，这里的"一定点"是指（　　）。

A. 具体劳动转移生产资料价值的时间

B. 劳动者再生产自身劳动力价值的时间

C. 劳动者创造生产资料价值的时间

D. 劳动者创造剩余价值的时间

19. 资本的最初表现形式是（　　）。

A. 货币　　　　　B. 厂房、设备　　　　C. 劳动力　　　　　D. 工具

20.资本的直接表现形态是生产中物的要素，但它实质是一种（　　）。

    A.生产力　　　　　　B.生产关系　　　　　　C.生产方式　　　　　　D.社会形态

21.用来购买劳动力的那部分资本是（　　）。

    A.货币资本　　　　　B.实物资本　　　　　　C.不变资本　　　　　　D.可变资本

22.把生产资本区分为不变资本与可变资本，其依据是（　　）。

    A.在生产过程中不同的价值转移方式

    B.在生产过程中不同的物质存在形态

    C.不同部分在剩余价值生产中的不同作用

    D.不同部分的不同运动速度

23.以劳动力形式存在的那部分资本被称为可变资本，是因为（　　）。

    A.劳动力不仅能创造出自身价值，还能创造出剩余价值

    B.它的价值不仅会发生转移，而且会自行增殖

    C.它的价值会转移到产品中去

    D.劳动力仅能创造出相当于自身价值的价值

24.剩余价值产生的唯一源泉是（　　）。

    A.资本　　　　　　　　　　　　B.生产资料

    C.科学技术　　　　　　　　　　D.雇佣劳动者的剩余劳动

25.要确定资本家对工人的剥削程度，就应该拿剩余价值与（　　）。

    A.全部资本相比　　　　　　　　B.不变资本相比

    C.可变资本相比　　　　　　　　D.流动资本相比

26.以物化劳动的形式表示资本家对工人剥削程度的公式是（　　）。

    A.$m'=c/v$　　　　　　　　　　B.$m'=m/v$

    C.$m'=$ 剩余劳动 / 必要劳动　　　D.$m'=$ 剩余劳动时间 / 必要劳动时间

27.某资本家投资100万元创办企业从事生产，60万元用于固定资本，以购买机器设备等，40万元用于流动资本，以购买原材料和劳动力等（其中购买劳动力支付10万元）。一轮生产结束后，该企业的总资本达到了120万元，那么该企业的剩余价值率为（　　）。

    A.20%　　　　　B.50%　　　　　C.10%　　　　　D.200%

28.在必要劳动时间不变的条件下，资本家用提高工人劳动强度的方法来增加剩余价值的生产是（　　）。

    A.与延长工作日有本质区别的剩余价值生产

    B.资本主义发展初期资本家提高剥削程度的基本方法

    C.相对剩余价值生产

    D.通过提高全社会劳动生产率实现的

29.绝对剩余价值是（　　）。

    A.个别资本家改进技术，提高劳动生产率的结果

    B.社会劳动生产率普遍提高的结果

    C.必要劳动时间不变，延长工作日的结果

D. 工作日不变，缩短必要劳动时间的结果

30.绝对剩余价值和相对剩余价值都是依靠（　　）。

　　A.延长工作日而获得的

　　B.提高劳动生产率而获得的

　　C.增加雇佣工人的剩余劳动时间而获得的

　　D.降低劳动力价值而获得的

31.某资本家经营的企业通过改进技术、提高劳动生产率，使其生产商品所花费的劳动时间比社会必要劳动时间少，由此形成的商品个别价值低于社会价值的那部分是（　　）。

　　A.超额剩余价值　　　　　　　B.绝对剩余价值

　　C.相对剩余价值　　　　　　　D.剩余价值

32.资本家普遍获得相对剩余价值是（　　）。

　　A.单个资本家采用先进技术降低商品个别价值的结果

　　B.单个资本家压低劳动力价值缩短工人必要劳动时间的结果

　　C.资本家延长工人劳动时间增加工人剩余劳动时间的结果

　　D.各个资本家追求超额剩余价值的结果

33.在资本主义商品生产条件下，单个资本家改进技术、改善管理的主观动机是（　　）。

　　A.降低生活资料的价值

　　B.追求超额剩余价值

　　C.缩短补偿劳动力价值的必要劳动时间

　　D.提高整个社会各个生产部门的劳动生产率

34.资本主义再生产过程的实质是（　　）。

　　A.劳动过程和价值形成过程的统一

　　B.劳动过程和生产使用价值过程的统一

　　C.物质资料再生产与资本主义生产关系再生产的统一

　　D.物质资料再生产与劳动力再生产的统一

35.资本主义再生产的特点是（　　）。

　　A.扩大再生产　　　　　　　　B.简单再生产

　　C.价值的形成过程　　　　　　D.使用价值的再生产过程

36.资本积累是（　　）。

　　A.对小生产者进行剥夺而实现的积累

　　B.由于资本家节欲而实现的积累

　　C.资本家把一部分剩余价值转化为资本

　　D.社会财富在所有者手中的积累

37.资本主义扩大再生产的源泉是（　　）。

　　A.使用价值　　　B.货币资本　　　C.生产资料　　　D.资本积累

38.资本积累的源泉是（　　）。

　　A.资本循环　　　B.资本周转　　　C.生产资料　　　D.剩余价值

39. 资本家不断地利用无偿占有的工人创造的剩余价值来扩大自己的资本规模，进一步扩大和加强对工人的剥削和统治。这是（　　）。

    A. 资本的周转　　　　　　　　　B. 资本的循环

    C. 资本积累的本质　　　　　　　D. 资本积累的历史趋势

40. 资本积累不但是社会财富两极分化的重要原因，而且是资本主义社会失业现象产生的根源。随着资本积累而产生的失业是由资本追逐剩余价值引起（　　）。

    A. 劳动生产率提高所导致的

    B. 对工人的剥削程度提高所导致的

    C. 资本有机构成的提高所导致的

    D. 所用资本和所费资本之间的差额扩大所导致的

41. 某棉纺厂因棉花价格上涨而增加了资本的垫支，它影响该厂的（　　）。

    A. 资本技术构成　　　　　　　　B. 资本价值构成

    C. 资本物质构成　　　　　　　　D. 资本有机构成

42. 由资本技术构成决定并反映技术构成变化的资本价值构成，叫作（　　）。

    A. 资本的价值形式　　　　　　　B. 资本的技术构成

    C. 资本的价值构成　　　　　　　D. 资本的有机构成

43. 资本有机构成的提高意味着在不变资本和可变资本的比例中（　　）。

    A. 不变资本增大　　　　　　　　B. 可变资本增大

    C. 不变资本和可变资本同时增大　D. 不变资本和可变资本同时减小

44. 第二次世界大战以后，资本主义国家经历了第三次科技革命，机器大工业发展到自动化阶段。智能化工厂创造出了较高的生产率，显露出巨大的竞争力，企业在"机器换人"中取得了一定的经济效益。这意味着率先使用机器人的个别企业（　　）。

    A. 资本技术构成的提高　　　　　B. 剩余价值来源的改变

    C. 所生产商品价值的提高　　　　D. 获得更多的社会平均利润

45. 以资本积聚的方式扩大个别资本的规模，是通过（　　）。

    A. 许多分散小资本的集合　　　　B. 大资本对中小资本的吞并

    C. 个别资本的资本积累　　　　　D. 组织股份公司

46. 资本积累的历史趋势是（　　）。

    A. 资本主义制度的必然灭亡和社会主义制度的必然胜利

    B. 资本主义生产愈来愈具有社会性

    C. 资本愈来愈集中于少数资本家手中，生产服从于资本家追逐剩余价值的目的

    D. 生产的社会性和资本主义的私人占有形式之间产生深刻的矛盾

47. 资本主义相对过剩人口是（　　）。

    A. 人口增长快于生产增长造成的过剩人口

    B. 失业工人与就业工人相比过多的人口

    C. 人口增长快于社会总资本增长造成过剩的人口

    D. 劳动力供给超过资本对劳动力的需求而出现的过剩人口

48.2011年9月以来美国爆发的"占领华尔街"抗议活动中，示威者打出"我们是99%"的标语，向极富阶级表示不满。美国社会财富占有的两极分化，是资本主义制度下（　　）。

    A.劳资冲突的集中体现　　　　　　B.生产社会化的必然产物

    C.资本积累的必然结果　　　　　　D.虚拟资本泡沫化的恶果

49.在产业资本循环过程中，购买劳动力和生产资料的资本是（　　）。

    A.商品资本　　　　B.货币资本　　　　C.生产资本　　　　D.流动资本

50.货币资本的职能是（　　）。

    A.为剩余价值生产准备条件　　　　B.实现剩余价值

    C.生产剩余价值　　　　　　　　　D.为剩余价值实现准备条件

51.剩余价值的实现是在产业资本循环的（　　）。

    A.流通阶段　　　　B.生产阶段　　　　C.销售阶段　　　　D.购买阶段

52.根据生产资本不同部分的价值周转方式不同，可将其划分为（　　）。

    A.借贷资本、银行资本　　　　　　B.货币资本、商品资本

    C.不变资本、可变资本　　　　　　D.固定资本、流动资本

53.资本周转时间包括（　　）。

    A.生产时间和流通时间　　　　　　B.购买时间和生产时间

    C.购买时间和销售时间　　　　　　D.生产时间和销售时间

54.加快资本周转，可以增加年剩余价值量和提高年剩余价值率，根本是因为（　　）。

    A.预付的资本总量增加了　　　　　B.实际发挥作用的可变资本增加了

    C.流通对生产的反作用　　　　　　D.剩余价值率提高了

55.产业资本的循环（　　）。

    A.只包括流通阶段而不包括生产阶段

    B.只包括生产阶段而不包括流通阶段

    C.是购买、生产、销售三个阶段的统一

    D.是购买商品和销售商品两个阶段的统一

56.下列各项既属于不变资本又属于流动资本的是（　　）。

    A.以生产工具形式存在的资本　　　B.以劳动对象形式存在的资本

    C.以劳动力形式存在的资本　　　　D.以厂房设备形式存在的资本

57.社会再生产的核心问题是（　　）。

    A.社会总产品的实现问题　　　　　B.两大部类的划分问题

    C.资本循环顺利进行的问题　　　　D.加快资本周转速度的问题

58.社会总产品是社会各个物质生产部门在一定时期（通常是一年）内生产的（　　）。

    A.全部剩余价值的总和　　　　　　B.全部生产资料的总和

    C.全部物质资料的总和　　　　　　D.全部消费资料的总和

59.社会总产品从实物形态上分为生产资料和消费资料的主要依据是其（　　）。

    A.价值形态　　　　B.社会属性　　　　C.自然属性　　　　D.最终用途

60. 社会生产是连续不断进行的，这种连续不断重复的生产就是再生产。每次经济危机发生期间，总有许多企业或因产品积压，或因订单缺乏等致使其无法继续进行再生产而被迫倒闭。那些因产品积压而倒闭的企业主要是由于无法实现其生产过程中的（　）。

    A. 劳动补偿　　　　B. 价值补偿　　　　C. 实物补偿　　　　D. 增殖补偿

61. 资本主义工资的本质是（　）。

    A. 货币工资　　　　　　　　　　B. 劳动的价格

    C. 工人全部劳动的报酬　　　　　D. 劳动力的价值或价格

62. 揭示资本主义工资的本质，首先要区分（　）。

    A. 必要劳动和剩余劳动　　　　　B. 劳动和劳动力

    C. 具体劳动和抽象劳动　　　　　D. 私人劳动和社会劳动

63. 在现实的资本主义经济生活中，资本家把剩余价值看作全部预付资本的产物或增加额，剩余价值便取得了（　）。

    A. 商品的形态　　　B. 货币的形态　　　C. 利润的形态　　　D. 资本的形态

64. 利润的本质是（　）。

    A. 剩余价值　　　B. 血汗工资　　　C. 不变资本　　　D. 可变资本

65. 利润率和剩余价值率在量上（　）。

    A. 利润率小于剩余价值率　　　　B. 利润率大于剩余价值率

    C. 两者相等　　　　　　　　　　D. 两者没有关系

66. 利润率所反映的是（　）。

    A. 资本家对工人的剥削程度　　　B. 全部预付资本的增殖程度

    C. 不变资本的增殖程度　　　　　D. 固定资本的增殖程度

67. 平均利润率的形成是（　）。

    A. 同一部门内部不同企业之间竞争的结果

    B. 不同部门之间竞争的结果

    C. 不同区域资本家竞争的结果

    D. 生产者与消费者之间竞争的结果

68. 在平均利润形成以后，（　）。

    A. 只有资本有机构成高的部门，技术先进的企业才能获得超额利润

    B. 只有资本有机构成低的部门，技术先进的企业才能获得超额利润

    C. 只有资本有机构成中等的部门，技术先进的企业才能获得超额利润

    D. 一切部门技术最先进的企业都能暂时获得超额利润

69. 生产成本掩盖了资本主义的剥削，是因为抹杀了（　）。

    A. 不变资本和可变资本的区别　　B. 固定资本和流动资本的区别

    C. 劳动资料和劳动对象的区别　　D. 劳动和劳动力的区别

70. 平均利润和生产价格形成后，市场价格波动的中心是（　）。

    A. 生产价格　　　B. 成本价格　　　C. 价值　　　D. 垄断价格

71. 从产业资本循环的商品资本的职能中分离出来的独立的职能资本形式是（　）。

    A. 货币资本　　　B. 商业资本　　　C. 生产资本　　　D. 借贷资本

72. 商业利润率的水平应相当于（ ）。

    A. 银行贷款利息率
    B. 银行存款利息率

    C. 剩余价值率
    D. 平均利润率

73. 资本主义地租是农业中的（ ）。

    A. 超额利润转化的
    B. 平均利润转化的

    C. 垄断利润转化的
    D. 企业利润转化的

74. 资本主义经济危机的实质是（ ）。

    A. 生产严重不足
    B. 产业结构不合理

    C. 生产相对过剩
    D. 生产绝对过剩

75. 资本主义经济危机产生的根源是（ ）。

    A. 私人劳动与社会劳动的矛盾

    B. 生产社会化和资本主义私有制的矛盾

    C. 具体劳动与抽象劳动的矛盾

    D. 使用价值和价值的矛盾

76. 下列关于资本主义经济危机的观点错误的是（ ）。

    A. 经济危机是资本主义基本矛盾尖锐化的产物

    B. 经济危机是资本主义基本矛盾在资本主义范围内强制性的解决形式

    C. 只要资本主义制度存在，经济危机就不可避免

    D. 每一次经济危机都从根本上解决资本主义社会的内在矛盾

77. 资本主义经济危机呈现出周期性的原因在于（ ）。

    A. 资本主义基本矛盾的周期性
    B. 资本主义基本矛盾

    C. 资本主义基本矛盾运动的阶段性
    D. 资本主义再生产的周期性

二、多项选择题

1. 资本主义产生的途径主要有（ ）。

    A. 资本的原始积累
    B. 小商品经济的分化

    C. 商人和高利贷者的转化
    D. 产业革命

2. （ ）标志着资本主义制度最终确立。

    A. 资产阶级政治统治的建立
    B. 资产阶级的出现

    C. 资本主义生产方式支配地位的形成
    D. 无产阶级的出现

3. 在资本主义社会，土地不再是经济的决定性因素，只是很多生产资料中的一种。资本家拥有资金等一切生产资料，而破产的农民失去了土地，只有出卖自己的劳动力来生活，这里他们转化为工人阶级，而资本家就从工人阶级的劳动中获取剩余价值。资本主义社会生产关系的特点是（ ）。

    A. 资本家与劳动者之间的关系是资本雇佣劳动的关系

    B. 资本主义生产的实质就是要剥削更多的剩余价值

    C. 资本家凭借对生产资料的占有在等价交换原则下剥削工人的剩余价值

    D. 资本家占有生产资料，工人出卖的是劳动力的所有权

4. 马克思指出,所谓资本原始积累"只不过是生产者和生产资料分离的历史过程。这个过程所以表现为'原始的',因为它形成资本以及与之相适应的生产方式的前史"。资本原始积累的主要途径有（　　）。

A. 用暴力剥夺农民土地

B. 缩短封建生产方式

C. 利用国家政权的力量进行残酷的殖民掠夺

D. 通过国债制度、课税制度加强对国内人民的剥削

5. 劳动力成为商品,要具备的基本条件包括（　　）。

A. 劳动者被剥削者完全占有,不能自由支配自己的劳动力

B. 劳动者在法律上是自由人,能够自由支配自己的劳动力

C. 劳动者没有任何生产资料,没有生活资料来源,不得不依靠出卖劳动力为生

D. 劳动者有一定经济基础

6. "劳动力的价值,是由生产、发展、维持和延续劳动力所必需的生活必需品的价值决定的。"劳动力的价值包括（　　）。

A. 维持劳动者本人生存所必需的生活资料的价值

B. 维持劳动者家属的生存所必需的生活资料的价值

C. 劳动者接受教育和训练所支出的费用

D. 劳动力价值所必需的物质条件

7. 劳动力商品在使用价值上的特点是（　　）。

A. 它的使用价值是价值的源泉

B. 它在消费过程中能够创造新价值

C. 它创造的新价值比劳动力本身的价值更大

D. 它是具体劳动和抽象劳动的统一

8. 马克思指出:"为了进行生产,人们相互之间便发生一定的联系和关系;只有在这些社会联系和社会关系的范围内,才会有他们对自然界的影响,才会有生产。"这说明经济意义上的所有制（　　）。

A. 以实际占有为基础

B. 体现了现实生产过程中的经济关系

C. 由占有生产资料的法律原则决定

D. 表现了经济利益的实现形式

9. 所有制一旦上升到法律的高度便成为所有权,因此所有权（　　）。

A. 就凭借这种所有和支配实现生产并获得剩余产品

B. 就成为一种排他性权利

C. 强制规定了人们在经济生活中对占有物行使权利的界限

D. 直接影响到现实经济生活中生产资料的实际利用及其与劳动者的关系

10. 在资本主义制度下,资本家将出卖了劳动力的劳动者与生产资料结合在一起进行生产并取得剩余价值,因此（　　）。

A. 生产资料和货币采取了资本的形式

  B. 生产资料的所有者成为资本人格化的资本家

  C. 资本家与劳动者之间的关系是资本雇佣劳动的关系

  D. 所有制的实质是等价交换原则

11. 资本主义劳动过程的特点是（　　）。

  A. 工人劳动自由，劳动成果和资本家共同占有

  B. 工人的劳动属于自己，劳动成果属于资本家

  C. 工人在资本家的监督下劳动，其劳动隶属于资本家

  D. 劳动成果或劳动产品全部归资本家所有

12. 美国导演迈克尔·穆尔在他的最新纪录片《资本主义：一个爱情故事》问世以来，一直颇受关注。"资本主义"为何与"爱情故事"联系起来呢？穆尔解释说，这是一种"贪欲之爱"，喜爱财富的人不仅爱他们自己的钱，也爱你口袋中的钱……很多人不敢说出它的名字，真见鬼，就说出来吧。这就是"资本主义"。对金钱的"贪欲"与资本主义连为一体，是因为（　　）。

  A. 资本家就是人格化的资本

  B. 赚钱体现了人的天然本性

  C. 资本的生命在于不断运动和不断增殖

  D. 追逐剩余价值是资本主义生产方式的绝对规律

13. 在资本主义生产过程中，生产汽车的工人所创造的新价值包括（　　）。

  A. 原材料的价值　　　　　　 B. 一定量的剩余价值

  C. 机器、厂房的价值　　　　 D. 相当于劳动力价值的价值

14. 在资本主义生产过程中，设备、原材料等生产要素（　　）。

  A. 其价值转移到新产品中，价值量不发生变化

  B. 其价值由劳动者的活劳动再生产出来

  C. 和工人的劳动一起是价值的源泉

  D. 是生产价值和剩余价值的必要条件

15. 剩余价值（　　）。

  A. 是由雇佣工人的必要劳动创造的

  B. 是超过劳动力价值的那部分价值

  C. 是雇佣工人剩余劳动的凝结

  D. 体现了资本家与雇佣工人之间剥削与被剥削的关系

16. 马克思把资本划分为不变资本和可变资本，其意义在于（　　）。

  A. 揭示了剩余价值的真正来源

  B. 为计算剩余价值率提供了科学依据

  C. 为计算资本周转速度提供了依据

  D. 为资本有机构成、平均利润等理论奠定了基础

17. 下列各项正确表述可变资本含义的有（　　）。

  A. 可变资本是以生产资料形式存在的资本

  B. 可变资本是以劳动力形式存在的资本

C. 可变资本是在生产过程中发生价值增殖的那部分资本

D. 可变资本是在生产过程中发生价值转移的那部分资本

18.纺织厂的资本家购买的用于生产的棉花属于（　　）。

    A. 不变资本　　　　　　　B. 固定资本　　　　　　C. 可变资本　　　　　　D. 流动资本

19.资本家对工人的剥削程度，可以用剩余价值率表示，其公式包括（　　）。

    A. $m'=m/v$　　　　　　　　　　　　　　　B. $m'=m/c$

    C. $m'=$剩余劳动 / 必要劳动　　　　　　D. $m'=$剩余劳动时间 / 必要劳动时间

20.第二次世界大战后，发达资本主义国家工人工作日有所缩短，这表明（　　）。

    A. 对工人剥削程度有所减轻　　　　　B. 劳动生产率明显提高

    C. 必要劳动时间大为缩短　　　　　　D. 相对剩余价值成为主要剥削形式

21.资本主义增加绝对剩余价值生产主要依靠的是（　　）。

    A. 延长工作日　　　　　　　　　　　B. 缩短必要劳动时间

    C. 增加劳动强度　　　　　　　　　　D. 提高劳动生产率

22.绝对剩余价值生产和相对剩余价值生产的共同点（　　）。

    A. 都体现着资本家对工人的剥削关系

    B. 都延长了剩余劳动时间

    C. 都增加了剩余价值量

    D. 都提高了剩余价值率

23.下列关于相对剩余价值和超额剩余价值的正确说法是（　　）。

    A. 相对剩余价值是通过各个资本家追逐超额剩余价值而实现的

    B. 超额剩余价值是通过各个资本家追逐相对剩余价值而实现的

    C. 相对剩余价值的实现是以社会劳动生产率的提高为前提的

    D. 超额剩余价值是由个别资本家得到，一般难以持久

24.影响资本积累规模大小的因素有（　　）。

    A. 资本家对工人的剥削程度　　　　　B. 劳动生产率的高低

    C. 所用资本和所费资本之间的差额　　D. 资本家预付资本的大小

25.把剩余价值转化为资本，就是资本积累。马克思关于资本积累的学说（　　）。

    A. 是剩余价值理论的重要组成部分

    B. 揭露了资本主义制度下贫富两极分化的原因

    C. 揭示了资本主义失业现象的本质

    D. 深刻地阐明了资本主义制度必然灭亡的历史命运

26.马克思指出："资本主义积累不断地并且同它的能力和规模成比例地生产出相对的，即超过资本增殖的平均需要的，因而是过剩的或追加的工人人口。""过剩的工人人口是积累或资本主义基础上的财富发展的必然产物，但是这种过剩人口反过来又成为为资本主义积累的杠杆，甚至成为资本主义生产方式存在的一个条件。"上述论断表明（　　）。

    A. 资本主义生产周期性特征需要有相对过剩的人口规律与之相适应

    B. 资本主义社会过剩人口之所以是相对的，是因为它不为资本价值增殖所需要

C.资本主义积累必然导致工人人口的供给相对于资本的需要而过剩

D.资本主义积累使得资本主义社会的人口失业规模呈现越来越大的趋势

27.在资本积累过程中，实现个别资本增大的形式是（　　）。

    A.资本循环　　　　　　　　　B.资本积聚

    C.资本周转　　　　　　　　　D.资本集中

28.某服装厂为了实现更高的盈利，将原本依靠人工进行生产的流水线改造成了完全依靠机器进行生产的流水线。与此同时，由于受经济危机的影响，该服装厂从市场上采购的布料等生产原料价格也出现了大幅度的下降。在这种情况下，该服装厂资本构成会发生变化的是（　　）。

    A.资本有机构成　　　　　　　B.资本积累构成

    C.资本技术构成　　　　　　　D.资本价值构成

29.由于对剩余价值的无止境追逐和应对竞争压力的需要，资本不断进行积累以扩大生产规模，资本有机构成呈现提高的趋势，这会导致（　　）。

    A.不变资本在总资本中所占的比重日益下降

    B.大批工人失业，形成相对过剩人口

    C.资本主义的生产越来越具有社会性

    D.资本主义基本矛盾的对立加剧

30.产业资本循环的职能形式有（　　）。

    A.货币资本　　　　　B.流通资本　　　　　C.生产资本　　　　　D.商品资本

31.产业资本循环顺利进行的条件是（　　）。

    A.三种职能形式必须在空间上同时并存

    B.三种职能形式必须在时间上继起

    C.资本有机构成逐渐提高

    D.资本积累大规模进行

32.电子商务和信息技术的发展，对加快资本周转速度起着重要作用，体现在缩短（　　）。

    A.资本由货币资本转化为生产资本的时间

    B.资本由商品资本转化为货币资本的时间

    C.原材料的储备时间

    D.劳动者加工劳动对象的时间

33.影响资本周转速度的关键因素是（　　）。

    A.资本周转时间　　　　　　　B.生产资本的构成

    C.货币资本的构成　　　　　　D.商品资本的构成

34.提高资本周转速度给资本家带来的好处有（　　）。

    A.提高剩余价值率　　　　　　B.增加年剩余价值量

    C.节省预付资本　　　　　　　D.减少固定资本有形损耗

35.社会总产品在价值形态上又叫社会总价值，包括（　　）。

    A.社会总产品的实物补偿

    B.在产品中的生产资料的转移价值

C. 凝结在产品中的工人必要劳动创造的价值

D. 凝结在产品中的由工人在剩余劳动时间里创造的价值

36. 社会资本再生产的实现要求（　　）。

A. 社会总供给与总需求平衡　　　　　　B. 生产资料总供求平衡

C. 消费资料总供求平衡　　　　　　　　D. 生产资料供给结构与需求结构吻合

37. 资本主义工资的形式主要有（　　）。

A. 计时工资　　　　B. 计件工资　　　　C. 奖金　　　　D. 计费工资

38. 工资不是它表面上呈现的那种东西，不是劳动的价值或价格，而是劳动力的价值或价格的掩蔽形式。说明资本主义的工资（　　）。

A. 是劳动力价值或价格的转化形式　　　B. 其本质是劳动的价值或价格

C. 等于工人创造的新价值　　　　　　　D. 掩盖了资本主义剥削关系

39. 马克思一有机会就提醒读者注意，决不要把他所说的剩余价值同利润或资本的赢利相混淆。对这句话的正确理解应是（　　）。

A. 剩余价值与利润无本质联系　　　　　B. 剩余价值是利润的本质内容

C. 利润率等于剩余价值率　　　　　　　D. 利润是剩余价值的转化形式

40. 利润转化为平均利润的过程，同时也是（　　）。

A. 资本有机构成提高的过程

B. 价值转化为生产价格的过程

C. 资本在不同部门之间发生转移的过程

D. 资本家集团重新瓜分剩余价值的过程

41. 商品的生产价格（　　）。

A. 是商品价值的转化形式　　　　　　　B. 与商品价值总是相等的

C. 总和与商品价值总和是相等的　　　　D. 等于商品的成本价格加平均利润

42. 在平均利润和生产价格形成以后，资本主义各生产部门（　　）。

A. 所获得的利润量完全相等

B. 按平均利润率所获得的利润量有多有少

C. 商品的价值和商品生产价格完全一致

D. 商品的价值和商品生产价格一般不一致

43. 资本主义的生产目的是追逐利润最大化。为了获得尽可能多的利润，分布在不同部门（行业）的资本家之间必然展开激烈的竞争，而竞争的结果必将导致利润率的平均化。利润率平均化的过程意味着（　　）。

A. 某企业工人创造的剩余价值有被其他资本家侵占的可能

B. 不同部门的资本家按照等量资本获取等量利润的原则来瓜分剩余价值

C. 各部门资本家在加强对工人阶级的剥削上有着共同的阶级利益

D. 不从事直接生产的银行资本家所获得的利润总是低于平均利润

44. 生产成本是（　　）。

A. 商品生产中实际耗费的资本　　　　　B. 商品生产中实际耗费的劳动

C. 商品价值中 c+v 部分　　　　　　　　D. 商品销售价格的最低界限

45.在资本主义现实中，剩余价值是采取各种转化形式出现的，它们有（　　）。

    A. 成本   B. 工资   C. 利润   D. 利息

46.马克思通过分析剩余价值的生产、积累、流通以及分配，揭示了剩余价值的运动规律，创立了剩余价值理论。剩余价值理论（　　）。

    A. 深刻揭露了资本主义生产关系的剥削本质

    B. 阐明了资产阶级与无产阶级之间阶级斗争的经济根源

    C. 指出了无产阶级革命的历史必然性

    D. 是马克思主义经济学说的基石

47.资本主义的基本矛盾是（　　）。

    A. 资产阶级和无产阶级的矛盾

    B. 资本主义国家和社会主义国家的矛盾

    C. 生产资料资本主义私人占有和生产社会化之间的矛盾

    D. 生产力和生产关系之间的矛盾在资本主义社会的具体体现

48.资本主义的基本矛盾具体表现为（　　）。

    A. 无产阶级和资产阶级的矛盾

    B. 生产无限扩大的趋势与劳动人民有支付能力的需求相对缩小的矛盾

    C. 个别企业内部生产的有组织性和整个社会生产的无政府状态之间的矛盾

    D. 人民日益增长的物质文化需要同落后的社会生产之间的矛盾

49.马克思说："一切现实的危机的最终原因始终是：群众贫穷和群众的消费受到限制，而与此相对立，资本主义生产却竭力发展生产力，好像只有社会的绝对的消费能力才是生产力发展的界限。"这段话论述表明（　　）。

    A. 社会的绝对的消费能力导致了经济危机的发生

    B. 经济危机的发生根本上在于资本主义的基本矛盾

    C. 资本积累与无限扩大生产也是经济危机发生的原因

    D. 经济危机的发生与群众的贫穷及消费能力受到限制有关

50.马克思在《资本论》中写道：市场经济无法消除产生经济危机的根源，因而经济危机周期性地爆发。经济危机的这种周期性使资本主义再生产也表现出周期性，这种周期包括四个阶段：危机、萧条、复苏和高涨。以下对资本主义经济危机的相关知识表述正确的是（　　）。

    A. 生产相对过剩是资本主义经济危机的基本特征

    B. 生产绝对过剩是资本主义经济危机的基本特征

    C. 资本主义经济的繁荣只是暂时的，繁荣包含了新的危机的先兆

    D. 导致资本主义经济危机的直接原因是生产社会化和生产资料资本主义私人占有之间的矛盾

51.2008年由美国次贷危机引发了全球性的经济危机，很多西方人感叹这一经济危机，从根本上仍未超出一百多年前马克思在《资本论》中对资本主义经济危机的精辟分析，马克思对资本主义经济危机科学分析的原创性主要是（　　）。

    A. 指明经济危机的实质是生产相对过剩

B. 揭示造成相对过剩的制度原因是生产资料的资本主义私有制

C. 指出经济危机的深层根源是人性的贪婪

D. 强调政府对经济危机的干预是摆脱经济危机的根本出路

三、简答题

1. 简述资本主义产生的途径。

2. 简述劳动力成为商品的基本条件。

3. 简述劳动力商品的价值组成。

4. 简述资本主义劳动过程的特点。

5. 简述剩余价值生产的两种基本方法。

6. 简述资本有机构成的内涵。

7. 简述产业资本循环的三个阶段和职能形式。

8. 资本主义工资的本质是什么?

9. 简述利润及其本质。

10. 简述剩余价值理论的意义。

11. 简述资本主义经济危机的本质特征。

12. 简述资本主义基本矛盾及其具体表现。

四、论述题

1. 为什么说"资本来到世间,从头到尾,每个毛孔都滴着血和肮脏的东西"?

2. 资本主义所有制的本质特征是什么?

3. 劳动力商品与普通商品相比有什么特性?

4. 怎样理解资本主义的劳动过程和价值增殖过程?

5. 如何理解资本的本质?

6. 资本总公式的矛盾及其解决的条件是什么?

7. 为什么说生产剩余价值是资本主义生产方式的绝对规律?

8. 如何理解资本积累的社会经济后果?

9. 固定资本和流动资本的划分与不变资本和可变资本的划分有什么不同?

10. 社会资本简单再生产的实现条件是什么?

11. 平均利润率是如何形成的?

12. 生产价格形成后,价值规律作用的形式有什么变化?

13. 商业资本、借贷资本和土地所有权是如何分割剩余价值的?

14. 运用历史和现实的事实说明经济危机是资本主义基本矛盾的集中体现。

五、材料分析题

1. 阅读下列材料并回答问题:

材料一 ✎ "你们的羊,"我回答说,"一向是那么驯服,那么容易喂饱,据说现在变得很贪婪、很凶蛮，以至于吃人，并把你们的田地、家园和城市蹂躏成废墟。"

——摘自托马斯·莫尔：《乌托邦》。

材料二 如果按照奥日埃的说法，货币"来到世间，在一边脸上带着天生的血斑"，那么，资本来到世间，从头到脚，每个毛孔都滴着血和肮脏的东西。

——摘自马克思：《资本论》第1卷。

材料三 资本会逃避动乱和纷争，它的本性是胆怯的。这是真的，但还不是全部真理。资本害怕没有利润或利润太少，就像自然界害怕真空一样。一旦有适当的利润，资本就胆大起来。如果有10%的利润，它就保证到处被使用；有20%的利润，它就活泼起来；有50%的利润，它就铤而走险；为了100%的利润，它就敢践踏一切人间法律；有300%的利润，它就敢犯任何罪行，甚至冒绞首的危险。如果动乱和纷争能带来利润，它会鼓励动乱和纷争。走私和贩卖奴隶就是证明。

——摘自马克思：《资本论》第1卷。

结合材料说明资本原始积累的内涵和途径。

2. 阅读下列材料并回答问题：

1963年9月7日，辽源煤矿在清理"方家坟"劳工尸骨时，从并排的3具尸体中间的一具胸部发现一个用蜡纸包着的工票，即1942年当时的矿主给劳工的工资条。从工票可以认定，死者叫牛世清，1941年11月1日到方家柜当劳工。工票载明：当月牛世清出勤30天，应领工资32.34元。据记载，当时工人每日产煤1.88吨，每吨煤市价22.65元，每吨煤生产费用（包括支付工资在内）14.90元。

——整理自隋二龙等：《无言工票"诉说"压榨之苦 "一纸"斑驳记录悲惨生活》，《吉林日报》
（2017年5月20日）。

（1）资本家一个月在牛世清身上榨取剩余价值有多少？
（2）剩余价值率为百分之多少？（小数点保留两位）

3. 阅读下列材料并回答问题：

材料一 货币羽化为资本的流通形式，是和前面阐明的所有关于商品、价值、货币和流通本身的性质的规律相矛盾的。……可见，无论怎样颠来倒去，结果都是一样。如果是等价物交换，不产生剩余价值；如果是非等价物交换，也不产生剩余价值。流通或商品交换不创造价值。

——摘自马克思：《资本论》第1卷。

材料二 货币转化为资本，必须根据商品交换的内在规律来加以说明，因此等价物的交换应该是起点。我们那位还只是资本家幼虫的货币占有者，必须按商品的价值购买商品，按商品的价值出卖商品，但他在过程终了时取出的价值必须大于他投入的价值。他变为蝴蝶，必须在流通领域中，又必须不在流通领域中。

——摘自马克思：《资本论》第1卷。

(1) 根据材料一说明马克思说的资本流通公式的矛盾指什么？为什么？

(2) 根据材料二说明解决上述矛盾的条件是什么？为什么？

4. 阅读下列材料并回答问题：

19 世纪中期马克思写《资本论》时，当时发达的资本主义国家英国的工资水平，约比德国、俄国等大陆国家的工资高出 50%。从那时到现在，经过一百多年的发展，资本主义世界各国的工资水平，仍然存在较大的差距。

——摘自 1994 年全国硕士研究生入学统一考试政治试题（理科）。

试用马克思主义关于资本主义的有关原理，说明资本主义各国工资水平存在差距的主要原因。

5. 阅读下列材料并回答问题：

材料一 我国经济已由高速增长阶段转向高质量发展阶段，正处在转变发展方式、优化经济结构、转换增长动力的攻关期，建设现代化经济体系是跨越关口的迫切要求和我国发展的战略目标。必须坚持质量第一、效益优先，以供给侧结构性改革为主线，推动经济发展质量变革、效率变革、动力变革，提高全要素生产率，着力加快建设实体经济、科技创新、现代金融、人力资源协同发展的产业体系，着力构建市场机制有效、微观主体有活力、宏观调控有度的经济体制，不断增强我国经济创新力和竞争力。

深化供给侧结构性改革。建设现代化经济体系，必须把发展经济的着力点放在实体经济上，把提高供给体系质量作为主攻方向，显著增强我国经济质量优势。加快建设制造强国，加快发展先进制造业，推动互联网、大数据、人工智能和实体经济深度融合，在中高端消费、创新引领、绿色低碳、共享经济、现代供应链、人力资本服务等领域培育新增长点、形成新动能。支持传统产业优化升级，加快发展现代服务业，瞄准国际标准提高水平。促进我国产业迈向全球价值链中高端，培育若干世界级先进制造业集群。加强水利、铁路、公路、水运、航空、管道、电网、信息、物流等基础设施网络建设。坚持去产能、去库存、去杠杆、降成本、补短板，优化存量资源配置，扩大优质增量供给，实现供需动态平衡。激发和保护企业家精神，鼓励更多社会主体投身创新创业。建设知识型、技能型、创新型劳动者大军，弘扬劳模精神和工匠精神，营造劳动光荣的社会风尚和精益求精的敬业风气。

——摘自习近平：《决胜全面建成小康社会　夺取新时代中国特色社会主义伟大胜利——在中国共产党第十九次全国代表大会上的讲话》。

材料二 "十四五"时期经济社会发展指导思想。高举中国特色社会主义伟大旗帜，深入贯彻党的十九大和十九届二中、三中、四中、五中全会精神，坚持以马克思列宁主义、毛泽东思想、邓小平理论、"三个代表"重要思想、科学发展观、习近平新时代中国特色社会主义思想为指导，全面贯彻党的基本理论、基本路线、基本方略，统筹推进经济建设、政治建设、文化建设、社会建设、生态文明建设的总体布局，协调推进全面建设社会主义现代化国家、全面深化改革、全面依法治国、全面从严治党的战略布局，坚定不移贯彻创新、协调、绿色、开放、共享的新发展理念，坚持稳中求进工作总基调，以推动高质量发展为主题，以深化供给侧结构性改革为主线，以改革创新为根本动力，以满足人民日益增长的美好生活需要为根本目的，统筹发展和安全，加快建设现代化经济体系，加快构建以国内大循环为主体、国内国际双循环相互促进的新发展格局，推进国家治理体系和治理能力现代化，实现经济行稳致远、社会安定和谐，为全面建设社会主义现代化国家开好局、起好步。

畅通国内大循环。依托强大国内市场，贯通生产、分配、流通、消费各环节，打破行业垄断和地方保护，形成国民经济良性循环。优化供给结构，改善供给质量，提升供给体系对国内需求的适配性。推动金融、房地产同实体经济均衡发展，实现上下游、产供销有效衔接，促进农业、制造业、服务业、能源资源等产业门类关系协调。破除妨碍生产要素市场化配置和商品服务流通的体制机制障碍，降低全社会交易成本。完善扩大内需的政策支撑体系，形成需求牵引供给、供给创造需求的更高水平动态平衡。

促进国内国际双循环。立足国内大循环，发挥比较优势，协同推进强大国内市场和贸易强国建设，以国内大循环吸引全球资源要素，充分利用国内国际两个市场两种资源，积极促进内需和外需、进口和出口、引进外资和对外投资协调发展，促进国际收支基本平衡。完善内外贸一体化调控体系，促进内外贸法律法规、监管体制、经营资质、质量标准、检验检疫、认证认可等相衔接，推进同线同标同质。优化国内国际市场布局、商品结构、贸易方式，提升出口质量，增加优质产品进口，实施贸易投资融合工程，构建现代物流体系。

——摘自 2020 年 10 月《中共中央关于制定国民经济和社会发展第十四个五年规划和二〇三五年远景目标的建议》。

运用马克思主义的相关原理说明我国推进供给侧结构性改革和促进国内国际双循环的合理性。

第四章第二节 习题参考答案

第三节　资本主义上层建筑

一、单项选择题

1. 资产阶级最强烈要求保障的权利是（　　）。
   A. 劳动力成为商品　　　　　　B. 私有财产不可侵犯
   C. 国家主权属于人民　　　　　D. 自由的和自主的个人

2. 在资本主义社会中，无产阶级不能真正享有民主权利，从根本上说是因为（　　）。
   A. 资本主义民主制度不够完善　　B. 无产阶级缺乏政治斗争经验
   C. 资产阶级在经济上占据统治地位　D. 无产阶级在议会中不占多数

3. 资本主义政党制度的实质是（　　）。
   A. 允许马克思主义政党独立执政
   B. 允许工人阶级及其政党参与国家政治生活
   C. 资产阶级选择自己的国家管理者，实现其内部利益平衡的政治机制
   D. 不受资本主义国家的性质制约

4. 资本主义国家选举的实质是（　　）。
   A. 资产阶级和无产阶级分权
   B. 每个公民都能通过竞选参与政治活动，表达自己的愿望和要求
   C. 协调统治阶级内部利益关系和矛盾的重要措施
   D. 人民当家作主

5. 美国采取权力制衡的组织形式，其中立法权属于（　　）。
   A. 国会　　　　B. 总统　　　　C. 最高法院　　　　D. 最高检察院

6. 资本主义国家法律制度的核心是（　　）。
   A. 宪法　　　　B. 民法　　　　C. 刑法　　　　D. 行政法

7. 资本主义意识形态的核心思想是（　　）。
   A. 个人主义价值观　　　　　　B. 拜金主义
   C. 享乐主义　　　　　　　　　D. 自由、平等与博爱

二、多项选择题

1. 资本主义政治制度是（　　）。
   A. 建立在资本主义经济基础之上
   B. 反映了资本主义社会的经济关系
   C. 反映了政治上占统治地位的资产阶级的要求
   D. 作为上层建筑，为巩固和发展资本主义社会的经济基础提供政治保障

2. 资本主义政治制度包括资本主义的（ 　 ）。

   A. 法律制度 　　　　　　　　　　B. 政权组织形式

   C. 选举制度 　　　　　　　　　　D. 政党制度

3. 宪法是资本主义国家法律制度的核心，它所依据的基本原则有（ 　 ）。

   A. 私有制原则 　　　　　　　　　B. 主权在民原则

   C. 分权制衡原则 　　　　　　　　D. 人权原则

4. 与奴隶制、封建制国家相比，资本主义国家（ 　 ）。

   A. 政治上对多数人实行民主，对少数人实行专政

   B. 代表绝大多数人的根本利益

   C. 政治上要求形式上的自由民主、正义平等

   D. 经济上要求自由竞争、等价交换

5. 资本主义国家的权力制衡是指在（ 　 ）权力之间的相互制约、彼此平衡。

   A. 立法权 　　　B. 司法权 　　　C. 行政权 　　　D. 财政权

6. 资本主义政治制度历史的和阶级的局限性是（ 　 ）。

   A. 使人民群众有了比在封建专制主义条件下更多的社会政治自由

   B. 资本主义的民主是金钱操纵下的民主，实际是资产阶级精英统治下的民主

   C. 法律名义上的平等掩盖着事实上的不平等

   D. 多党制是资产阶级选择自己的国家管理者、实现其内部利益平衡的政治机制

7. 资本主义国家意识形态的本质是（ 　 ）。

   A. 在一定程度上代表了人民的意志和愿望

   B. 集中地体现了资本主义国家文化的精华

   C. 为资本主义社会形态的经济基础服务的

   D. 资产阶级阶级意识的集中体现

8. 资本主义国家的对内职能主要有（ 　 ）。

   A. 维护国家安全和利益

   B. 利用国家政权对人民群众实行民主

   C. 对被统治阶级进行压迫和控制

   D. 对邮政、交通、文教、卫生保健、社会福利等事业进行管理

9. 资本主义意识形态中一以贯之的核心思想，包括（ 　 ）。

   A. 私有制神圣不可侵犯观念 　　　B. 个人主义价值观

   C. 宗教神学 　　　　　　　　　　D. 民主

10. 资产阶级政党在国家政治生活中发挥着重要作用，包括（ 　 ）。

   A. 代表资产阶级执掌政权，对政府施加影响，控制议会

   B. 制定和推行符合资产阶级利益的方针、政策

   C. 操纵选举

   D. 控制群众团体和舆论宣传

11. 有一则寓言讲道：狐狸把鱼汤盛在平底的盘子里，请仙鹤来和它一起"平等"地喝鱼汤，结果仙鹤一点也没喝到，全被狐狸喝去了。这则寓言给人们的启示是，尽管

资产阶级宣布"法律面前人人平等",但是（　　）。

A. 法律名义上的平等掩盖着事实上的不平等

B. 这种形式上的平等是资本主义的本质

C. 它的实质是将劳资之间经济利益的不平等合法化

D. 这种平等的权利是建立在财产不平等基础之上的权利

三、简答题

1. 简述资本主义政治制度的阶级的和历史的局限性。

2. 简述资本主义意识形态的本质。

四、论述题

1. 有人认为,资本主义民主是囿于"钱主"的民主,迷于"游戏"的民主,止于"选举"的民主。你如何看待这种说法?为什么?

2. 试述资本主义政治制度的基本内容和本质是什么?

五、材料分析题

1. 阅读下列材料并回答问题:

材料一 资本既然存在,也就统治着整个社会,所以任何民主共和制、任何选举制度都不会改变事情的实质。

——摘自《列宁全集》第 37 卷。

材料二 资产阶级平时十分喜欢分权制,特别是喜欢代议制,但资本在工厂法典中却通过私人立法独断地确立了对工人的专制。

——摘自《马克思恩格斯全集》第 23 卷。

材料三 任何一种所谓人权都没有超出利己主义的人,没有超出作为市民社会的成员的人,即作为封闭于自身、私人利益、私人任性,同时脱离社会整体的个人的人。

——摘自《马克思恩格斯全集》第 1 卷。

(1) 如何正确认识资本主义的民主共和制、选举制的本质?

(2) 资本主义能够真正实行分权制吗?为什么?

(3) 资本主义人权的实质是什么?

2. 阅读下列材料并回答问题:

材料一 资产阶级民主同中世纪制度比较起来,在历史上是一大进步,但它始终是而且在资本主义制度下不能不是狭隘的、残缺不全的、虚伪的、骗人的民主,对富人是天堂,对被剥削者、对穷人是陷阱和骗局。

——摘自《列宁全集》第 35 卷。

材料二 21 世纪以来,美国共和党与民主党两党总统候选人的选举费用从 2004

年的 7 亿美元，快速增加到 2008 年的 10 亿美元、2012 年的 20 亿美元。2016 年，包括总统选举和国会选举在内的美国大选总共花费了 66 亿美元，成为美国历史上最昂贵的政治选举。美国中期选举费用也快速升高。2002 年到 2014 年举行的四届中期选举分别花费 21.8 亿美元、28.5 亿美元、36.3 亿美元和 38.4 亿美元，2018 年则达到 52 亿美元。在 2018 年的中期选举中，赢得一个参议院席位的平均成本为 1940 万美元，赢得一个众议院席位的平均成本超过 150 万美元。高额的选举费用大大提高了参选门槛，排除了绝大多数人参加竞选的可能。只有少数有能力筹集大量竞选资金的人，才能加入美国政治选举角逐。这无疑为富人和利益集团通过金钱笼络候选人营造了温床。

除公开登记的选举经费外，大量秘密资金和"暗钱"也注入美国选举活动。美国全国广播公司新闻网 2018 年报道，美国财政部宣布不再要求大多数非营利组织报告捐赠来源，这大大降低了选举资金的透明度。自联邦最高法院 2010 年对"联合公民诉联邦选举委员会案"的裁决打开政治捐款闸门之后，非法"暗钱"持续涌入选举，不断创造新的纪录。2010 年中期选举的"暗钱"为 1600 万美元，2014 年中期选举的"暗钱"增加到 5300 万美元。到 2018 年中期选举，候选人以外的外部团体花费的"暗钱"剧增到 9800 万美元。在外部团体为影响国会选举而播放的电视广告中，超过 40% 是秘密捐赠者资助的。

——摘自中国人权研究会：《金钱政治暴露"美式民主"的虚伪面目》，
《人民日报》（2019 年 12 月 27 日）。

材料三 所有一切压迫阶级，为了维持自己的统治，都需要两种社会职能：一种是刽子手的职能，另一种是牧师的职能。刽子手的任务是镇压被压迫者的反抗和暴乱。牧师的使命是安慰被压迫者，给他们描绘一幅在保存阶级统治的条件下减少苦难和牺牲的前景（这做起来特别方便，只要不担保这种前景一定能"实现"……），从而使他们顺从这种统治，使他们放弃革命行动，打消他们的革命热情，破坏他们的革命决心。

——摘自《列宁全集》第 26 卷。

请结合材料分析资本主义政治制度和意识形态的本质。

3. 阅读下列材料并回答问题：

材料一 美国政府关门实际上是美国两党、府院之争的体现，起因是预算拨款案无法批准，美国政府没钱可花。预算拨款权力掌握在美国国会手中，国会不通过预算案，就意味着政府不能花钱，很多需要花钱的工程无法继续，员工的工资也将难以支付。从 1977 年到 1996 年 19 年间，联邦政府曾关门 17 次，几乎平均每年关门一次，最短 1 天，最长 21 天。其中 1995 年至 1996 年，克林顿政府执政时期，曾两次关门，导致数十万政府雇员被遣散回家"待业"。

从 2013 年 9 月 20 日开始至 30 日晚间，在共和党内"茶党"等保守势力的强烈要求下，国会众议院议长博纳至少三次提出不同版本的临时拨款议案，这些议案都与阻挠奥巴马力推的美国医疗保险改革实施内容相捆绑，但都没有得到民主党掌握的参议院的通过，最终导致联邦政府预算至今没有着落。2013 年 10 月 1 日，美国联邦政府的非核心部门关门。2013 年 10 月 7 日，中国香港《文汇报》报道，奥巴马急签军方支薪案，五角大楼 9 成员工或复工。2013 年 10 月 16 日晚结束联邦政府关门。

围绕特朗普总统所要求的 50 亿美元美墨边境"修墙"拨款问题，美东时间 2018 年 12 月 21 日晚 8 点，美国国会参议院在没有就联邦政府下一步拨款问题达成任何方案的情况下宣布休会。22 日凌晨起，美国联邦政府部分部门再次出现停摆。2019 年 1 月 25 日，美国史上最长政府停摆结束，总计时长 34 天 22 个小时。

——笔者根据相关资料整理改编。

材料二 在联邦政府治理结构在意识形态上出现两极分化的条件下，美国的监督和制衡体系——最初是为了防止出现过于强大的行政权威而设计的——也就变成了否决制。为了自身利益，决策机制已经变得过于松懈——太过民主，反而给过多行为体提供了阻止公共政策调整的方法。我们需要更强大的机制以推动集体决策，但是由于政府的司法化和利益集团过于强大的作用，在不发生系统性危机的情况下，我们不太可能建立起这种机制。

简言之，美国政府的问题源于，既有实力也有能力的政府与原本旨在约束政府的各个机构之间出现了结构性失衡。当前有太多的法律，"民主"程度也过了头，其表现形式就是立法部门在干预美国政府发挥职能。某些历史能让这一论断更加清晰。

如果谈到预算过程，就能发现这种更大程度的决断性。在英国，国家预算不是在国会而是在白厅——官僚机构所在地——起草的，在那里，财政部的职业公务员在内阁和首相的指导下行事。然后，该预算由英国财政大臣（相当于美国财政部长）向下议院报告，下议院通过单一的直接表决决定是否批准。到政府颁布该预算，通常需要一周或两周的时间。

美国的过程则截然不同。宪法授予国会对预算的首要权威。虽然由总统提出预算，但这些大部分都是好高骛远的文件，与最终文件的关联极少。行政管理和预算局对预算没有正式权力，实际上成为另一个支持总统偏好的游说组织。预算要经过几个月时间通过一系列复杂的委员会，最终需要两院批准的是与为确保其支持而进行大量交易的结果。由于美国几乎不存在党纪，国会领导者就无法强迫个体成员支持其偏好，即使他们属于同一党派。与英国相比，美国预算的制定是高度分权化的、非战略性的过程。

美国预算过程的开放性和无固定期限的特征反过来给予了游说者和利益集团发挥影响的多重指向。在大部分欧洲议会体系中，利益集团游说个体议员没有意义，因为党纪规则很少或不允许影响党的领袖的地位。而在美国的体系中，一位有影响的委员会主席能授予巨大的权力以修正立法，因此变成了极多游说活动的目标。就增加否决者而言，预算不是美国政府系统性地区别于其民主同伴的唯一方面。在议会体系中，大量立法是由拥有大量技术官僚的行政部门制定的。政府部门对议会负责，因而最终通过部长对投票者负责，但是这种等级制体系需要更长期的战略眼光并将产生更多连贯的立法。

——摘自弗朗西斯·福山：《美国政治制度的衰败》。

(1) 结合材料分析美国政府关门的原因。

(2) 结合材料分析资本主义政治制度的局限性。

第四章第三节　习题参考答案

第五章

资本主义的发展及其趋势

📖 **学习目标**

了解资本主义从自由竞争发展到垄断的进程，科学认识国家垄断资本主义和经济全球化，正确认识第二次世界大战后资本主义的变化及其实质，当代资本主义变化的新特征，世界大变局下资本主义的矛盾与冲突，深刻理解资本主义的历史地位及其为社会主义所代替的历史必然性，坚定资本主义必然灭亡、社会主义必然胜利的信念。

📖 **学习要点**

- ○ 私人垄断资本主义的形成及特点
- ○ 国家垄断资本主义的特点和实质
- ○ 经济全球化的表现及其影响
- ○ 第二次世界大战后资本主义的变化及其实质
- ○ 当代资本主义变化的新特征
- ○ 世界大变局下资本主义的矛盾与冲突
- ○ 资本主义的历史地位及其为社会主义所代替的历史必然性

第一节　垄断资本主义的形成与发展

一、单项选择题

1. 迄今为止资本主义社会的发展，大体可分为（　　）两个阶段。

　　A. 自由竞争资本主义和垄断资本主义

　　B. 垄断资本主义和非垄断资本主义

　　C. 商品经济和市场经济

　　D. 国内垄断和国际垄断

2. 资本主义由自由竞争阶段进入垄断阶段，最根本的标志在于（　　）。

 A. 资本输出代替商品输出在经济生活中占统治地位

 B. 垄断代替自由竞争并占据统治地位

 C. 银行资本代替工业资本在经济生活中占统治地位

 D. 国家垄断代替私人垄断在经济生活中占统治地位

3. 在资本主义生产发展和生产规模不断扩大的过程中，伴随着生产和资本的不断集中。资本集中是指（　　）。

 A. 大资本吞并小资本，或由许多小资本合并而成大资本的过程

 B. 把剩余价值转化为资本

 C. 由工业垄断资本和银行垄断资本融合在一起而形成的一种垄断资本

 D. 个别资本通过剩余价值的资本化来增大资本的总量

4. 垄断的形成是（　　）。

 A. 生产和资本的集中发展到一定阶段的结果

 B. 生产输出的结果

 C. 金融资本统治的结果

 D. 国家干预经济生活的结果

5. 少数资本主义大企业为了获得高额利润，通过相互协议或联合，对一个或几个部门商品的生产、销售和价格进行操纵和控制，称为（　　）。

 A. 联合   B. 兼并   C. 收购   D. 垄断

6. 垄断统治形成后，垄断与竞争的关系是（　　）。

 A. 垄断并不能消除竞争，反而使竞争变得更加复杂和激烈

 B. 垄断消除了竞争

 C. 垄断削弱了竞争

 D. 垄断消除了竞争的资本主义性质

7. 垄断资本主义阶段占统治地位的资本是（　　）。

 A. 商业资本   B. 银行资本   C. 工业资本   D. 金融资本

8. 金融寡头在经济领域中的统治主要是通过（　　）。

 A. "个人联合" 实现的   B. "参与制" 实现的

 C. 竞争机制实现的   D. 价格机制实现的

9. 金融寡头对国家机器的控制，主要是通过（　　）来实现的。

 A. 资本输出   B. 参与制

 C. 同政府的 "个人联合"   D. 工业资本与银行资本的融合

10. 金融寡头在经济领域中的统治主要是通过 "参与制" 实现的。所谓参与制是指金融寡头（　　）。

 A. 通过购买所属公司全部股票直接掌握许多大企业和大银行的经济统治方式

 B. 直接参与银行的经营和管理

 C. 直接参与工业企业的生产经营和管理

 D. 通过掌握一定数量的股票来层层控制企业的制度

11. 垄断利润就其本质而言，来源于（　　）。

    A. 垄断组织的垄断资本的实力　　B. 垄断组织的垄断地位

    C. 垄断组织的海外掠夺　　D. 劳动者创造的剩余价值

12. 垄断组织形式虽然多种多样，而且不断发展变化，其本质都是为了（　　）。

    A. 操纵垄断价格攫取高额垄断利润　B. 控制商品生产

    C. 操纵销售市场　　D. 垄断先进技术

13. 为了获得高额垄断利润，垄断组织在采购原材料时多采取（　　）。

    A. 垄断低价　　B. 垄断高价

    C. 自由价格　　D. 市场价格

14. 垄断价格是（　　）。

    A. 生产价格加平均利润　　B. 成本价格加垄断利润

    C. 成本价格加平均利润　　D. 成本价格加超额利润

15. 垄断利润是垄断资本家凭借（　　）。

    A. 增加产品数量获得的　　B. 改进生产技术获得的

    C. 扩大企业规模获得的　　D. 垄断地位获得的

16. 垄断利润是（　　）。

    A. 资本家采用新技术而获得的超额利润

    B. 垄断组织获得的平均利润

    C. 垄断组织获得的一般利润

    D. 垄断资本家获得的超过平均利润的高额利润

17. 垄断资本出售自己商品时的垄断高价是（　　）。

    A. 超过商品价值低于商品生产价格的价格

    B. 超过商品价值和商品生产价格的价格

    C. 超过商品生产价格低于商品价值的价格

    D. 超过商品价值等于商品生产价格的价格

18. 马克思指出："某些商品的垄断价格，不过是把其他商品生产者的一部分利润，转移到具有垄断价格的商品上。"这段话说明（　　）。

    A. 垄断资本家剥削中小资本家

    B. 垄断资本家获得的利润是中小资本家创造的

    C. 垄断价格不可能增加商品价值也并没有否定价值规律

    D. 垄断价格是垄断资本家随意制定的

19. 各资本主义国家的垄断组织从经济上瓜分世界产生了（　　）。

    A. 国际垄断同盟　　B. 国家垄断资本主义

    C. 金融资本和金融寡头　　D. 殖民地和宗主国

20. 国家垄断资本主义是（　　）。

    A. 国家政权与私人垄断资本相分离的垄断资本主义

    B. 国家政权和私人垄断资本融合在一起的垄断资本主义

    C. 消除了生产无政府状态的垄断资本主义

D. 解决了资本主义基本矛盾的垄断资本主义

21. 在国家垄断资本主义条件下，政府对经济生活进行干预和调节的实质是（　　）。

　　A. 维护垄断资产阶级的整体利益和长远利益

　　B. 维持资本主义经济稳定增长

　　C. 消除或防止经济危机的爆发

　　D. 提高资本主义社会的整体福利水平

22. 国家垄断资本主义的产生和发展，从根本上说是（　　）。

　　A. 垄断统治加强的结果

　　B. 国际竞争激烈化的结果

　　C. 生产社会化和资本主义私人占有制之间矛盾发展的结果

　　D. 国内市场竞争的结果

23.（　　）是资本社会化的更高形式，将成为社会主义的前奏。

　　A. 私人垄断资本主义　　　　　　　B. 国家垄断资本主义

　　C. 经济全球化　　　　　　　　　　D. 自由竞争资本主义

24. 第二次世界大战后，发达资本主义国家的发展进入国家垄断资本主义的新阶段，这意味着（　　）。

　　A. 国家垄断资本掌控经济生活

　　B. 发达资本主义国家的政府担当调控国家宏观经济的重要职能

　　C. 所有重要的经济部门实行国有化

　　D. 国家垄断重于私人垄断

25. 金融资本是由（　　）融合在一起而形成的一种垄断资本。

　　A. 银行资本和工业资本　　　　　　B. 工业垄断资本和银行垄断资本

　　C. 产业资本和商业资本　　　　　　D. 垄断银行资本和银行资本

26. 垄断资本主义国家事实上的主宰者是（　　）。

　　A. 大土地所有者　　　　　　　　　B. 商业资本家

　　C. 金融寡头　　　　　　　　　　　D. 产业资本家

27. 垄断资本国际化条件下各种形式的国际垄断组织、国际垄断同盟和国际经济协调机构的发展，从根本上说是为了（　　）。

　　A. 使各国间有可能保持和平与稳定的关系

　　B. 维护资产阶级利益并为其攫取高额垄断利润服务

　　C. 缓和国际经济领域的矛盾和危机

　　D. 促进经济全球化的发展

28. 列宁指出："只要资本主义还是资本主义，过剩的资本就不会用来提高本国民众的生活水平，而会输出国外，输出到落后的国家去，以提高利润。""自由竞争占完全统治地位的旧资本主义的特征是商品输出。垄断占统治地位的新资本主义的特征是资本输出。"这段话表明（　　）。

　　A. 资本输出是垄断资本主义的一个重要特征

　　B. 垄断资本主义时期没有商品输出

C. 商品输出和资本输出在资本主义同一时期不能同时存在

D. 垄断资本主义时期没有竞争

29. 当代资本主义国际垄断组织的主要形式是（　　）。

　　A. 国际卡特尔　　　　　　　　　B. 混合联合企业

　　C. 跨国公司　　　　　　　　　　D. 国际康采恩

30. 垄断资本主义的资本输出的实质是（　　）。

　　A. 垄断资本家、垄断组织帮助他国发展的手段

　　B. 垄断资本主义国家商品输出的补充形式

　　C. 发达国家和发展中国家互助互利的形式

　　D. 金融资本掠夺和奴役他国的手段

31. 当代西方发达国家经济社会制度的性质是（　　）。

　　A. 私人垄断资本主义　　　　　　B. 自由竞争资本主义

　　C. 国家垄断资本主义　　　　　　D. 后资本主义

32. 国际垄断同盟在经济上瓜分世界的依据是（　　）。

　　A. 军备力量的强弱　　　　　　　B. 资本和经济实力的大小

　　C. 国土的大小　　　　　　　　　D. 人口的多少

33. 帝国主义的实质是（　　）。

　　A. 改变经济的资本主义性质

　　B. 生产资本的输出

　　C. 垄断资本凭借垄断地位获取高额垄断利润

　　D. 改变资本主义国家机器的性质

34. 资本主义国有经济一般不涉足的领域是（　　）。

　　A. 基础设施建设　　　　　　　　B. 大型科研项目

　　C. 普通消费品生产　　　　　　　D. 公共产品生产

35. 资本主义国家对国民经济的调控最主要是采取（　　）。

　　A. 经济手段　　　　B. 法律手段　　　　C. 行政手段　　　　D. 计划手段

36. 垄断资本主义阶段，大量资本输出的原因是（　　）。

　　A. 垄断资本主义国内不需要继续投资发展

　　B. 发展中国家急需大量建设资金

　　C. 垄断资本的利润率太低

　　D. 对垄断资本追求高额垄断利润的需求来说资本过剩

37. 打着"援助"的旗号对发展中国家进行经济剥削和政治控制属于（　　）。

　　A. 老殖民主义　　　　　　　　　B. 新殖民主义

　　C. 新老帝国主义的一贯做法　　　D. 发展中国家的内在要求

38. 最简单的、初级的垄断组织形式是（　　）。

　　A. 短期价格协定　　　B. 托拉斯　　　C. 卡特尔　　　D. 康采恩

39. 垄断资本主义可分为（　　）两个阶段。

　　A. 私人垄断和一般垄断　　　　　B. 私人垄断和国家垄断

C. 国内垄断和国际垄断　　　　D. 国家垄断和国际垄断

40. 20 世纪 70 年代以来，西方资本主义国家的金融资本急剧膨胀，这一方面促进了资本主义的发展，另一方面造成了经济过度虚拟化，致使金融危机频繁发生，西方资本主义金融资本快速发展壮大的重要制度条件是（　　）。

    A. 金融自由化与金融创新

    B. 技术创新与大力发展互联网金融

    C. 全面私有化与放松金融监管

    D. 去工业化与大力发展现代化服务业

41. 当代资本主义国际垄断同盟的高级形式是（　　）。

    A. 国际卡特尔　　　　　　　　B. 跨国公司

    C. 国家垄断资本主义的国际联盟　D. 地区性经济组织

42. 在自由竞争资本主义阶段占主导地位的资本输出是（　　）。

    A. 私人资本输出　　　　　　　　B. 借贷资本输出

    C. 商品资本输出　　　　　　　　D. 生产资本输出

43. 经济全球化的表现不包括（　　）。

    A. 金融全球化　　　　　　　　B. 贸易全球化

    C. 生产全球化　　　　　　　　D. 殖民体系全球化

44. 经济全球化的实质是（　　）。

    A. 发达资本主义国家占优势、为主导的经济运动

    B. 发展中国家占优势、为主导的经济运动

    C. 对外开放国家占优势、为主导的经济运动

    D. 各国平等互利的经济运动

45. 经济全球化带给发达国家的好处很多，但不包括（　　）。

    A. 扩大了贸易逆差　　　　B. 降低其生产成本

    C. 从世界各地获取大量的利润　D. 加强对国际金融市场的控制

46. 美国波音 747 客机的 600 万个零部件由美国及另外 6 个国家的 1200 多家企业提供。这种表现是（　　）。

    A. 商品国际化　　　　　　　　B. 生产全球化

    C. 贸易全球化　　　　　　　　D. 资本全球化

47. 下列不属于经济全球化发展趋势的选项是（　　）。

    A. 国际经济新秩序的建立　　B. 区域经济集团日益发展

    C. 跨国公司的主导作用增强　D. 市场经济成为全球经济体制

48. 当代经济全球化的主要载体是（　　）。

    A. 发展中国家　　　B. 发达国家　　　C. 市场经济　　　D. 跨国公司

49. 经济全球化带给发展中国家的消极影响有许多，但不包括（　　）。

    A. 经济发展机会大大减少

    B. 发达国家与发展中国家在经济全球化过程中的地位和收益不平等、不平衡

    C. 加剧了资源短缺和环境污染

D. 经济发展受到一定程度的损失

二、多项选择题

1. 从资本主义制度建立至今，资本主义的发展经历了（   ）。
   A. 简单商品经济阶段　　　　　　　B. 自由竞争阶段
   C. 社会主义社会阶段　　　　　　　D. 垄断阶段

2. 垄断资本主义本身发展所经历的阶段是（   ）。
   A. 企业垄断阶段　　　　　　　　　B. 行业垄断阶段
   C. 一般垄断或私人垄断阶段　　　　D. 国家垄断资本主义阶段

3. 关于生产集中与资本集中，下列说法正确的是（   ）。
   A. 它们是资本主义自由竞争的结果
   B. 它们是剩余价值规律、竞争规律和资本积累规律作用的结果
   C. 它们是生产社会化的重要表现
   D. 它们是资本社会化的重要表现

4. 马克思认为："在实际生活中，我们不仅可以找到竞争、垄断和它们的对抗，而且可以找到它们的合题。这个合题并不是公式，而是运动。垄断产生着竞争，竞争产生着垄断。"这表明（   ）。
   A. 垄断是从竞争中形成的　　　　　B. 竞争在垄断产生后趋于消亡
   C. 垄断不能消除竞争　　　　　　　D. 垄断与竞争并存

5. 垄断形成的原因有（   ）。
   A. 生产高度集中的必然产物　　　　B. 资本高度集中必然引起垄断
   C. 少数大企业为避免两败俱伤　　　D. 规模经济效益促使少数大资本走向垄断

6. 垄断统治下竞争的特点（   ）。
   A. 竞争的目的是获得高额垄断利润
   B. 竞争的手段有政治上的力量
   C. 竞争更为激烈，破坏性更大
   D. 竞争的范围除经济领域外还包括政治、军事、文化领域

7. 列宁说："从自由竞争中生长起来的垄断并不消除竞争，而是凌驾于这种竞争之上，与之并存，因而产生许多特别尖锐特别剧烈的矛盾、摩擦和冲突。"垄断并不能消灭竞争，其原因在于（   ）。
   A. 垄断组织不可能囊括所有部门和企业
   B. 竞争是商品经济的必然产物，而垄断没有消灭商品经济
   C. 还存在着大量非垄断企业，它们之间还存在自由竞争
   D. 垄断组织之间以及其内部的竞争也是存在的

8. 垄断并不能消除竞争，反而使竞争变得更加复杂和剧烈。垄断条件下的竞争包括（   ）。
   A. 垄断组织内部的竞争　　　　　　　B. 垄断组织之间的竞争
   C. 垄断组织与非垄断组织之间的竞争　D. 非垄断的中小企业之间的竞争

9. 金融资本（ ）。

    A. 是垄断资本主义阶段居于统治地位的资本

    B. 在自由竞争资本主义阶段产生

    C. 是由工业垄断资本和银行垄断资本融合在一起而形成的一种垄断资本

    D. 通过"参与制"和"个人联合"在经济领域里进行统治

10. 资本主义垄断阶段的竞争与自由竞争阶段的竞争相比，不同点有（ ）。

    A. 竞争的目的不同　　　　　　B. 竞争的手段有了新变化

    C. 竞争的激烈程度和后果不同　　D. 竞争的范围不同

11. 垄断组织是指在资本主义社会的一个或几个经济部门中居于重要地位的大企业之间的联合。它们凭借这种联合所建立的统治地位，控制相应部门的商品生产，瓜分销售市场、原料产地和投资场所，规定垄断价格，攫取高额利润。常见的垄断组织有（ ）。

    A. 卡特尔　　　　　B. 辛迪加　　　　　C. 托拉斯　　　　　D. 康采恩

12. 垄断资本主义的基本经济特征包括（ ）。

    A. 垄断组织在经济生活中起决定作用

    B. 资本输出有了特别重要的意义

    C. 在金融资本的基础上形成金融寡头的统治

    D. 垄断使竞争趋于缓和

13. 垄断价格是（ ）。

    A. 垄断资本家取得垄断利润的主要手段

    B. 垄断资本家凭借垄断地位规定的商品价格

    C. 成本价格加平均利润

    D. 成本价格加垄断利润

14. 垄断利润是（ ）。

    A. 凭借垄断地位获得的利润

    B. 超过平均利润的高额利润

    C. 通过资本自由转移而形成的一种利润

    D. 垄断资本所有权在经济上的实现形式

15. 垄断高价和垄断低价并不否定价值规律，是因为（ ）。

    A. 垄断价格的形成只是使价值规律改变了表现形式

    B. 从整个社会看，商品的价格总额和价值总额是一致的

    C. 垄断高价是把其他商品生产者的一部分利润转移到垄断高价的商品上

    D. 垄断高价和垄断低价不能完全离开商品的价值

16. 垄断利润的主要来源（ ）。

    A. 垄断企业内部工人创造的剩余价值

    B. 非垄断企业工人创造的一部分剩余价值

    C. 小生产者创造的一部分价值

    D. 落后国家劳动人民创造的一部分价值、国内劳动人民必要劳动创造的一部分价值

17.垄断资本获取高额垄断利润的途径主要有（   ）。

    A.生产上通过"企业联合"   B.管理上通过"经理负责制"

    C.经济上通过"参与制"   D.政治上通过"个人联合"

18.金融寡头操纵、控制社会的主要方式有（   ）。

    A.通过"参与制"实现其在经济领域中的统治

    B.通过同政府的"个人联合"实现其对国家机器的控制

    C.通过政策咨询机构影响和左右内外政策

    D.通过新闻媒体实现国民思想意识的统一性

19.国家垄断资本主义是（   ）。

    A.银行垄断资本和工业垄断资本融合或混合生长的资本

    B.国家政权和私人垄断资本相结合的垄断资本

    C.资本主义基本矛盾发展的产物

    D.社会主义最完备的物质准备

20.国家垄断资本主义的基本形式有（   ）。

    A.国有企业

    B.国家与私人合营企业

    C.国家通过多种形式参与私人垄断资本的再生产过程

    D.国家调节经济

21.国家垄断资本主义产生的原因是（   ）。

    A.通过国家的力量来建设基础设施，为私人垄断资本提供服务

    B.社会生产力的发展，要求资本主义生产资料在更大范围内被支配

    C.经济波动和经济危机的深化

    D.缓和社会矛盾，协调利益关系

22.国家垄断资本主义对资本主义经济发展的作用（   ）。

    A.在一定程度上促进了社会生产力的发展

    B.解决了垄断资本主义内在矛盾的深化与尖锐

    C.从根本上解决了失业问题

    D.缓解了资本主义生产的无政府状态

23.国家垄断资本主义宏观经济调控的主要政策和措施有（   ）。

    A.财政政策   B.货币政策

    C.国民经济一定程度的计划管理   D.资本输出

24.国家垄断资本主义是国家政权和私人垄断资本融合在一起的垄断资本主义。第二次世界大战结束以来，在国家垄断资本主义获得充分发展的同时，资本主义国家通过宏观调节和微观规制对生产、流通、分配和消费各个环节的干预也更加深入。其中，微观规制的类型主要有（   ）。

    A.社会经济规制   B.公共事业规制

    C.公众生活规制   D.反托拉斯法

25.资本主义国家宏观经济管理与调节的主要目标包括（　　）。

   A.促进充分就业　　　　　　　　B.保持一定程度的经济增长

   C.保持币值和物价稳定　　　　　D.促进国内国际收支平衡

26.资本输出的必要性在于（　　）。

   A.为大量国内过剩资本寻找高额利润的投资场所

   B.争夺商品销售市场

   C.为控制国外原料产地和其他重要资源

   D.将部分非要害的技术转移到国外，以取得在别国的垄断优势，攫取高额垄断利润

27.垄断资本向世界范围扩展的基本形式有（　　）。

   A.借贷资本输出　　　　　　　　B.生产资本输出

   C.商品资本输出　　　　　　　　D.国际资本输出

28.从资本输出的主体来划分，资本输出的形式有（　　）。

   A.借贷资本输出　　　　　　　　B.生产资本输出

   C.私人资本输出　　　　　　　　D.国家资本输出

29.经济殖民地对垄断资本主义国家的重要作用是（　　）。

   A.可靠而有利的商品销售市场和投资场所

   B.重要的廉价原料产地

   C.高新技术产品的重要供应地

   D.高新技术人才的培养地

30.资本主义生产在其自身范围内的调整包括（　　）。

   A.股份公司的出现　　　　　　　B.从自由竞争到垄断

   C.从私人垄断到国家垄断　　　　D.国际垄断资本和国际垄断同盟的发展

31.第二次世界大战后，西方国家跨国公司迅速发展是由于（　　）。

   A.生产力发展的需要　　　　　　B.国内外市场竞争的需要

   C.资本输出的需要　　　　　　　D.争夺国际垄断地位的需要

32.发达资本主义国家主导之下的国际经济协调机制包括（　　）。

   A.国际货币基金组织　　　　　　B.世界银行

   C.七十七国集团　　　　　　　　D.世界贸易组织

33.第二次世界大战后，垄断资本主义的特征获得了新内容和表现形式，主要有（　　）。

   A.混合、联合公司成为垄断组织的主要形式

   B.跨国公司成为生产和资本国际化的主要组织形式

   C.私人垄断资本普遍采用股份公司的企业组织形式

   D.由国家出面组建的国际垄断组织的出现

34.习近平指出："经济全球化是社会生产力发展的客观要求和科技进步的必然结果，不是哪些人、哪些国家人为造出来的。经济全球化为世界经济增长提供了强劲动力，促进了商品和资本流动、科技和文明进步、各国人民交往。"经济全球化对发展中国家的积极作用主要表现在（　　）。

   A.经济全球化为发展中国家提供先进技术和管理经验

B. 经济全球化为发展中国家提供很多的就业机会

C. 经济全球化推动发展中国家国际贸易发展

D. 经济全球化促进发展中国家跨国公司的发展

35.20 世纪 80 年代以来，经济全球化进程大大加快。经济全球化成为当今世界经济发展的重要趋势，其表现有（　　）。

　　A. 生产全球化　　　　　　　　　B. 贸易全球化

　　C. 金融全球化　　　　　　　　　D. 企业经营全球化

36.早在 150 多年前，马克思与恩格斯就已指出"不断扩大产品销路的需要，驱使资产阶级奔走于全球各地"，"资产阶级由于开拓了世界市场，使一切国家的生产和消费都成为世界性的了。……在过去那种地方的和民族的自给自足的闭关自守状态，被各民族的各方面的互相往来和各个方面的互相依赖所代替了"。这段话说明（　　）。

　　A. 全球化趋势具有客观必然性　　　B. 全球化是生产社会化发展的结果

　　C. 全球化是由资本主义国家推动的　　D. 发展中国家只能被动地参与全球化

37.为了加强对各国垄断资本的协调和制约，第二次世界大战后，国际垄断资本建立了国际货币基金组织、世界银行和世界贸易组织等国际经济机构。这些国际经济机构在协调和合作的基础上促进了经济全球化的发展，主要表现在（　　）。

　　A. 加强了各国和各经济体之间的联系　　B. 推动了商品和服务贸易的迅速增加

　　C. 有效应对全球性经济波动和经济危机　　D. 加快了资本和技术等要素的国际流动

38.20 世纪 80 年代以来，随着冷战的结束，分割的世界经济体系也随之被打破，技术、资本、商品等真正实现了全球范围的流动，各国之间的经济联系日益密切，相互合作、相互依存大大加强，世界进入经济全球化迅猛发展的新时代。促使经济全球化迅猛发展的因素有（　　）。

　　A. 科学技术的进步和生产力的快速发展

　　B. 出现了适宜于全球化的企业组织形式

　　C. 企业不断进行的技术创新与管理创新

　　D. 各国经济体制变革给出的有利制度条件

39.在经济全球化进程中，社会分工得以在更大的范围内进行，资金、技术等生产要素可以在国际社会流动和优化配置，由此可以带来巨大的分工利益，推动世界生产力的发展。经济全球化也是一把"双刃剑"，它在促进经济发展的同时也带来了一些负面影响。其主要表现有（　　）。

　　A. 不利于生产社会化的提高

　　B. 发达国家与发展中国家在经济全球化过程中的地位和收益不平等、不平衡

　　C. 加剧了发展中国家资源短缺和环境恶化

　　D. 一定程度上增加经济风险

三、简答题

　　1. 简述垄断及其产生原因。

　　2. 垄断条件下的竞争与自由竞争相比有哪些新特点？

3. 简述国家垄断资本主义产生和发展的必然性。

4. 简述国家垄断资本主义的实质。

5. 简述垄断利润及其来源。

6. 简述垄断资本向世界范围扩展的主要经济动因。

7. 简述帝国主义的实质。

8. 简述经济全球化的动因。

9. 为什么垄断价格的产生没有否定价值规律?

10. 简述金融寡头控制国家机器的几种途径。

11. 国家垄断资本主义主要有哪些形式?

四、论述题

1. 垄断是怎样产生的? 为什么说垄断并没有消除竞争?

2. 为什么说国家垄断资本主义体现了资本主义生产关系的部分质变?

3. 如何看待垄断资本向世界范围扩展引起的社会经济后果?

4. 如何认识和把握经济全球化及其影响?

五、材料分析题

1. 阅读下列材料并回答问题:

IBM 公司是世界上最大的信息工业跨国公司之一, 从 20 世纪 50 年代起致力于计算机行业, 并很快在大型计算机业务上占据了统治地位。IBM 生产的计算机在技术上常常是最先进的, 在某些情况下, 即使不是最好的, 但由于出色的服务和技术支持, 他们仍有卓越的信誉。

在整个 60 年代和 70 年代, 虽然有 ControlData、Honeywell、SperryUnivac、Burroughs 和 NCR 等公司的竞争, 但这些公司都不是其对手, 到 1980 年为止, IBM 仍占据全球大型计算机市场超过 80% 的份额。大型计算机是 IBM 的"金母鸡", 毛利高达 70%。

80 年代, 随着个人计算机和工作站所连接成的网络逐渐取代大型机, 日本、欧洲共同体和美国国内许多资本、技术雄厚的企业纷纷涉足这一高风险、高收益的领域。在与苹果、康柏、东芝、戴尔等企业激烈的竞争中 IBM 公司开始走下坡路。

迫于竞争的压力, 90 年代 IBM 公司进行了组织改造以降低成本; 进行资产重组和资本运营, 使公司的股票价格扶摇直上; 进行经营战略转型, 在保持计算机硬件领域领先地位的同时, 成功地实现了向软件服务等高利润领域的转移; 实施竞争战略调整, 全面提升了企业竞争力, 重塑起昔日的辉煌。

IBM 确立的战略目标是: 在所处产业的所有领域都能实现高增长率; 在所有领域都有技术和质量卓越的产品, 并发挥领导作用; 在生产、销售、服务和管理的所有业务活动上, 实现最高的效率; 确保企业成长所需要的高利润, 以便在产业中具有不可动摇的地位。

目前, 计算机技术正在向更加"开放型系统"的方向发展。往往主机是一个公司制造的, 显示器是另一个公司的, 打印机又是第三个公司的, 软件是第四个公司的, 这些组合起来使整个系统得以运行。在新的技术基础上，计算机行业的企业组织趋向网络化发展，IBM 公司面临着新的竞争挑战。IBM 公司在垄断和竞争中寻求着未来的发展。

——笔者根据相关资料整理改编。

(1) 用 IBM 的案例说明垄断和竞争的关系。

(2) 从 IBM 公司的发展过程总结垄断资本条件下竞争的新特点？

2.阅读下列材料并回答问题：

材料一 第一次世界大战后，世界经济经历了大约十二年的虽不平坦但较持续的发展，但随着 20 世纪 30 年代资本主义经济危机的到来，这一经济增长戛然而止，随之而来的是一段时期的经济衰退。资本主义经济衰退，是价格和收入的下跌，是财富的缩减和失业人数大增。

——摘自理查德·沃尔夫，斯蒂芬·雷斯尼克：《相互竞争的经济理论：新古典主义、凯恩斯主义和马克思主义》。

材料二 英国经济学家凯恩斯于 1936 年发表《就业、利息和货币通论》，主张国家通过财政和货币政策创造需求，以实现总供给和总需求的平衡，保证了资本主义经济的稳定运行，为国家垄断资本主义奠定了理论基础。1939—1945 年第二次世界大战期间，帝国主义各国都建立了战时经济管理体制，国家对整个国民经济和社会生活实行全面统治，国家垄断资本主义得到进一步发展。第二次世界大战后，在所有发达资本主义国家，国家垄断资本主义无论在广度上还是在深度上都有了更迅速、更普遍的发展，国家干预深入到资本主义的生产、流通、分配和消费的各个环节，国家垄断资本主义作为一种新的垄断资本主义生产关系体系最终得以形成。

——摘自张卫国等：《马克思主义基本原理概论辅助教材》。

(1) 结合材料分析国家垄断资本主义产生的原因。

(2) 结合材料分析国家垄断资本主义的实质。

3.阅读下列材料并回答问题：

1929 年，资本主义世界爆发经济危机，凯恩斯提出了各种反危机的政策主张，这些政策主张成为不少西方国家制定经济政策的重要理论依据。2008 年美国金融危机爆发后，凯恩斯主义又为西方国家缓解危机带来的负面影响起了一定的作用。因此，有西方学者认为，凯恩斯在致命危险威胁资本主义的世纪里巩固了这个社会，挽救了资本主义。也有的学者认为，以凯恩斯作为理论基础的国家垄断资本主义对当代资本主义经济发展没有任何作用。

——笔者根据相关资料整理改编。

结合上述两种观点，谈谈如何客观评价国家垄断资本主义对西方国家经济发展的作用。

4. 阅读下列材料并回答问题：

材料一 对自由竞争占完全统治地位的旧资本主义来说，典型的是商品输出。对垄断占统治地位的最新资本主义来说，典型的则是资本输出。

只要资本主义还是资本主义，过剩的资本就不会用来提高本国民众的生活水平（因为这样会降低资本家的利润），而会输出国外，输出到落后的国家去，以提高利润。在这些落后国家里，利润通常都是很高的，因为那里资本少，地价比较贱，工资低，原料也便宜。其所以有输出资本的可能，是因为许多落后的国家已经卷入世界资本主义的流转，主要的铁路线已经建成或已经开始兴建，发展工业的起码条件已有保证等等。其所以有输出资本的必要，是因为在少数国家中资本主义"已经过度成熟"，"有利可图的"投资场所已经不够了（在农业不发达和群众贫困的条件下）。

——摘自《列宁全集》第 27 卷。

材料二 第二次世界大战后跨国公司迅速和广泛发展，成了资本国际化的主要载体和推动力，跨国公司的发展一方面通过对外直接投资，就地生产，就地销售，可以绕过所在国的关税壁垒和贸易障碍，在一定程度上克服贸易保护主义的影响；另一方面旧殖民体系的瓦解迫使垄断组织不得不改变策略，采取跨国公司这种比较隐蔽的形式对发展中国家进行经济渗透和掠夺，推行新殖民主义等。

——摘自张卫国等：《马克思主义基本原理概论辅助教材》。

(1) 根据材料一说明垄断资本输出的主要原因和实质。
(2) 根据材料二说明第二次世界大战后跨国公司广泛发展的主要原因。

5. 下面是一组关于经济全球化方面的资料：

材料一 不断扩大产品销路的需要，驱使资产阶级奔走于全球各地。它必须到处落户，到处开发，到处建立联系。资产阶级，由于开拓了世界市场，使一切国家的生产和消费都成为世界性的了。

——摘自马克思和恩格斯：《共产党宣言》。

美国联合技术公司为开发电梯新产品，充分利用全球各国的优势，如在法国制造电梯门系统，在德国制造电子器件，在日本设计电动驱动装置，最后在美国组装。美国福特公司生产的轿车，外国部件占 27%。日本本田公司在美国制造的协和轿车有 25% 的零部件在海外制造。20 世纪 80 年代初至 1996 年，国际资本流量年均增长率高达 20%，远超过国际贸易约 5.5% 的年均增长速度。

——摘自 2002 年全国硕士研究生入学统一考试政治试题。

材料二 20 世纪 80 年代以来，许多亚洲和拉美地区的发展中国家大力推行外向型经济发展模式，积极引进直接投资和其他形式的外国资本，并且采取一系列鼓励措施促进出口。它们持续保持了 5.5%~8% 的年经济高速增长，在较短的时间内成功地实现了由初级产品出口国向制成品出口国转变。据国际货币基金组织统计，1989—1994 年，发达国家的对外贸易年均增长率为 3.65%，而发展中国家为 8.59%。其中发展最快的是东亚和东南亚地区。

——笔者根据相关资料整理改编。

　　经济全球化使美国获得了巨额的国际资本。过去十多年里，美国始终是全球最大的资本输出国，同时也是最大的资本输入国。大量的外资净流入，有效地抵消了国内私人储蓄水平持续下降和巨额贸易逆差的不利影响，对于保持较高的就业和经济增长水平具有重要作用，同时为美国保持较低的物价水平做出了不小的贡献。

——摘自2002年全国硕士研究生入学统一考试政治试题。

　　材料三 ✎　当前，最迫切的任务是引领世界经济走出困境。世界经济长期低迷，贫富差距、南北差距问题更加突出。究其根源，是经济领域三大突出矛盾没有得到有效解决。……三是，全球发展失衡，难以满足人们对美好生活的期待。施瓦布先生在《第四次工业革命》一书中写道，第四次工业革命将产生极其广泛而深远的影响，包括会加剧不平等，特别是有可能扩大资本回报和劳动力回报的差距。全球最富有的1%人口拥有的财富量超过其余99%人口财富的总和，收入分配不平等、发展空间不平衡令人担忧。全球仍然有7亿多人口生活在极端贫困之中。

——摘自习近平主席在世界经济论坛2017年年会开幕式上的主旨演讲。

　　(1) 根据材料一说明经济全球化的原因。

　　(2) 根据材料二、材料三分析经济全球化趋势对世界各国经济的影响。

　　(3) 综合材料一、材料二、材料三说明我国面对经济全球化的基本对策。

第五章第一节　习题参考答案

第二节　正确认识当代资本主义的新变化

一、单项选择题

1. 当代资本主义所发生的许多新变化属于（　　）。

　　A. 资本主义生产方式的根本改变

　　B. 资本主义生产关系性质的根本改变

　　C. 资本主义总量变过程中的爆发式质变

　　D. 资本主义总量变过程中的阶段性部分质变

2. 当代资本主义新变化的实质是（　　）。

    A. 触动了资本主义统治的根基   B. 改变了资本主义生产关系的性质

    C. 资本主义制度基本框架内的调整   D. 社会主义生产关系的萌芽

3. 与第二次世界大战前的资本主义相比，当代资本主义在许多方面已经并正在发生着深刻的变化。正确分析这些新变化发生的原因，有利于我们科学而全面地认识当代资本主义社会。导致当代资本主义新变化发生的根本推动力量是（　　）。

    A. 改良主义政党对资本主义制度的改革

    B. 工人阶级争取自身权利的斗争

    C. 科学技术革命和生产力的发展

    D. 社会主义制度的优越性对资本主义的影响

4. 垄断资本主义国家的工人持有垄断企业的少量股票表明（　　）。

    A. 人人都成为有产者

    B. 工人成为企业的主人

    C. 垄断资产阶级失去了生产资料所有权

    D. 工人的雇佣劳动地位并未改变

5. 第二次世界大战后，西方主要资本主义国家出现的新变化表明（　　）。

    A. 关于"资本主义必然灭亡，社会主义必然胜利"的论断是没有根据的

    B. 当代资本主义为向社会主义过渡准备了更充分的物质条件

    C. 无产阶级与资产阶级之间的阶级矛盾已经消失

    D. 资本主义制度具有优越性

6. 从历史发展的角度看，资本主义生产资料所有制是不断演进和变化的。当今资本主义社会占主导地位的资本主义所有制形式是（　　）。

    A. 个体资本所有制   B. 合伙制

    C. 私人股份资本所有制   D. 法人资本所有制

7. 资本主义国家的福利制度（　　）。

    A. 解决了资本主义分配关系的矛盾

    B. 表明资产阶级同劳动人民的利益是一致的

    C. 减轻了对雇佣劳动者的剥削

    D. 没有减轻对雇佣劳动者的剥削，是羊毛出在羊身上

二、多项选择题

1. 当代资本主义的新变化（　　）。

    A. 已经触动了资本主义统治的根基

    B. 从根本上说是人类社会发展一般规律作用的结果

    C. 是在资本主义制度基本框架内的变化

    D. 并不意味着资本主义生产关系的根本性质发生了变化

2. 当代资本主义的新变化没有改变资本主义生产关系的本质，因为（　　）。

    A. 没有改变工人阶级受雇佣的阶级地位

    B. 没有改变资本主义剥削的实质

    C. 没有改变资本主义的基本矛盾

    D. 没有改变资本主义私有制的经济基础

3. 当代资本主义发生新变化的原因包括（   ）。

    A. 科技革命和生产力的发展

    B. 工人阶级争取自身权利和利益的斗争

    C. 社会主义制度初步显示的优越性

    D. 主张改良的政党对资本主义制度的改革

4. 以下说法中正确地说明了社会福利制度的是（   ）。

    A. 社会福利制度是一种国民收入再分配

    B. 社会福利制度的推行是资本主义生产关系自我调整的表现

    C. 社会福利制度是以一种渐进的方式实行社会主义

    D. 社会福利计划力图纠正市场初次分配中的不公平，某种程度上来说是一种社会进步

5. 战后发达资本主义国家实行的重大体制改革和政策调整包括（   ）。

    A. 建立社会保障制度   B. 实行部分国有化

    C. 实行职工持股   D. 推行企业民主，实现劳资合作

6. 伴随着生产力发展、科技进步及阶级关系调整，当代资本主义社会的劳资关系和分配关系发生了很大变化。其中资本家及其代理人为缓和劳资关系所采取的激励制度有（   ）。

    A. 职工参与决策制度   B. 职工终身雇佣制度

    C. 职工选举管理制度   D. 职工持股制度

7. 近年来，西方社会不断出现不同群体、阶层的矛盾与冲突，以至社会动荡，表现在（   ）。

    A. 社会极端思潮抬头，一些欧洲国家出现右翼政党"登堂入室"的势头

    B. 社会流动性退化，贫富差距不断扩大，中产阶层萎缩，社会各层之间的健康流动"凝固化"

    C. 社会矛盾激化，西方社会"群体性事件"增多

    D. 经济发展失调

8. 2008 年国际金融危机以来资本主义西方国家的经济生活、政治生活和社会民生等方面都出现了各种问题，表现在（   ）。

    A. 经济发展失调   B. 政治体制失灵

    C. 社会融合机制失效   D. 资本国际化

9. 美国的"阿波罗"登月计划投资 300 亿美元，参与"阿波罗"计划的共有 2 万多家企业、120 多所大学的 40 多万人员。这一事例表明当代资本主义（   ）。

    A. 科学技术研究工作高度社会化

    B. 生产关系在不断为生产社会化作出的调整

    C. 生产关系的调整适应了生产社会化的要求

    D. 生产关系在资本主义制度允许范围内的调整

10. 与第二次世界大战之前的资本主义相比，当代资本主义生产关系中的社会阶层、阶级结构发生了许多新的变化，主要表现在（　　）。

　　A. 知识型和服务型劳动者数量随科技革命不断深入而持续地增加

　　B. 资本家由从前的直接生产经营者变成了以剪息票为生的食利者

　　C. 职工持股和参与决策使得劳动者成为资本家集团的重要力量

　　D. 高级职业经理成为资本主义社会大公司经营活动的实际控制者

11. 正确认识当代资本主义的新变化，意义在于（　　）。

　　A. 有助于我们深刻洞察资本主义本质

　　B. 实事求是地分析和借鉴资本主义发展过程中出现的符合社会化大生产要求的积极因素

　　C. 为我所用，以进一步完善和发展社会主义制度

　　D. 明白资本主义的不可替代

12. 基于当代资本主义经济的新变化，资本主义政治制度也发生着变化，表现为（　　）。

　　A. 政治制度出现多元化的趋势　　　　B. 公民权利有所扩大

　　C. 改良主义政党在政治舞台上日益扩大　　D. 重视并加强法制建设

13. 雇员持股有利于加强资本对雇佣劳动的剥削和统治，是因为（　　）。

　　A. 推行雇员持股的目的是增强工人阶级的"主人翁"意识，自觉提高生产的积极性

　　B. 股权的分散化加强了大资本的统治地位

　　C. 雇员持股没有改变其雇佣劳动者地位

　　D. 股权分散化并不能改变资本主义社会财富占有上的不平等状况

14. 当前发达资本主义国家革命形势没有高涨的重要原因是（　　）。

　　A. 从事体力劳动的蓝领工人越来越少

　　B. 劳资矛盾没有过去那样尖锐

　　C. 罢工和示威游行通常限于经济和福利目的

　　D. 工人阶级的革命意识和历史使命感在淡化

15. 列宁曾经说过，帝国主义是资本主义的最高阶段，帝国主义是腐朽的、垂死的资本主义。然而，现实却是资本主义"腐而不朽，垂而不死"，导致这种情况出现的一个重要原因就是第二次世界大战之后，资本主义所有制发生了新的变化，表现为（　　）。

　　A. 个体资本所有制占主导地位

　　B. 私人股份资本占主导地位

　　C. 国家资本所有制形式形成并发挥重要作用

　　D. 法人资本所有制崛起

16. 2008年国际金融危机后，西方国家政治体制失灵的主要表现是（　　）。

　　A. 西式选举往往难以选贤

　　B. 政党利益可能凌驾于国家利益之上

　　C. "民主陷阱"会阻碍国家治理

　　D. 传统精英政治走向衰落

17. 第二次世界大战后，资本主义所有制发生了新的变化，这就是国家资本所有制形式形成并发挥重要作用，法人资本所有制崛起并成为居主导地位的资本所有制形式。

法人资本所有制是法人股东化的产物，其基本特点是（　　）。

A. 各类法人取代个人或家族股东成为企业的主要出资人

B. 企业的股票高度集中于少数法人股东之手

C. 法人股东凭借手中集中化的控股权干预甚至直接参与公司治理，监督和制约管理阶层的经营行为

D. 使公司资本的所有权与控制权重新趋于合一

18. 从20世纪70年代起，随着资本主义经济陷入滞胀和新自由主义思潮的泛滥，西方国家普遍走上强化市场调节、弱化政府干预的道路。与此同时，经济危机呈现出新的特点。这些新特点包括（　　）。

A. 去工业化和产业空心化日趋严重，产业竞争力下降

B. 经济高度金融化，虚拟经济与实体经济严重脱节

C. 金融危机频发，全球经济屡受打击

D. 财政严重债务化，债务危机频繁爆发

三、简答题

1. 简述第二次世界大战后资本主义新变化的主要表现。

2. 简述第二次世界大战后资本家及其代理人采取的缓和劳资关系的制度。

3. 简述当代资本主义新变化的实质。

4. 简述当代资本主义经济危机的新特点。

四、论述题

1. 近年来资本主义社会发生了哪些新变化？试分析其原因及实质。

2. 为什么说第二次世界大战后资本主义发生的变化是在资本主义制度基本框架内的变化？

3. 如何理解世界大变局下资本主义的矛盾与冲突？

五、材料分析题

1. 阅读下列材料并回答问题：

据估计，今天在美国有6000家公司推行"雇员拥有股票计划"，其中包括西尔斯—罗伯克百货公司、美国电话电报公司等。"雇员拥有股票计划"在这些公司的推行，使工人们积极地经营他们的公司，产生了一种充满活力的责任感，在生产率、高质量和低成本等方面取得了巨大的成就。美国争取雇员拥有股票全国委员会对350家高技术公司所作的一项调查发现，利用雇员拥有股票计划的公司要比没有利用这种计划的公司发展快2~4倍。随着这一计划的推行，到2000年，全美国有25%的雇员分享他们公司的所有权。这种迅速出现的"工人资本主义"概念也适用于相当大部分的美国经济。但是工人拥有股票不会轻易转变为工人管理。有的工人股东说：我看不出有什么变化。一切都和以前一模一样。也有的工人股东认为，在"雇员拥有股票计划"下，越是尽力干，得

到的就越多。

——摘自 W. E. 哈拉尔：《新资本主义》。

(1) 根据材料分析当代资本主义社会实行"雇员拥有股票计划"的原因。

(2) 评析工人股东的两种看法。

2. 阅读下列材料并回答问题：

材料一 国有化早在自由竞争资本主义时期就已产生。当时如矿山、港口、河道、铁路、公路等私人资本难以经营的企业和设施就已部分地转归国家所有。到了帝国主义时期，国有化有了显著的发展。但是，第二次世界大战以前，国有化大多是在战争和经济危机期间发展得较快；一旦战争结束，经济危机过去，国有化企业就会大大收缩。第二次世界大战以后，资本主义的国有化有了长足的发展，通过国有化扩大资本主义国家所有制经济，已成为垄断资本主义国家发展国家垄断资本主义的主要形式。实行国有化的主要方法是资本主义国家高价收买私人企业的产权，或由国家向私人企业投资。其形式主要有：国营、国有私营和公私合营等。

——笔者根据相关材料整理改编。

材料二 对于华尔街来说，进入 2008 年，一切都大不相同了。

2008 年 7 月 13 日，美国财政部和美联储宣布救助"两房"，并承诺必要情况下购入两公司股份。两周之后，一份总额 3000 亿美元的住房援助方案出炉，美国政府同时称，必要时可不定量收购"两房"股票。随后，"必要时"很快来临，9 月 7 日，美国联邦政府正式接管"两房"。

但挽救"两房"并没有止住华尔街的噩梦。2008 年 9 月中旬，华尔街另两家投行美林公司和雷曼兄弟以及美国最大的保险公司 AIG 均命悬一线，处于生与死的边缘。在分身乏术的情况下，美国政府只得顾及牵涉美国整个金融体系的 AIG，9 月 17 日，美国政府以 79.9% 的股份国有化 AIG，但雷曼兄弟破产，美林被收购。

短短半年时间里，华尔街五大投行就倒下三家，美国政府深感痛心，为避免更大范围的危机，2008 年 9 月 20 日，美国政府向国会提交了一项总额达 7000 亿美元的金融救援计划，要求国会赋予政府广泛权力购买金融机构不良资产。这是自 20 世纪 30 年代经济大萧条以来，美国政府制定的最大规模金融救援计划。

其实，在美国金融救助计划尚未制定之前，欧洲国家早已开始了银行国有化的举措。早在 2007 年 9 月，"次贷危机"导致英国诺森罗克银行遭遇百年来罕见的挤兑风潮。英国央行为此向该银行注资，以帮助其渡过难关。几个月后，该银行被英国政府收归国有。

业内人士对此分析指出，"7000 亿救市计划意味着美国政府开始走上与欧洲国家类似的'部分国有化'银行之路"。

2009 年，金融危机开始入侵美国实体经济，作为美国工业支柱的三大车企陷入资金绝境，频频请求政府援助。4 月 30 日，美国第三大汽车制造商克莱斯勒申请破产保护，美国政府通过为其追加数十亿美元援助，使其成为政府旗下的汽车企业。同年 6 月 1 日，美国第一大车企通用汽车破产重组，美国政府以 61% 的股份将通用汽车贴上了国有企业的标签。

——摘自《欧美"国有化"现象》,《中国企业报》(2022 年 6 月 28 日)。

材料三 🖋 路透社报道,当地时间 9 月 20 日,德国政府计划向天然气巨头尤尼珀(Uniper)注入大约 80 亿欧元(80 亿美元)资本,将该公司国有化,同时防止该国能源行业崩溃。

尤尼珀已经证实,正在与德国联邦政府就一项包括 80 亿欧元增资的一揽子计划进行最终讨论,该计划完全由政府认购。德国政府还将购买其主要股东芬兰 Fortum 的股份。Fortum 也证实谈判已进入最后阶段,正在讨论的内容包括将 Fortum 持有的尤尼珀股份出售给德国政府、返还 Fortum 授予尤尼珀的融资以及德国政府计划向尤尼珀注资。

——摘自《德国将把天然气巨头尤尼珀国有化》,《经济参考报》(2022 年 9 月 22 日)。

(1) 结合材料谈谈当代资本主义生产资料所有制出现的新变化。

(2) 当代资本主义生产资料所有制调整的实质是什么?

第五章第二节 习题参考答案

第三节 资本主义的历史地位和发展趋势

一、单项选择题

1. 资本主义发展的历史趋势是 ( )。

   A. 市场经济取代计划经济   B. 计划经济取代市场经济

   C. 社会主义取代资本主义   D. 资本主义取代社会主义

2. 解决资本主义基本矛盾的唯一途径是 ( )。

   A. 用垄断代替自由竞争

   B. 用国家垄断资本主义代替私人垄断资本主义

   C. 用国际垄断代替国家垄断资本主义

   D. 用社会主义制度代替资本主义制度

3. "世界上没有一种力量能够挽救资本主义免于崩溃"和"资本主义必然灭亡,社会主义必然胜利",这两句话的主要依据是 ( )。

   A. 资本主义政治经济发展的不平衡

B. 生产社会化与资本主义私人占有生产资料的矛盾不可调和

C. 无产阶级与资产阶级斗争的尖锐化

D. 个别企业生产的有组织和社会生产的无政府状态之间的矛盾

4. "资产阶级在它的不到一百年的阶级统治中所创造的生产力，比过去一切世代创造的全部生产力还要多，还要大。"这表明（　　）。

A. 肯定资本主义在人类历史上的积极作用

B. 资本主义制度的历史进步性大于其局限性

C. 资本主义制度不会对生产社会化进一步发展造成阻碍

D. 资本主义制度是人类社会发展的必然趋势

5. 资本主义的历史进步性（　　）。

A. 微乎其微，不值一提

B. 意义巨大，已解决了资本主义面临的所有矛盾

C. 为资本主义的进一步发展铺平了道路

D. 不能掩盖其自身局限性

6. 马克思指出：资本主义在发展"社会劳动的生产力"的同时进而不自觉地创造着一种更高级的生产形式的物质条件，这表明（　　）。

A. 资本主义生产方式能够无限制解放和发展社会生产力

B. 资本越发展越有利于巩固资本主义

C. 资本越扩张越不利于创造更多的物质财富

D. 资本主义生产是一种历史的、过渡性生产形式

二、多项选择题

1. 资本主义在全世界范围被社会主义代替是一个很长的历史过程，在这个过程中两种社会制度的国家（　　）。

A. 可能相互交往   B. 可以和平共处，但也存在斗争

C. 不存在和平共处的可能性   D. 可以平等互利地发生经济联系

2. 资本主义为社会主义所代替的历史必然性表现在（　　）。

A. 资本主义的内在矛盾决定了资本主义必然被社会主义所代替

B. 资本积累推动资本主义最终否定资本主义自身

C. 国家垄断资本主义为向社会主义过渡准备了条件

D. 资本主义生产关系的调整促进了生产力的发展

3. 与封建社会相比，资本主义显示出了巨大的历史进步性，但这并不能掩盖其自身的局限性，资本主义的局限性表现在（　　）。

A. 资本主义基本矛盾阻碍社会生产力的发展

B. 资本主义制度下财富占有两极分化，引发经济危机

C. 资本主义制度下人民群众拥有的社会政治自由比在封建专制主义条件下更少

D. 资产阶级支配和控制资本主义经济和政治的发展和运行，不断激化社会矛盾和冲突

4. 资本主义制度的历史进步性主要表现在（   ）。

    A. 促使科学技术转变为生产力

    B. 追求剩余价值的动力和竞争的压力推动了生产力发展

    C. 资本主义政治制度促进和完善了资本主义生产方式

    D. 资本主义意识形态促进和完善了资本主义生产方式

5. 资本主义必然为社会主义所代替，并不意味着资本主义将在短期内自行消亡。资本主义向社会主义的过渡必然是一个复杂的、长期的历史过程，其原因在于（   ）。

    A. 任何社会形态的存在都有绝对稳定性

    B. 资本主义的发展具有不平衡性

    C. 资本主义社会具有一定的自我调节能力

    D. 当代资本主义的发展还显示出生产关系对生产力容纳的空间

6. 国家垄断资本主义为向社会主义过渡准备的物质条件是（   ）。

    A. 生产社会化   B. 资本社会化

    C. 管理社会化   D. 经济全球化

7. 资产阶级和工人阶级是（   ）关系。

    A. 平等   B. 压迫与被压迫

    C. 统治与被统治   D. 剥削与被剥削

三、简答题

1. 如何理解资本主义的历史局限性？

2. 简述资本主义为社会主义所代替的历史必然性。

四、论述题

如何理解资本主义的历史地位及其为社会主义所代替的历史必然性？

五、材料分析题

阅读下列材料并回答问题：

材料一 资产阶级在它的不到一百年的阶级统治中所创造的生产力，比过去一切世代创造的全部生产力还要多，还要大。自然力的征服，机器的采用，化学在工业和农业中的应用，轮船的行驶，铁路的通行，电报的使用，整个大陆的开垦，河川的通航，仿佛用法术从地下呼唤出来的大量人口——过去哪一个世纪料想到在社会劳动里蕴藏有这样的生产力呢？

——摘自马克思和恩格斯：《共产党宣言》。

材料二 资本的垄断成了与这种垄断一起并在这种垄断之下繁盛起来的生产方式的桎梏。生产资料的集中和劳动的社会化，达到了同它们的资本主义外壳不能相容的地步。这个外壳就要炸毁了。资本主义私有制的丧钟就要响了。剥夺者就要被剥夺了。

——摘自马克思：《资本论》第1卷。

材料三 ✎ 事实一再告诉我们，马克思、恩格斯关于资本主义社会基本矛盾的分析没有过时，关于资本主义必然消亡、社会主义必然胜利的历史唯物主义观点也没有过时。这是社会历史发展不可逆转的总趋势，但道路是曲折的。资本主义最终消亡、社会主义最终胜利，必然是一个很长的历史过程。我们要深刻认识资本主义社会的自我调节能力，充分估计到西方发达国家在经济科技军事方面长期占据优势的客观现实，认真做好两种社会制度长期合作和斗争的各方面准备。

——摘自习近平：《关于坚持和发展中国特色社会主义的几个问题》，《求是》2019 年第 7 期。

(1) 结合材料一谈谈如何正确认识资本主义的历史进步性？

(2) 结合材料二、材料三谈谈资本主义为社会主义所代替的历史必然性。

第五章第三节 习题参考答案

第六章

社会主义的发展及其规律

📖 学习目标
　　学习和了解社会主义五百年的发展历程，把握科学社会主义基本原则，认识社会主义建设过程的长期性，明确社会主义发展道路的多样性，把握新时代中国特色社会主义在社会主义发展史上的里程碑意义，遵循社会主义在实践中开拓前进的发展规律，以昂扬奋进的姿态推进社会主义事业走向光明未来。

📖 学习要点
　　○ 社会主义五百年的历史进程
　　○ 科学社会主义基本原则
　　○ 科学社会主义基本原则与中国特色社会主义
　　○ 社会主义建设过程的长期性
　　○ 社会主义发展道路的多样性
　　○ 社会主义在中国焕发出蓬勃生机

第一节　社会主义五百年的历史进程

一、单项选择题

1. 19 世纪中叶，社会主义从空想发展到科学。科学社会主义的直接思想来源是（　　）。
　　A. 16—17 世纪的早期空想社会主义
　　B. 18 世纪的空想平均共产主义
　　C. 19 世纪初期批判的空想社会主义
　　D. 19 世纪早期的无产阶级意识
2. 无产阶级革命主要的、基本的形式是（　　）。
　　A. 社会革命　　　　B. 政治革命　　　　C. 和平发展　　　　D. 暴力革命

3. 列宁认为，帝国主义时代的无产阶级革命（　　）。

A. 需要一定的主客观条件

B. 至少将在几个主要的资本主义国家内同时发生

C. 将在所有国家内同时获得胜利

D. 将是由一国或数国首先胜利，然后波浪式地发展为全世界的胜利

4. 在俄国十月社会主义革命取得胜利的初期，特别是实行新经济政策期间，列宁对苏维埃俄国如何建设社会主义进行了深刻的理论思考，提出了许多精辟的论述。党的十七届六中全会公报指出，社会主义核心价值体系是兴国之魂，是社会主义先进文化的精髓，决定着中国特色社会主义发展方向。这个论断所发展的列宁的精辟论述是（　　）。

A. 把提高劳动生产率放在首要地位

B. 利用商品、货币和市场发展经济

C. 利用资本主义建设社会主义

D. 马克思主义思想建设和文化建设的重要意义

5. 社会主义发展的历史证明，苏联模式是（　　）。

A. 以高速度发展国民经济为根本任务的模式

B. 生产资料公有制形式和指导性计划经济模式

C. 干部选举制和软弱而低效的监督机制的模式

D. 特定历史条件下的产物，并不是社会主义的唯一模式

6. 社会主义从空想到科学的标志是（　　）。

A.《共产党宣言》的发表　　　　B. "共产主义者同盟" 的建立

C. 空想社会主义理论的破灭　　　D. 无产阶级革命的胜利

7. 列宁关于无产阶级社会主义革命学说的重大贡献是（　　）。

A. 提出了战时共产主义政策

B. 提出了新经济政策

C. 提出了社会主义革命将首先在一国或数国取得胜利的理论

D. 提出了利用国家资本主义过渡到社会主义的理论

8. 社会主义从理论到实践的飞跃，是通过（　　）实现的。

A. 资产阶级革命　　　　　　　　B. 无产阶级革命

C. 和平演变　　　　　　　　　　D. 社会主义改革

9. 俄国十月革命的胜利促进了（　　）。

A. 苏联社会主义国家的建设　　　B. 资本主义加速其帝国主义进程

C. 世界社会主义运动的发展　　　D. 世界共产主义进程

10. 十月革命之前，列宁总结当时变化了的新情况，得出 "社会主义可能首先在少数甚至在单独一个资本主义国家内获得胜利" 的结论。列宁得出这一结论的理论依据是（　　）。

A. 资本主义经济和政治发展不平衡规律

B. 资本主义国家的不断衰落

C. 科学社会主义理论的广泛传播

D. 无产阶级力量的不断壮大

11. 邓小平指出："社会主义究竟是个什么样子，苏联搞了很多年，也并没有完全搞清楚。可能列宁的思路比较好，搞了个新经济政策。但是后来苏联的模式僵化了。"列宁新经济政策关于社会主义的思路之所以"比较好"，是因为（   ）。

A. 提出了比较系统的社会主义建设纲领

B. 根据俄国的实际情况来探索社会主义建设的道路

C. 为俄国找到了一种比较成熟的社会主义发展模式

D. 按照马克思、恩格斯关于未来社会的设想来建设社会主义

12. 1848 年欧洲革命后，资本主义在各国得到了迅速发展，无产阶级力量不断壮大。无产阶级夺权的第一次伟大尝试是（   ）。

A. 1847 年成立的共产主义者同盟

B. 1864 年成立的国际工人协会

C. 1871 年爆发的巴黎公社革命

D. 1917 年爆发的俄国十月革命

13. 1921 年 3 月，俄共（布）召开十大，毅然决定从战时共产主义政策过渡到实行以发展商品经济为特征的新经济政策。这一决定标志着（   ）。

A. 列宁把建设社会主义作为一个长期探索、不断实践的过程

B. 列宁把大力发展生产力、提高劳动生产率放在首要地位

C. 列宁利用资本主义建设社会主义

D. 列宁正在找一条符合俄国国情的建设社会主义的道路

14. 空想社会主义"提供了启发工人觉悟的极为宝贵的材料"，但不具备（   ）。

A. 科学的品格   B. 实践的力量

C. 现实的意义   D. 科学和实践的品格

15. 资本主义的发展在各个国家是极不平衡的，而且在商品生产的条件下也只能是这样。由此得出一个必然的结论是（   ）。

A. 社会主义很难实现

B. 社会主义必须在所有国家内同时获得胜利

C. 社会主义不能在所有国家内同时获得胜利

D. 经济和政治发展的不平衡是资本主义的绝对规律

二、多项选择题

1. 社会主义发展史上的历史性飞跃包括（   ）。

A. 从空想平均共产主义到批判的空想社会主义

B. 社会主义从空想发展到科学

C. 社会主义从理论发展到建立社会主义制度的实践

D. 社会主义从一国实践发展为多国实践

2. 英国欧文所创立的空想社会主义试验基地"新拉纳克"就在离爱丁堡不远的南拉纳

克郡克莱德河的峡谷中。2001 年 12 月，新拉纳克村被联合国教科文组织授予"世界文化遗产"的称号。空想社会主义的局限性包括（   ）。

A. 提供了启发工人觉悟的极为宝贵的材料

B. 未能揭示资本主义必然灭亡的经济根源

C. 看不到埋葬资本主义的力量

D. 找不到通往理想社会的现实道路

3. 列宁领导的苏维埃俄国对社会主义道路的探索，大体经历的时期包括（   ）。

A. 进一步巩固苏维埃政权时期

B. 外国武装干涉和国内战争时期

C. 战时共产主义时期

D. 由战时共产主义转变为新经济政策时期

4. 在俄国社会主义革命取得胜利的初期，特别是实行新经济政策期间，列宁对苏维埃俄国如何建设社会主义进行了深刻的理论思考，提出了许多精辟的论述，主要包括（   ）。

A. 把建设社会主义作为一个长期探索、不断实践的过程

B. 把大力发展生产力、提高劳动生产率放在首要地位

C. 在多种经济成分并存的条件下，利用商品、货币和市场发展经济

D. 利用资本主义建设社会主义

5. 苏联模式的基本特征，从经济方面来看，主要是由经济发展战略和经济体制两部分组成。在发展战略方面，主要是以高速度发展国民经济为首要任务，以重工业为发展重点，实现从农业国到工业国的转变。与这种发展战略相适应，在经济体制方面，主要是（   ）。

A. 所有制结构上形成了单一的生产资料公有制形式

B. 在经济运行中排斥市场机制，形成了过度集中的指令性计划经济模式

C. 过度集权的党和国家领导体制

D. 自上而下的干部任命制

6. 空想社会主义的历史功绩是（   ）。

A. 对资本主义的弊病进行了深刻的揭露和猛烈的抨击

B. 找到了变革社会的革命力量

C. 对未来社会做出了天才的设想

D. 揭示了资本主义灭亡、社会主义胜利的客观规律

7. 1516 年，英国人托马斯·莫尔发表了《乌托邦》一书，标志着空想社会主义的诞生。1848 年，马克思、恩格斯发表了《共产党宣言》，标志着科学社会主义的诞生，社会主义实现了从空想到科学的历史性飞跃。科学社会主义超越空想社会主义之处在于（   ）。

A. 对资本主义进行了无情的批判

B. 对未来社会进行了细致的描绘

C. 揭示了资本主义必然灭亡的经济根源

D. 找到了实现理想社会的现实道路

8. 19 世纪中叶，马克思、恩格斯把社会主义由空想变为科学，奠定这一飞跃的理论基

石是（　　）。

　　A. 阶级斗争学说　　　　　　　B. 劳动价值论

　　C. 唯物史观　　　　　　　　　D. 剩余价值理论

9. 空想社会主义与科学社会主义的根本区别在于（　　）。

　　A. 历史观不同　　　　　　　　B. 社会思想不同

　　C. 实现理想的途径不同　　　　D. 依靠的社会力量不同

10. 1917 年 11 月 7 日列宁和布尔什维克党领导彼得格勒工人以及士兵群众，通过武装起义推翻了资产阶级临时政府，取得了十月社会主义革命的胜利。十月革命实现了社会主义从理想到现实的伟大飞跃，开辟了人类历史的新纪元，这是因为（　　）。

　　A. 它将马克思主义关于无产阶级革命的理论变为现实，开启了无产阶级革命的新时代，建立了世界上第一个社会主义国家

　　B. 它沉重打击了帝国主义的统治，鼓舞了资本主义国家的革命运动

　　C. 它激励了殖民地、半殖民地的民族民主革命，掀起了被压迫民族解放斗争的新高潮

　　D. 它促进了马克思列宁主义的传播，推进了无产阶级政党的建立

11. "由于历史进程的曲折而不得不开始社会主义革命的那个国家愈落后，它由旧的资本主义关系过渡到社会主义关系就愈困难。"这句话可以理解为（　　）。

　　A. 越是落后的国家越容易首先取得社会主义革命的胜利

　　B. 社会主义可能在比较落后的国家取得胜利

　　C. 社会主义革命客观条件成熟的程度对向社会主义过渡有重大影响

　　D. 社会主义在比较落后国家的胜利必然带来一系列新课题

12. 社会主义在 20 世纪取得了举世瞩目的辉煌成就，但是在发展中也出现过曲折。东欧剧变、苏联解体，最根本的原因是（　　）。

　　A. 放弃了社会主义道路　　　　B. 放弃了无产阶级专政

　　C. 放弃了共产党的领导地位　　D. 放弃了马克思列宁主义

13. 俄国十月革命的胜利（　　）。

　　A. 说明暴力革命的伟大历史作用

　　B. 证实了列宁关于社会主义革命有可能在一国或几个国家首先取得胜利的科学论断

　　C. 说明经济文化相对落后的国家也可以率先建立起先进的社会制度

　　D. 以上都不是

14. 年轻的苏维埃政权建立后，面临着（　　）。

　　A. 社会主义从理论走向实践

　　B. 资本主义必然灭亡

　　C. 巩固政权的任务

　　D. 在经济文化相对落后的条件下建设社会主义的任务

三、简答题

　　1. 简述社会主义发展史上的两次飞跃。

　　2. 为什么说"社会主义可能首先在少数甚至在单独一个资本主义国家内获得胜利"？

3. 简述列宁晚年提出的建设社会主义的新构想。

4. 简述 20 世纪 80 年代末 90 年代初东欧剧变、苏联解体的深刻教训。

5. 如何评价空想社会主义的积极贡献及其局限性？

6. 简述俄国十月革命胜利的历史意义。

7. 简述 20 世纪的社会主义制度对人类历史的贡献。

四、论述题

1. 试述苏联模式的成就、特点、弊端。

2. 中国特色社会主义的成功实践对世界社会主义发展有哪些启示？

3. 党的十八大以来，社会主义是如何在中国焕发出强大生机活力的？

五、材料分析题

1. 阅读下列材料并回答问题：

实现社会和谐，建设美好社会，是人类孜孜以求的社会理想，是马克思、恩格斯创立的科学社会主义的题中应有之义。大家知道，作为科学社会主义直接思想来源的空想社会主义，就是以社会和谐为主旨的。1803 年，法国空想社会主义者傅立叶发表《全世界和谐》一文，指出现存资本主义制度是不合理的，必将为"和谐制度"所代替。1824 年，英国空想社会主义者欧文在美国印第安纳州进行的共产主义试验，也以"新和谐"命名。1842 年，德国空想社会主义者魏特林在《和谐与自由的保证》一书中，也把社会主义社会称为"和谐与自由"的社会。令人深思的是，马克思、恩格斯在对空想社会主义进行批判的过程中，恰恰对其提倡"社会和谐"这一点给予了充分肯定，认为这是"关于未来社会的积极的主张"。他们在《共产党宣言》中明确提出："代替那存在着阶级和阶级对立的资产阶级旧社会的，将是这样一个联合体，在那里，每个人的自由发展是一切人的自由发展的条件。"

中国共产党在领导人民建设社会主义的历史进程中，始终注意把社会和谐同社会主义的本质规定联系起来进行思考和探索。中华人民共和国成立后不久，毛泽东同志曾明确提出要正确处理人民内部矛盾，充分调动建设社会主义的积极因素，最大限度地化消极因素为积极因素，认为这是社会主义社会必须牢牢把握的政治生活主题。改革开放新时期，邓小平同志在总结国内外社会主义实践的历史经验教训的基础上，创造性地提出了社会主义本质论，明确指出："社会主义的本质，是解放生产力，发展生产力，消灭剥削，消除两极分化，最终达到共同富裕。"这实际上就把实现社会和谐纳入了社会主义本质的范畴。江泽民同志在 2001 年的"七一"重要讲话中，结合新的实践明确提出，促进人的全面发展"是马克思主义关于建设社会主义新社会的本质要求"。这为我们党从社会主义本质的层面思考社会和谐问题进一步打开了视野。胡锦涛同志强调社会和谐是中国特色社会主义本质属性，丰富了我们党关于社会主义本质的理论，为构建社会主义和谐社会提供了强大的理论武器。

——笔者根据相关资料整理改编。

(1) 怎样理解社会和谐是中国特色社会主义的本质属性？

(2) 如何构建社会主义和谐社会？

2.阅读下列材料并回答问题：

材料一 恩格斯在《社会主义从空想到科学的发展》中指出："不成熟的理论，是同不成熟的资本主义生产状况、不成熟的阶级状况相适应的。解决社会问题的办法还隐藏在不发达的经济关系中，所以只有从头脑中产生出来。社会所表现出来的只是弊病；消除这些弊病是思维着的理性的任务。于是，就需要发明一套新的更完善的社会制度。并且通过宣传，可能是通过典型示范，从外面强加于社会。这种新的社会制度是一开始就注定要成为空想的，它越是制定得详尽周密，就越是要陷入纯粹的幻想。"

——摘自《马克思恩格斯选集》第3卷。

材料二 列宁指出："空想社会主义没有能够指出真正的出路。它既不会阐明资本主义制度下雇佣奴隶制的本质，又不会发现资本主义发展的规律，也不会找到能够成为新社会创造者的社会力量……"

——摘自《列宁选集》第2卷。

(1) 空想社会主义的历史局限性。

(2) 为什么社会主义能够实现从空想到科学发展？

第六章第一节　习题参考答案

第二节　科学社会主义基本原则

一、单项选择题

1. 科学社会主义的核心内容是（　　）。
　　A.解放和发展生产力　　　　　B.建立和发展社会主义政治制度
　　C.建立工人阶级执政党　　　　D.无产阶级专政和社会主义民主
2. 社会主义代替资本主义的主要依据是（　　）。
　　A.无产阶级与资产阶级斗争尖锐化

B.个别企业生产的有组织性与整个社会生产无政府状态之间的矛盾

C.现代无产阶级的日益壮大

D.生产的社会化与资本主义私人占有制之间的矛盾

3.科学社会主义创立的理论基础是（　　）。

　　A.英国古典政治经济学　　　　　　B.德国古典哲学

　　C.唯物史观和剩余价值学说　　　　D.空想社会主义学说

4.无产阶级革命的根本问题是（　　）。

　　A.农民问题　　　　　　　　　　　B.武装斗争问题

　　C.国家政权问题　　　　　　　　　D.统一战线中的领导权问题

5.实现社会主义的必要政治前提是（　　）。

　　A.无产阶级政党的领导　　　　　　B.建立无产阶级专政

　　C.无产阶级的革命斗争　　　　　　D.建立广泛的革命统一战线

6.马克思主义关于无产阶级政党学说的核心内容是（　　）。

　　A.党的思想路线和组织原则　　　　B.党的性质和奋斗目标

　　C.党的战略和策略问题　　　　　　D.党的领导地位和作用问题

7.历史表明，（　　）是决定国家政权属于什么性质的首要标志。

　　A.由哪个阶级对政权实行领导　　　B.由哪个阶级进行社会革命

　　C.由哪种理论来指导革命　　　　　D.实行何种生产资料所有制

8.科学社会主义理论与（　　）相结合，产生了马克思主义政党。

　　A.社会主义革命　　　　　　　　　B.社会主义改革

　　C.工人运动　　　　　　　　　　　D.社会主义生产实践

9.无产阶级反对资产阶级的斗争中，最具关键意义的是（　　）。

　　A.经济斗争　　　　B.政治斗争　　　　C.理论斗争　　　　D.议会斗争

10.马克思主义政党是科学社会主义与工人运动相结合的产物，是工人阶级的先锋队。这表明（　　）。

　　A.马克思主义政党即工人阶级本身

　　B.马克思主义政党以工人阶级为基础

　　C.马克思主义政党的阶级性是其先进性的根本前提

　　D.马克思主义政党的先进性决定了工人阶级的先进性

11.马克思、恩格斯在深刻揭示人类社会发展一般规律的基础上，深入阐发资本主义的基本矛盾及其发展趋势，并在指导国际工人运动的过程中不断总结经验，逐步形成了科学社会主义的基本原则。其中，马克思、恩格斯指出，"资本主义必然灭亡、社会主义必然胜利"的根本依据是（　　）。

　　A.人类社会发展规律和资本主义基本矛盾

　　B.生产力发展状况的制约

　　C.经济基础和上层建筑发展状况的制约

　　D.国际环境的严峻挑战

12. 科学社会主义之所以能够超越空想社会主义, 是因为把争取社会主义的斗争建立在（　　）。

    A. 科学的思想体系上 　　　　　　B. 社会发展客观规律的基础上

    C. 批判空想社会主义上 　　　　　D. 共产主义者同盟上

13. 社会主义文化建设的根本是（　　）。

    A. 在全社会形成社会主义的共同理想和精神支柱

    B. 发展教育和科学

    C. 发展文学艺术等

    D. 营造良好的文化环境

14. 社会主义国家的执政党面临的一个根本问题是（　　）。

    A. 如何建设社会主义初级阶段 　　B. 实行按劳分配, 改善人民生活

    C. 什么是当代的马克思主义 　　　D. 什么是社会主义, 怎样建设社会主义

15. 马克思主义政党是工人阶级的先锋队, 它明确地指出了马克思主义政党的（　　）。

    A. 革命性和斗争性 　　　　　　　B. 先进性和革命性

    C. 阶级性和先进性 　　　　　　　D. 先进性和科学性

16. 能够真正实现把马克思主义的普遍真理与本国的具体实际相结合, 科学地解决本国的革命、建设和改革的问题是（　　）。

    A. 马克思主义政党成熟的根本标志 B. 为人民谋利益的政党

    C. 先进工人阶级的代表 　　　　　D. 社会主义事业的领导核心

17. 马克思主义政党的组织原则是（　　）。

    A. 民主集中制 　　　　　　　　　B. 人民代表大会制

    C. 全党服从中央 　　　　　　　　D. 一切服从大局

18. 马克思主义政党的根本宗旨是（　　）。

    A. 工人阶级的先锋队 　　　　　　B. 为人民群众谋利益

    C. 实现共产主义 　　　　　　　　D. 民主集中制

19. 无产阶级专政的最终目标是（　　）。

    A. 建设高度的社会主义民主

    B. 无产阶级作为统治阶级掌握国家政权

    C. 建立以工农联盟为阶级基础的国家政权

    D. 消灭剥削, 消灭阶级, 进到无阶级社会

20. 坚持以马克思主义为指导, 最重要的是坚持（　　）。

    A. 马克思主义对于研究未来社会制度的科学方法

    B. 马克思主义政党的领导地位

    C. 马克思主义的领导

    D. 社会主义方向

二、多项选择题

1. 无产阶级革命的主要特点包括（　　）。

    A. 彻底消灭一切私有制, 代之以生产资料公有制的革命

B. 要彻底消灭一切阶级和阶级统治的革命

C. 为绝大多数人谋利益的运动

D. 不断前进的历史过程

2. 在无产阶级专政发展历史过程中产生过的无产阶级专政的国家形式有（　　）。

    A. 巴黎公社　　　　　　　　B. 苏维埃

    C. 民主共和制度　　　　　　D. 人民代表大会制度

3. 社会主义的实践表明，在社会主义制度建立以后必须坚持无产阶级专政，这是因为（　　）。

    A. 社会主义时期还存在着一定范围的阶级斗争

    B. 要不断巩固、发展无产阶级政权和社会主义制度

    C. 要建设社会主义文明，实现向无阶级社会过渡

    D. 是建设社会主义民主的需要

4. 社会主义文化是（　　）。

    A. 社会主义社会最根本的政治特征

    B. 社会主义国家综合国力的重要标志

    C. 社会主义民主政治的本质和要求

    D. 凝聚和激励社会主义国家人民的重要力量

5. 马克思主义政党产生的条件是（　　）。

    A. 工人运动的发展　　　　　B. 工人阶级的群众性组织的产生

    C. 工人阶级先锋队的形成　　D. 科学社会主义理论的传播

6. 马克思主义政党在革命斗争和建设社会主义过程中的领导作用主要体现在（　　）。

    A. 思想领导　　　　B. 经济领导　　　　　C. 政治领导　　　　　D. 组织领导

7. 马克思主义关于无产阶级革命形式的基本观点有（　　）。

    A. 暴力革命是主要的基本形式

    B. 暴力革命是无产阶级革命的唯一形式

    C. 在任何情况下都要争取革命的和平发展

    D. 无产阶级革命有暴力和和平两种形式

8. 发展社会主义民主政治，建设社会主义政治文明，最根本的是要把（　　）有机统一起来。

    A. 坚持共产党的领导　　　　　　B. 人民当家作主

    C. 依法治国　　　　　　　　　　D. 解放和发展生产力

9. 习近平指出："当代中国的伟大社会变革，不是简单延续我国历史文化的母版，不是简单套用马克思主义经典作家设想的模板，不是其他国家社会主义实践的再版，不是国外现代化发展的翻版。"这对我们理解科学社会主义一般原则的启示是（　　）。

    A. 科学社会主义绝不是一成不变的教条

    B. 科学社会主义在不同的时代具有不同的内容和形式

    C. 科学社会主义是人类优秀文化传统的历史延续

    D. 科学社会主义与资本主义生产方式没有必然的联系

10. 科学社会主义基本原则是社会主义事业发展规律的集中体现，是马克思主义政党领

导人民进行社会主义革命、建设、改革的基本遵循。正确把握科学社会主义基本原则的要求包括（　　）。

A. 科学社会主义基本原则具有正确性，应把它当作一成不变的教条

B. 必须始终坚持科学社会主义基本原则，反对任何背离科学社会主义基本原则的错误倾向

C. 要善于把科学社会主义基本原则与本国实际相结合，创造性地回答和解决革命、建设、改革中的重大问题

D. 紧跟时代和实践的发展，在不断总结先进经验中进一步丰富和发展科学社会主义基本原则

11. 无产阶级专政的历史任务是（　　）。

A. 镇压阶级敌人的反抗和破坏活动，保护人民的合法权利

B. 变革生产资料私有制建立和发展公有制

C. 领导和组织社会主义建设

D. 惩治贪污腐败

12. 社会主义作为人类社会历史发展中的崭新形态，其产生和发展（　　）。

A. 符合历史的发展趋势　　　　　B. 代表社会进步的方向

C. 体现着人类的未来　　　　　　D. 具有强大的生命力

13. 社会主义的根本任务是发展生产力，这是因为发展生产力是（　　）。

A. 提高人民生活水平的要求　　　B. 巩固社会主义制度的要求

C. 社会主义本质的内在要求　　　D. 解决社会主要矛盾的要求

三、简答题

1. 为什么在社会主义制度建立以后仍然必须坚持无产阶级专政？

2. 为什么建设高度的社会主义民主需要一个长期的过程？

3. 为什么工人阶级能够承担推翻资产阶级统治、建立社会主义制度并最终实现共产主义的历史使命？

4. 如何加强马克思主义政党的先进性建设？

5. 为什么说无产阶级革命是不同于以往革命的人类历史上最广泛、最彻底、最深刻的革命？

6. 为什么说马克思主义政党是工人阶级的先锋队？

四、论述题

1. 马克思、恩格斯对无产阶级政党领导无产阶级和人民群众推进社会主义事业提出了哪些基本准则和要求？

2. 试述科学社会主义基本原则的主要内容。

3. 如何正确把握科学社会主义基本原则？

五、材料分析题

1. 阅读下列材料并回答问题：

2006年6月下旬以来，湖南省普降大到暴雨，部分县（市、区）发生大范围山洪地质灾害。受强热带风暴"碧利斯"影响，又有一些县（市、区）遭受特大洪涝灾害。面对严峻形势，湖南省各级领导身先士卒，基层党员干部迅速到位，在抗洪一线树起了一面面鲜艳的党旗。

灾情发生后，湖南各级党委、政府紧急部署，迅速启动应急预案。省委、省政府领导同志分赴各灾区坐镇指挥，各市（州）、县（市、区）领导深入一线，全力以赴投入抗洪救灾工作，用行动诠释了党的先进性。各市（州）普遍实行县（市、区）党政一把手负总责，郴州、衡阳和怀化等市实行了防汛救灾责任包干制，做到哪里有险情哪里就有党员干部。各级党委、政府派出督查组深入灾区检查，发现不到岗履行职责的干部就地免职。

灾区广大党员干部舍生忘死，拼搏在前，用生命诠释党的先进性。安仁县禾市乡龙头村党支部书记肖幸福开着渔船，连续15个小时救助村民，累得昏倒在船上。资兴市坪石乡清塘村党员李丙林一心营救落水的小女孩，自己的家和家人却被埋在泥石之中。他化悲痛为力量，当晚又救起4个被埋在泥石中的妇女和儿童。永兴县竹市镇新联村民兵营长曹三乃在帮助灾民转移财产过程中，6岁的儿子因无人照看被大水冲走。一些党员干部临危不惧，献出了宝贵生命。隆回县虎形山瑶族乡青山坳村主任刘庆懂和资兴市坪石乡昆村妇女主任陈淑秀在组织群众转移时被泥石流冲走，不幸牺牲。永兴县樟树乡党员段鑫阳在洪水中救人时英勇牺牲，年仅23岁。临武县大冲乡油湾村54岁的老支书王信林连续奋战30多个小时，因劳累过度不幸去世。

灾情发生后，各级党委、政府迅速组织了"心系灾区、心想灾民、共渡难关"的捐款捐物活动，广大党员干部踊跃参加。耒阳市20余位市级领导干部带头捐款2.5万元，大义乡泥湾村党支部书记谢文生个人捐款30万元；在党员企业主的带动下，24家民营企业捐款348万元。常宁市党员陈德福一次性捐助大米5吨、水泥10吨，帮助受灾群众重建家园。许多群众说，广大党员扶危救难，奉献在前，用行动诠释了党的先进性。

——笔者根据相关资料整理改编。

(1) 为什么说社会主义事业不能离开马克思主义政党的领导？
(2) 谈谈加强党的先进性建设的重要意义。

2. 阅读下列材料并回答问题：

材料一 ✍ "无论哪一个社会形态，在它所能容纳的全部生产力发挥出来以前，是决不会灭亡的；而新的更高的生产关系，在它的物质条件在旧社会的胎胞里成熟以前，是决不会出现的。所以人类始终只提出自己能够解决的任务，因为只要仔细考察就可以发现，任务本身，只有在解决它的物质条件已经存在或者至少是在生成过程中的时候，才会产生。"

——摘自《马克思恩格斯选集》第2卷。

材料二 ✎ 正像达尔文发现有机界的发展规律一样，马克思发现了人类历史的发展规律，即历来为繁芜丛杂的意识形态所掩盖着的一个简单事实：人们首先必须吃、喝、住、穿，然后才能从事政治、科学、艺术、宗教等；所以，直接的物质的生活资料的生产，从而一个民族或一个时代的一定的经济发展阶段，便构成基础，人们的国家设施、法的观点、艺术以至宗教观念，就是从这个基础上发展起来的，因而，也必须由这个基础来解释，而不是像过去那样做得相反。

——摘自《马克思恩格斯选集》第3卷。

材料三 ✎ 一方面，马克思认为社会主义的产生取决于某些"客观"条件的成熟，特别是先进工业结构的形成，这些条件由资本主义通过盲目的、不以人的意志为转移的必然规律的作用产生出来。这样资本主义就是注定要产生出另一种更高级社会（社会主义社会）的社会发展中的一个阶段。

另一方面，马克思又认为他的理论不只是一种社会科学，它还是另一种暴力革命的学说。马克思主义不是只要了解社会；它不是革命的无产阶级将起来推翻资本主义，而是积极地动员人们去这样做。它插手去改变世界。问题是，如果资本主义的确是由注定它要被一种新的社会主义社会替代的规律所支配，那么为什么还要强调"问题是要改变它"呢？如果资本主义的灭亡是由科学保证了的，为什么还要费那么大的力气去为它安排葬礼呢？既然看来人们无论如何受必然规律的约束，为什么又必须动员和劝告人们遵照这些规律行事呢？

——摘自陶德麟、石云霞：《马克思主义基本原理概论》。

(1) 为什么说社会主义是人类社会发展的必然？
(2) 试分析材料三中的观点。

第六章第二节　习题参考答案

第三节　在实践中探索社会主义的发展规律

一、单项选择题

1. 社会主义各个阶段的划分最终是以（　　）为标准。
　　A. 生产力的发展　　　　　　　　B. 生产关系

　　C. 生产资料的公有制程度　　　　D. 阶级斗争

2. 社会主义的根本任务是（　　）。

　　A. 改革生产资料所有制　　　　　B. 解放生产力，发展生产力

　　C. 进行阶级斗争　　　　　　　　D. 进行政治体制改革、经济体制改革

3. 社会主义生产关系的基础是（　　）。

　　A. 社会主义生产力　　　　　　　B. 社会主义生产方式

　　C. 社会主义经济基础　　　　　　D. 生产资料的公有制

4. 共产主义社会的第一阶段称为（　　）。

　　A. 资本主义社会　　　　　　　　B. 社会主义初级阶段

　　C. 社会主义社会　　　　　　　　D. 自由资本主义阶段

5. 社会主义的本质是（　　）。

　　A. 人民当家作主，成为社会的主人

　　B. 解放生产力，发展生产力，消灭剥削，消除两极分化，最终达到共同富裕

　　C. 社会主义的公有制和按劳分配

　　D. 高度的社会主义精神文明和人的全面解放

6. 社会主义制度与资本主义制度相区别的根本标志是（　　）。

　　A. 较高的劳动生产率　　　　　　B. 人民当家作主

　　C. 生产资料私有制　　　　　　　D. 生产资料公有制

7. 社会主义改革根源于（　　）。

　　A. 经济发展水平的落后　　　　　B. 社会主义社会的主要矛盾

　　C. 社会主义社会的基本矛盾　　　D. 执政党的发展需要

8. 改革是社会主义制度的（　　）。

　　A. 必然阶段　　　　　　　　　　B. 表现形式

　　C. 革命性过程　　　　　　　　　D. 自我完善和发展

9. 社会主义国家的重要特征是（　　）。

　　A. 人民代表大会制度　　　　　　B. 社会主义公有制

　　C. 以马克思主义为指导　　　　　D. 民主集中制

10. 中国共产党全部工作的出发点和落脚点是（　　）。

　　A. 最广大人民的根本利益　　　　B. 一切从实际出发

　　C. 保证党的生机与活力　　　　　D. 完善党的领导

11. 与以往剥削阶级占统治地位的社会的少数人的民主在性质上不同，社会主义民主是绝大多数人的民主，它的本质和核心是（　　）。

　　A. 共产党领导的国家政权　　　　B. 人民当家作主

　　C. 社会主义的生命　　　　　　　D. 人类最高类型的民主

12. 中国共产党人在探索中认识到的社会主义的本质属性和要求是（　　）。

　　A. 解放和发展生产力

　　B. 建立和完善生产资料公有制

　　C. 对个人消费品实行各尽所能、按劳分配制度

D. 推动科学发展，促进社会和谐，实现人的全面发展

13. 改善党的领导，不断提高领导水平，提高执政能力，应对不断变化的国内外形势的挑战。这主要是指（　　）。

A. 改善党的经济领导　　　　　　B. 改善党的政治领导

C. 改善党的思想领导　　　　　　D. 改善党的组织领导

14. 社会主义政治制度的基本特征是（　　）。

A. 坚持社会主义方向　　　　　　B. 无产阶级政党的领导

C. 无产阶级专政的政权　　　　　D. 马克思主义的指导

15.（　　）把共产主义社会第一阶段称为社会主义社会。

A. 马克思　　　　B. 恩格斯　　　　C. 列宁　　　　D. 斯大林

二、多项选择题

1. 习近平指出："中国特色社会主义是科学社会主义理论逻辑和中国社会发展历史逻辑的辩证统一，是根植于中国大地、反映中国人民意愿、适应中国和时代发展进步要求的科学社会主义，是全面建成小康社会、加快推进社会主义现代化、实现中华民族伟大复兴的必由之路。"中国特色社会主义制度对人类历史发展的巨大贡献有（　　）。

A. 作为一种新的社会制度发挥出历史作用

B. 遏制了资本主义和霸权主义在全世界的扩张

C. 推动着世界和平与发展的时代潮流

D. 在当代引导着世界人民的前进方向

2. 从政体上说，社会主义民主表明，社会主义国家（　　）。

A. 享有最高民主权利的是工人阶级

B. 对少数剥削者实行专政

C. 采取民主共和国的形式

D. 按照民主集中制的原则组成政府，管理国家

3. 关于社会主义民主，下列观点正确的是（　　）。

A. 社会主义民主是社会主义的国家制度

B. 社会主义民主是目的和手段的统一

C. 社会主义民主是为社会主义经济基础服务的手段

D. 社会主义民主是人民革命长期奋斗和追求的目标

4. 在走访各民主党派中央和全国工商联时，习近平说："社会主义民主政治道路会越走越宽广。"社会主义民主与资本主义民主之间的根本区别主要表现在（　　）。

A. 普选制、代议制不同　　　　　B. 经济基础不同

C. 阶级本质不同　　　　　　　　D. 原则与实践的关系不同

5. 列宁指出：社会主义将来是什么样子，什么时候达到完备的形式，这些我们不知道，也不能说。只有未来的建设者才能具体描述未来的样子。我们现在所知道的只是一些基本原则。列宁所说的这些基本原则是（　　）。

A. 公有制　　　　B. 按劳分配　　　　C. 人民政权　　　　D. 商品经济

6. 列宁指出，不劳动者不得食是社会主义实践的训条，这是十分简单和明显不过的真理。这个真理说明，在社会主义社会（　　）。

  A. 劳动已成为人的第一需要

  B. 对个人消费品实行各尽所能、按劳分配制度

  C. 劳动既是每一个有劳动能力的社会成员的基本权利，也是对社会应尽的义务

  D. 都要确立以按劳分配为主体、多种分配方式并存的分配制度

7. 社会主义首先在经济文化相对落后的国家取得胜利，这是因为（　　）。

  A. 这些国家的统治阶级不可能照旧维持自己的统治

  B. 这些国家的工人阶级和劳动群众不能照旧生活下去了

  C. 这些国家革命的主观条件成熟了

  D. 这些国家改变了历史发展的规律

8. 社会主义建设之所以是艰巨的和长期的过程，其原因主要有（　　）。

  A. 生产力发展状况的制约

  B. 经济基础和上层建筑发展状况的制约

  C. 国际环境的严峻挑战

  D. 执政的共产党对社会主义的认识是长期的艰苦的过程

9. 社会主义在曲折中发展的决定性因素包括（　　）。

  A. 社会主义作为新生事物，其成长不会一帆风顺

  B. 社会主义社会的基本矛盾推动社会发展，是作为一个过程而展开的

  C. 人们对社会主义社会的认识也有一个逐渐发展的过程

  D. 经济全球化对社会主义的发展既有机遇又有挑战

10. 社会主义发展道路呈现出多样性的特点，这是因为（　　）。

  A. 不同国家的生产力发展状况和社会发展阶段不同

  B. 不同国家的历史文化传统的差异性

  C. 各个社会主义国家要根据时代和实践不断发展的要求选择发展道路

  D. 各国无产阶级政党自身成熟程度不同

11. 社会主义在曲折中持续前进是任何力量都不能扭转的历史趋势，这是因为（　　）。

  A. 社会主义是符合历史发展规律的新事物

  B. 社会主义制度能够从根本上解放和发展生产力

  C. 社会主义符合广大人民的利益和愿望，能够得到人民的拥护和支持

  D. 社会主义能够在改革中不断实现自我发展和自我完善

12. 从社会主义的改革实践中我们可以得到的启示有（　　）。

  A. 要坚持单一的社会主义模式　　　　B. 要坚持改革的社会主义方向

  C. 要选择正确的改革方式和步骤　　　D. 要妥善处理改革、发展与稳定的关系

13. 我国社会主义初级阶段的含义是（　　）。

  A. 我国还处在社会主义过渡的新时期　　B. 我国正处于向共产主义过渡的新时期

  C. 我国已经是社会主义社会　　　　　D. 我国的社会主义还处在初级阶段

14.在资本主义世界，经济文化不发达国家首先进入社会主义是（　　）。

　　A.帝国主义时代历史发展的必然

　　B.帝国主义时代生产关系一定要适合生产力状况的必然表现

　　C.资本主义新变化带来的必然结果

　　D.资本主义生产社会化与生产资料私人占有矛盾在新的历史条件下发生作用的必然结果

15.1926—1927年初，邓小平在莫斯科中山大学留学一年。此时正值列宁的新经济政策在莫斯科和整个苏联燎原般发展，国家经济全面开花，市场上商品丰富，品类繁多，商店、饭馆、咖啡馆随处可见。邓小平到中山大学第一天就收到了一大堆日用品，一日三餐也非常丰富。在此期间，邓小平还认真阅读和摘抄了苏联领导人关于新经济政策的许多论述。这一段经历对邓小平后来思考建设"有中国特色的社会主义"具有一定的启示。邓小平与列宁在如何建设社会主义的探索中有许多相通之处，主要有（　　）。

　　A.把大力发展生产力、提高劳动生产率放在首要地位

　　B.学习和利用资本主义的文明成果

　　C.优先发展重工业，快速实现从农业国到工业国的转变

　　D.在多种经济成分并存的条件下，利用商品、货币和市场发展经济

16.自第一个社会主义国家建立以来，社会主义事业的发展并不是一帆风顺的。社会主义发展道路的多样性以及发展过程中的前进性和曲折性的实践告诉我们（　　）。

　　A.坚持社会主义，不等于要坚持某种单一的社会主义模式

　　B.发展社会主义，不等于不学习西方资本主义的文明成果

　　C.改革或抛弃某种社会主义模式，不等于改掉或抛弃社会主义

　　D.某种社会主义模式的失败，不等于整个社会主义事业的失败

17.努力探索适合本国国情的社会主义发展道路，是无产阶级执政党必须领导全国人民为之奋斗的神圣使命和光荣任务。探索社会主义道路，必须（　　）。

　　A.坚持对待马克思主义的科学态度

　　B.从当时当地的历史条件出发，坚持"走自己的路"

　　C.充分吸收人类一切文明成果

　　D.坚持"一条道路""一种模式"

18.社会主义事业是一个不断迎接挑战、克服困难而奋勇前进的过程。习近平指出："社会主义从来都是在开拓中前进的。"这对社会主义事业发展的深刻启示有（　　）。

　　A.社会主义是亿万人民群众的伟大实践

　　B.社会主义实践是一个不断探索的过程

　　C.实践探索中出现的某种曲折并不改变社会主义的前进趋势

　　D.推进社会主义实践发展必须有开拓奋进的精神状态

19.实现共同富裕是（　　）。

　　A.社会主义的根本目标　　　　　　B.社会主义优越性的体现

　　C.社会主义的根本原则　　　　　　D.社会主义的本质内容

20.党团结统一的坚实基础是（　　）。

　　A. 充分发扬民主　　　　　　　B. 共同的阶级基础

　　C. 共同的指导思想　　　　　　D. 强大的意识形态

21.看一个政党是否先进，是不是工人阶级先锋队，主要应看党的理论和纲领（　　）。

　　A.是不是马克思主义的

　　B.是不是规定党员队伍主要由工人组成

　　C.是不是代表社会发展的正确方向

　　D.是不是代表最广大人民的根本利益

22.社会主义的特征主要有（　　）。

　　A. 实行全民所有制经济和集体所有制合作经济

　　B. 存在商品生产和商品交换

　　C.具有高度发达的生产力和比资本主义更高的劳动生产率

　　D.建立工人阶级和劳动人民的政权及其民主制度

23.中国目前所处的社会主义初级阶段，决定了其基本经济制度为（　　）。

　　A. 公有制为主体

　　B. 多种所有制经济共同发展

　　C.包括股份制在内的多种公有制实现形式

　　D.以上都不是

三、简答题

　　1.为什么社会主义的发展道路必然呈现出多样性的特点？

　　2.简述社会主义改革应注意的问题。

　　3.为什么说社会主义是在曲折中前进的？

　　4.如何理解经济文化落后的国家率先进入社会主义的合理性和必然性？

　　5.简述经济文化相对落后的国家可以先于发达资本主义国家进入社会主义的原因。

四、论述题

　　1.怎样理解经济文化相对落后的国家社会主义建设的艰巨性和长期性？

　　2.试结合我国社会主义建设的实践经验，论述社会主义的基本特征。

　　3.改革开放以来，我们党的理论创新和实践探索，都是紧紧围绕中国特色社会主义这个主题展开。中国特色社会主义一直是引导中国前进的一条红线。习近平在党的十九大报告中明确指出，中国特色社会主义是改革开放以来党的全部理论和实践的主题。坚持中国特色社会主义道路的变与不变是什么？

五、材料分析题

　　1.阅读下列材料并回答问题：

　　材料一 🖉 在西方世界的诱导下，苏联和东欧国家纷纷走上了私有化改革道路，但并没有实现预期的经济繁荣。到 20 世纪末，俄罗斯国内生产总值比 1990 年下降了 52%，远远高出残酷的苏联卫国战争时期下降的 22%。经济的停滞带来的是货币的贬值。曾经的"金卢布"迅速贬值，导致物价飞涨 6000 多倍。解体后的苏联社会贫富分化严重，富人越来越富有，穷人越来越贫穷。苏东原社会主义国家的私有化所发挥的只是一种独特的"反面教材"的作用。在推行新自由主义政策的亚洲、非洲特别是拉美一些国家，新自由主义不仅难医其经济痛疾，反而导致此起彼伏的经济衰退、金融动荡，社会危机频仍。

——笔者根据相关资料整理改编。

材料二 ✎ 日本长期以来被视为一个新兴的资本主义国家。但近来，工薪阶层中年轻人的不满情绪正在逐渐改变该国的政治前景：共产主义一时间重新成为潮流。据英国《每日电讯报》10 月 19 日的报道，日本青年正在以每月 1000 人左右的速度投向该国第四大政党——共产党的怀抱。此外，这种"革命热情"还表现在首都街头工人示威游行的频率越来越高。这次"向左拐"运动的先锋部队是 20 多岁和 30 多岁的年轻工薪阶层，他们对《就业法》带来的越来越多的不安定社会因素感到大失所望。

日共国际处副处长森原公俊说："2002 年颁布的新《临时劳动法》使日本年轻一代的工作状况大大恶化。日本的政治气候在变化，越来越多的年轻人也在提高他们的政治觉悟。"如今 1/3 以上的日本年轻人都只有临时性工作。短期劳动合同的推广催生了大批的自由职业者，他们总是在不断调换工作。这些人既没有权利，也没有安全保障，更没有未来可言。引发年轻人加入共产党高潮的一大功臣是该党主席志并和夫。他在一次议会演讲中抨击资本主义"剥削"年轻劳动力，令日本青年大受鼓舞，成为他们疯狂崇拜的偶像。

——以上材料均摘自《大公报》（中国香港）（2008 年 11 月 3 日）。

(1) 如何理解社会主义的发展是前进性与曲折性相统一的过程？

(2) 如何正确看待日本青年追捧共产主义的现象？

2. 阅读下列材料并回答问题：

材料一 ✎ 习近平总书记强调，马克思主义必定随着时代、实践和科学的发展而不断发展，不可能一成不变，社会主义从来都是在开拓中前进的。

——摘自李佃来：《运用大历史观把握时代大势（学术随笔）》。

材料二 ✎ "80 年代看深圳，90 年代看浦东，21 世纪看雄安。"在纪念改革开放背景下，人们很容易将三地联系在一起：小渔村成长为大深圳，阡陌之地蝶变为美丽浦东，如今要在"一张白纸"上建千年之城。回望历史，深圳、浦东成为中国不断推进改革开放的里程碑。新时代，改革开放再出发，雄安新区将成为重要标志地。2017 年 4 月 1 日，雄安新区举棋落子，国人激动，世界关注。坚持"世界眼光、国际标准、中国特色、高点定位"的理念，昭示雄安新区非同一般，是"千年大计"。雄安新区是党中央深入推进京津冀协同发展的一项重大决策部署，将推动集中疏解北京非首都功能、有效缓解北京"大城市病"，促进加快补齐区域发展短板。新时代赋予雄安新区重要使命——成为贯彻落实新发展理念的创新发展示范区、推动高质量发展的全国样板。

——摘自高新国：《在"一张白纸"上建千年之城——雄安新区打造新时代改革开放新高地》。

材料三 十月革命开辟了新时代，但是改革本身没有解决社会主义建设的问题。斯大林的改革模式有其历史的合理性，尤其是在"二战"期间，对于抗战的胜利起了关键的作用，但是改革却没有适时调整，在社会主义建设上不但没有起到作用，反而被严重扭曲了，从而在整体上减缓了社会主义的发展。此后几任领导人推行的改革，都没有从根本上脱离原有模式的束缚。长期冷战思维导致不断扩军备战，与美国争夺世界霸权，在稳固社会主义国家的同时，却延缓了经济建设，削弱了国力；对社会主义阵营内部推行的霸权主义，导致各国对社会主义丧失信心，严重损害了社会主义形象。这些问题的长期积累，给东欧各国和其他社会主义国家带来了极大影响，而这些历史问题的积淀造成的苏东社会潜伏的危机，是东欧剧变的深刻的历史原因。

——摘自刘祖熙：《东欧剧变的根源与教训》。

(1) 结合材料分析如何探索符合本国国情的发展道路？

(2) 如何理解"社会主义从来都是在开拓中前进的"？

第六章第三节 习题参考答案

第七章

共产主义崇高理想及其最终实现

📖 学习目标

　　学习和掌握预见未来社会的科学方法论原则。把握共产主义社会的基本特征，深刻认识实现共产主义的历史必然性和长期性，把握共产主义远大理想与中国特色社会主义共同理想的辩证关系，坚定理想信念，积极投身新时代中国特色社会主义事业。

📖 学习要点

　○ 预见未来社会的方法论原则
　○ 共产主义社会的基本特征
　○ 共产主义理想实现的必然性
　○ 共产主义理想实现的长期性
　○ 共产主义远大理想与中国特色社会主义共同理想的关系

第一节　展望未来共产主义新社会

一、单项选择题

1. 针对有人提出的在革命成功后应该采取什么措施的问题，马克思尖锐指出，问题"提得不正确"。"现在提出这个问题是不着边际的，因而实际上是一个幻想的问题，对这个问题的唯一的答复应当是对问题本身的批判"，因为"在将来某个特定的时刻应该做些什么，应该马上做些什么，这当然完全取决于人们将不得不在其中活动的那个既定的历史环境"。可见，马克思主义经典作家（　　）。
   A. 没有提出预见未来社会的科学方法
   B. 立足于揭示未来社会的一般特征，而不做详尽的细节描绘
   C. 通过剖析资本主义社会旧世界详尽地阐发了未来新世界的特点
   D. 在揭示人类社会发展一般规律的基础上指明了社会发展的细节

2. 按照马克思主义预测未来的一贯立场、观点和方法，共产主义社会本身是（　　）。

    A. 人类历史的终结　　　　　　　B. 人类自由自觉历史的开端

    C. 一种没有矛盾的社会状态　　　D. 一种必然王国的社会状态

3. 为适应高度发展的社会化大生产的需要，共产主义社会将（　　）。

    A. 彻底废除生产资料公有制　　　B. 普遍实行生产资料私有制

    C. 由社会直接占有生产资料　　　D. 由劳动者个人占有生产资料

4. 关于共产主义社会，下列观点错误的是（　　）。

    A. 个人劳动与社会劳动直接统一　B. 个人利益与社会利益直接统一

    C. 阶级、国家消亡，战争消失　　D. 普遍实行以交换价值为基础的生产

5. 在共产主义社会，交换个人消费品的分配方式是（　　）。

    A. 各尽所能，按劳分配　　　　　B. 各尽所能，按需分配

    C. 各尽所能，按资分配　　　　　D. 各尽所能，按生产要素分配

6. 人的发展经历了三大历史形态，其中以物的依赖关系为基础的人的独立性阶段是第二个历史形态，与这一历史形态相联系的经济形态是（　　）。

    A. 自然经济　　　　B. 商品经济　　　　C. 产品经济　　　　D. 时间经济

7. 马克思把共产主义社会划分为第一阶段和高级阶段，列宁把第一阶段称为（　　）。

    A. 苏维埃社会　　　　　　　　　B. 社会主义初级阶段

    C. 社会主义社会　　　　　　　　D. 共产主义社会

8. 社会主义和共产主义都存在的经济关系是（　　）。

    A. 实行生产资料的社会公有制

    B. 实行按劳分配原则

    C. 实行按需分配原则

    D. 实行商品经济、市场经济体制

9. 共产主义社会的物质基础是（　　）。

    A. 比资本主义社会高的社会生产力

    B. 与发达资本主义国家相同的社会生产力

    C. 远远高于以往一切社会的高度发达的社会生产力

    D. 高新技术发达的生产力

10. "代替那存在着阶级和阶级对立的资产阶级旧社会的，将是这样一个联合体，在那里，每个人的自由发展是一切人的自由发展的条件。"这句话出现在（　　）中。

    A.《资本论》　　　　　　　　　B.《共产主义原理》

    C.《哥达纲领批判》　　　　　　D.《共产党宣言》

11. 实现共产主义的根本条件和基础是（　　）。

    A. 社会生产力的高度发展　　　　B. 剥削阶级的彻底消灭

    C. 人们精神境界的极大提高　　　D. 经济的计划调节管理

12. 马克思根据人的发展状况把人类历史划分为三大形态。它们是（　　）。

    A. 自然经济社会、商品经济社会、时间经济社会

    B. 原始公有制社会、私有制社会、信息社会

C. 农业社会、工业社会、信息社会

D. 人的依赖性社会、物的依赖性社会、人的自由而全面发展社会

13. "必然王国" 和 "自由王国" 是历史性概念，它是指社会发展的（　　）。

    A. 两种不同的状态 　　　　　　B. 两种不同的模式

    C. 两种不同的选择 　　　　　　D. 两种不同的道路

14. "自由王国" 是指人们（　　）。

    A. 不再受自然规律和社会规律支配的状态

    B. 处于绝对自由的原始社会状态

    C. 进入没有任何矛盾的社会状态

    D. 摆脱了盲目必然性的奴役，成为自己社会关系的从而也成为自然界的自觉主人的状态

15. 马克思主义认为自由是人类（　　）。

    A. 选择的随意性 　　　　　　　B. 活动的主动性

    C. 对必然的认识和对世界的改造 　D. 摆脱必然性

16. 马克思主义与空想社会主义的根本区别是（　　）。

    A. 在展望未来社会的问题上，是否坚持科学的立场、观点和方法

    B. 是否找到了通往理想社会的现实道路

    C. 是否对资本主义进行了无情的批判

    D. 是否对未来社会的发展作了具体描绘

17. 实现共产主义是人类历史发展的必然趋势，是马克思主义最崇高的社会理想。共产主义社会实现的必要条件是（　　）。

    A. 阶级消灭、国家消亡和 "三大差别" 消除

    B. 社会关系高度和谐

    C. 社会生产力高度发展，产品极大丰富

    D. 人们的精神境界极大提高

18. 共产主义是人类解放的实现，那时人类将最终从支配他们生活和命运的异己力量中解放出来，实现从必然王国向自由王国的飞跃，开始自觉地创造自己的历史。共产主义社会的根本特征是（　　）。

    A. 人们精神境界极大提高 　　　　B. 消费资料按需分配

    C. 社会关系高度和谐 　　　　　　D. 实现人的自由而全面的发展

19. 下列提法正确的是（　　）。

    A. 只有空想社会主义思想家预见了未来社会

    B. 只有马克思主义经典作家预见了未来社会

    C. 只有唯心主义思想家预见了未来社会

    D. 许多思想家都预见了未来社会

20. 马克思主义认为，消灭 "三大差别" 的关键在于（　　）。

    A. 消灭工业与农业的差别 　　　　B. 消灭城市和乡村的差别

    C. 消灭脑力劳动和体力劳动的差别 　D. 消灭利益差别

二、多项选择题

1. 马克思主义认为，共产主义社会是一种（　　）。
   A. 科学的理论　　　　　　　　B. 科学理论指导下的现实的运动
   C. 未来的社会制度　　　　　　D. 未来的社会形态

2. 马克思主义经典作家站在科学的立场上，提出并自觉运用了预见未来社会的科学方法。其科学立场和方法主要是（　　）。
   A. 在揭示人类社会发展一般规律的基础上指明社会发展的方向
   B. 在剖析资本主义社会旧世界中阐发未来新世界的特点
   C. 立足于揭示未来社会的一般特征，而不做详尽的细节描绘
   D. 生产力将以极高的速度发展到打破分工、消灭三大差别

3. 共产主义社会的基本特征包括（　　）。
   A. 物质财富极大丰富，消费资料按需分配
   B. 社会关系高度和谐，人们的精神境界极大提高
   C. 每个人自由而全面地发展，人类从必然王国向自由王国的飞跃
   D. 人摆脱了对"人的依赖关系"和对"物的依赖性"，实现了人的"自由个性"的发展

4. 恩格斯在思想史上首次提出了"城乡融合"的命题，他认为"消灭城乡对立不是空想……消灭这种对立日益成为工业生产和农业生产的实际要求"。城乡对立的消灭是共产主义社会的重要特征，城乡对立集中体现着（　　）。
   A. 工业和农业之间的对立
   B. 脑力劳动和体力劳动之间的对立
   C. 个人劳动和社会劳动之间的对立
   D. 按劳分配和按需分配之间的对立

5. 其他思想家与马克思主义经典作家预见未来社会的方法区别在于（　　）。
   A. 前者从抽象的理性原则出发，后者从客观规律出发
   B. 前者侧重于描述未来社会的细节，后者侧重于揭示未来社会的一般特征
   C. 前者凭空猜测无法知道的事情，后者是在批判旧世界中发现新世界
   D. 前者是乐观主义的态度，后者是悲观主义的态度

6. 马克思主义认为，人的自由而全面的发展（　　）。
   A. 是社会进步的重要内容
   B. 是社会发展的根本目标
   C. 与社会政治、经济、文化的发展互为前提
   D. 社会发展的结果，又是社会发展的原因

7. 马克思认为，在共产主义社会中，将要消失的"三大差别"是（　　）。
   A. 资产阶级和无产阶级的差别　　B. 城市与乡村的差别
   C. 工业与农业的差别　　　　　　D. 脑力劳动与体力劳动的差别

8. 共产主义的含义包括（　　）。
   A. 共产主义是一种美好的幻想

B. 共产主义是一种科学的理论体系

C. 共产主义是一种理想的社会制度

D. 共产主义是通过无产阶级革命实践去实现的

9. 马克思主义是关于无产阶级和人类解放的科学，实现共产主义是全人类解放的根本体现。人类解放包括（　　）。

A. 从自然的压迫下解放出来

B. 从客观规律的制约下解放出来

C. 从旧的社会关系的束缚下解放出来

D. 从旧的传统观念的禁锢下解放出来

10. 下属现象中属于共产主义社会特征的有（　　）。

A. 社会财富极大丰富，消费品按需分配

B. 社会财富极大丰富，消费品按劳分配

C. 社会财富极大丰富，消费品可以任意享用

D. 社会关系高度和谐，人们的精神境界极大提高

11. 作为社会历史范畴，自由王国是指（　　）。

A. 人们不受任何制约的自由状态

B. 人们完全认识了自然和社会历史的必然性

C. 人们摆脱了盲目必然性的奴役而成为自己和社会关系的主人

D. 共产主义的社会状态

12. 下列属于必然王国社会状态的有（　　）。

A. 奴隶社会　　　　　　　　B. 封建社会

C. 资本主义社会　　　　　　D. 社会主义社会

13. 人的全面发展是指（　　）。

A. 德、智、体、美、劳各方面都得到发展

B. 人的需要的全面丰富和充分满足

C. 个人潜力和智能得到最大限度地发挥

D. 人的各种要求都能得到满足

14. 在马克思主义产生以前，人们对未来社会的预见（　　）。

A. 没有坚持科学的立场　　　B. 是抽象地谈论未来社会

C. 是通过批判旧世界发现新世界　　D. 带有浓厚的空想性质

15. 在共产主义社会，人的极高境界标准在对于（　　）的态度上。

A. 自我　　　B. 集体　　　C. 社会　　　D. 他人

16. 个人的自由全面发展的实现是需要一定社会条件的，它（　　）。

A. 要以社会精神文明的全面发展为支撑

B. 只有在共产主义社会才能真正实现

C. 要以社会物质文明的全面发展为支撑

D. 只有在社会集体中才能实现

三、简答题

1. 马克思、恩格斯展望未来社会的方法论原则是什么？
2. 怎样理解实现共产主义是全人类解放的根本体现？
3. 简述共产主义社会的基本特征。
4. 简述社会主义实行的"各尽所能，按劳分配"原则的历史进步性和局限性。
5. 什么是"三大差别"？怎样正确理解"三大差别"？
6. 简要说明人的自由而全面发展。
7. 简述必然王国和自由王国的含义。

四、论述题

马克思主义经典作家揭示的共产主义社会基本特征有哪些？

五、材料分析题

1. 阅读下列材料并回答问题：

材料一 马克思的全部理论，就是运用最彻底、最完整、最周密、内容最丰富的发展论去考察现代资本主义。自然，他也就要运用这个理论去考察资本主义的即将到来的崩溃和未来共产主义的未来的发展。

——摘自《列宁选集》第9卷。

材料二 新思潮的优点又恰恰在于我们不想教条地预期未来，而只是想通过批判旧世界发现新世界。

——摘自《马克思恩格斯全集》第47卷。

材料三 在将来某个特定的时刻应该做些什么，应该马上做些什么，这当然完全取决于人们将不得不在其中活动的那个既定的历史环境。

——摘自《马克思恩格斯选集》第4卷。

材料四 我们可以绝对有把握地说，剥夺资本家一定会使人类社会的生产力蓬勃发展。但是，生产力将以什么样的速度向前发展，将以什么样的速度发展到打破分工、消灭脑力劳动和体力劳动的对立、把劳动变为"生活的第一需要"，这都是我们所不知道而且也不可能知道的。

——摘自《列宁选集》第3卷。

材料五 我们只能谈国家消亡的必然性，同时着重指出这个过程是长期的，指出它的长短将取决于共产主义高级阶段的发展速度，而把消亡的日期或消亡的具体形式问题作为悬案，因为现在还没有可供解决这些问题的材料。

——摘自《列宁选集》第3卷。

(1) 马克思主义在预测未来社会问题上的基本态度是怎样的？
(2) 马克思主义是如何理解未来社会和现实社会的关系的？

2.阅读下列材料并回答问题：

材料一 18世纪法国唯物主义哲学家霍尔巴赫认为，人的任何行为举止都是不自由的，自由是"一种纯粹的幻想"，人在他的一生中没有一刻是自由的，只能服从必然性的摆布。

材料二 萨特认为，自由是人的存在方式，人是绝对自由的，人就是自由。自由就是"选择的自主"，"这个选择永远是无条件的"，不附属于"任何必然性"，"不受因果关系制约"，无任何根据和是非标准。

材料三 "自由不在于幻想中摆脱自然规律而独立，而在于认识这些规律，从而能够有计划地使自然规律为一定的目的服务。""自由就是根据对自然界的必然性的认识来支配我们自己和外部自然"。

——以上材料均由笔者根据相关资料整理改编。

请对上述材料中所反映的不同的自由观进行评析。

第七章第一节　习题参考答案

第二节　实现共产主义是历史发展的必然趋势

一、单项选择题

1. "两个必然"和"两个决不会"是（　　）。
   A. 相互矛盾的　　　　　　　　B. 完全不同的两回事
   C. 有着内在联系的　　　　　　D. 内容和形式的关系
2. 共产主义和社会主义的一致性表现在（　　）。
   A. 表现形态是一致的　　　　　B. 生产力水平一样高
   C. 所有都是一致的　　　　　　D. 社会性质上是一致的
3. 共产主义理想的实现之所以是历史规律的必然要求，是基于（　　）。
   A. 现实资本主义社会以及社会主义社会的基本矛盾发展
   B. 人类社会发展规律以及未来美好社会的基本矛盾发展
   C. 人类社会发展规律以及资本主义社会的基本矛盾发展

D. 人类社会发展规律以及社会主义社会的基本矛盾发展

4. 共产主义理想之所以能够实现，是因为它（　　）。

    A. 具有客观可能性　　　　　　　　B. 人类向往的美好境界

    C. 具有客观必然性　　　　　　　　D. 人类追求的目标

5. 实现共产主义社会的根本条件和基础是（　　）。

    A. 社会生产力的高度发展　　　　　B. 自然环境的优化

    C. 社会生产关系的高度发展　　　　D. 人的思想觉悟的极大提高

二、多项选择题

1. 马克思主义认为，在全世界实现共产主义是（　　）。

    A. 合规律性和合目的性的统一

    B. 无产阶级解放斗争的最终目标

    C. 马克思主义政党奋斗的最高纲领

    D. 全人类得到解放的根本要求和体现

2. 共产主义理想一定会实现，其依据是（　　）。

    A. 人类社会的发展规律　　　　　　B. 资本主义社会基本矛盾的发展

    C. 空想社会主义运动的实践　　　　D. 社会主义发展进程的长期性

3. 马克思、恩格斯在《共产党宣言》中指出："资产阶级的灭亡和无产阶级的胜利同样是不可避免的。"这就是我们常说的资本主义必然灭亡和社会主义必然胜利的"两个必然"。马克思在《〈政治经济学批判〉序言》中又提出了"两个决不会"，即"无论哪一个社会形态，在它所能容纳的全部生产力发挥出来以前，是决不会灭亡的；而新的更高的生产关系，在它的物质存在条件在旧社会的胎胞里成熟以前，是决不会出现的。"下列对"两个必然"和"两个决不会"之间关系理解正确的是（　　）。

    A. 两者之间既有区别又有内在联系

    B. 前者是根本方面，后者是非根本方面

    C. "两个必然"论述资本主义灭亡和共产主义胜利的社会规律

    D. "两个决不会"讲述"两个必然"实现的时间和条件

4. 马克思把共产主义社会划分为第一阶段和高级阶段，列宁分别把这两个阶段称为社会主义社会和共产主义社会。"刚刚从资本主义社会中产生出来的"社会主义社会，"在各方面，在经济、道德和精神方面都还带着它脱胎出来的那个旧社会的痕迹"。正确把握社会主义和共产主义的关系必须看到（　　）。

    A. 两者之间的内在联系和本质上的一致性

    B. 它们总体上同属一个类型的社会形态

    C. 这两个阶段在发展程度和成熟程度上的重大区别

    D. 社会主义是共产主义的低级阶段，也是实现共产主义的必由之路

5. 关于共产主义理想，正确的观点有（　　）。

    A. 共产主义是能够实现的理论

    B. 共产主义的实现是极其渺茫的

C. 共产主义理想的实现是一个漫长的历史过程

D. 社会主义是实现共产主义理想的必经阶段

6. 关于共产主义理想实现的必然性，马克思主义除了从社会形态更替规律上作了一般性的历史观论证外，还通过对资本主义社会的深入实证的剖析，科学地论证了（　　）。

A. 资本主义的历史暂时性

B. 资本主义发展的自我否定的趋势

C. 资本主义灭亡的具体途径和方式

D. 工人阶级推翻旧世界、建设新世界的历史使命

7. 共产主义理想的实现是历史规律的必然规律，因为（　　）。

A. 共产主义理想的实现是以人类社会发展规律为依据的

B. 社会主义国家的兴起和发展证明这一理想实现的必然性

C. 共产主义理想的实现是以资本主义社会的基本矛盾发展为依据的

D. 现实的社会主义为未来共产主义的实现提供着物质条件

8. 社会主义代替资本主义和实现共产主义的历史进程（　　）。

A. 离不开工人阶级及其政党的能动性

B. 离不开社会主义国家建设事业的发展

C. 离不开马克思主义理论的指导

D. 离不开世界社会主义运动的发展

9. "两个决不会"思想的科学内涵指（　　）。

A. "两个必然"的实现是社会规律自发运动的结果

B. "两个必然"的实现需要物质条件

C. "两个必然"的实现完全靠自觉的革命行动

D. "两个必然"的实现是一个长期的过程

10. "两个必然"的实现（　　）。

A. 离不开资本主义制度的巩固和发展

B. 离不开世界社会主义运动的发展

C. 离不开社会主义国家建设事业的发展

D. 离不开工人阶级及其政党的能动性

三、简答题

1. 怎样理解实现共产主义是历史发展规律的必然要求？

2. 简述"两个必然"和"两个决不会"的关系。

3. 实现共产主义需要具备哪些基本条件？

4. 简述共产主义社会理想实现的历史必然性和长期性。

四、论述题

1. 为什么说实现共产主义是一个长期的实践过程？

2. 如何正确理解"两个必然"和"两个决不会"的关系？

五、材料分析题

1. 阅读下列材料并回答问题:

材料一 某些西方右翼理论家从东欧剧变中得出结论: 社会主义是不可能的,它没有未来,资本主义是最终的社会制度,在它之后没有什么东西了。日裔美籍学者弗朗西斯·福山在《历史的终结与最后之人》一书中宣称,由于苏联、东欧社会主义的失败,共产主义从此一蹶不振了。西方的自由民主制度已经战胜与之相竞争的共产主义意识形态,成为人类意识形态发展的终点和人类最后一种统治形式,并因此构成了历史的终结。

——摘自伊恩·杰克逊,杰森·克西迪亚斯:《解析弗朗西斯·福山——〈历史的终结与最后的人〉》。

材料二 美国政治学家西摩尔·李普塞特曾指出,资本主义并没有允诺人类实现深刻的精神需求,或者消除不平等、贫困、种族与性别歧视、环境污染和战争。它无法用理想语言去感染青年。加拿大学者凯·尼尔森也曾深刻地指出,我相信至少有一个条件可以保证马克思主义目标的实现——尽管共产主义目标的实现可能有很多名义——那就是资本主义的罪恶。

——摘自童晋:《21世纪初欧美左翼学者关于社会主义的观点及其评析》,《马克思主义研究》2019年第11期。

(1) 材料一所表达的思想观点是什么? 错误在哪儿?
(2) 材料二所阐述的思想带给我们哪些启示?
(3) 结合材料一、材料二谈谈你对社会主义发展过程的前进性和曲折性的认识。

2. 阅读下列材料并回答问题:

材料一 英国的空想社会主义者托马斯·莫尔指出,任何地方有私有制存在,所有的人凭现金价值衡量所有的事物,那么,一个国家就难以有正义和公平。我深信,如不彻底废除私有制,产品不可能公平分配,人类不可能获得幸福。私有制存在一天,人类中的绝大部分将始终背上沉重而甩不掉的贫困灾难担子。

——摘自托马斯·莫尔:《乌托邦》。

材料二 对私有制的扬弃绝不会取消私有制社会已经取得的某种程度的个人自由,也不仅仅是对财产的共同占有和拥有,而是使人在丰富、全面的社会关系中,获得自由全面的发展,成为具有自由个性的人。共产主义是私有财产即人的自我异化的积极扬弃,因而是通过人并且为了人而对人的本质的真正占有。由此出发,马克思严厉地批判了那种粗陋的、平均主义的共产主义,因为它到处否定人的个性,用强制的方法舍弃才能,使嫉妒和平均化的欲望成为普遍的原则。粗陋的、平均主义的共产主义是对文明世界的消极否定,它不仅不能扬弃私有制,而且会导致人类文明的退步。

——摘自谭培文、陈新夏、吕世荣:《马克思主义经典著作选编与导读》。

材料三 1958年的"人民公社化"运动中,农村原有的小商小贩、集市贸易以至家庭副业被作为"资本主义尾巴"加以取缔。不少干部认为商品交换越少,越接近共产主义。一些地方甚至打算试验两三年便"过渡到共产主义"。为此提出"八包""十包"，宣布对社员的衣食住行、生老病死、男婚女嫁所需费用都由公社供给，等等。

——摘自中共中央党史研究室：《中国共产党的九十年 社会主义革命和建设时期》。

(1) 简要概括材料一所阐述的思想观点，并谈谈你对其观点的评价。

(2) 材料二中，马克思认为科学共产主义理论与粗陋的、平均主义的共产主义思想的根本区别是什么？材料一、材料二所阐述的观点有何异同？

(3) 材料三体现了什么样的共产主义思想？结合材料二分析材料三所体现的思想观点的错误实质及危害。

第七章第二节 习题参考答案

第三节 共产主义远大理想与中国特色社会主义共同理想

一、单项选择题

1. 当代青年要积极投身新时代中国特色社会主义事业，勇做担当中华民族伟大复兴大任的时代新人。以下说法不正确的是（ ）。

A. 要投身新时代中国特色社会主义事业

B. 做走在新时代前列的奋进者、开拓者、奉献者

C. 要抓紧机遇，谋取好的工作，挣更多的钱，活出人生巅峰

D. 投身党和人民在中国特色社会主义新时代的伟大奋斗

2. 马克思主义政党的最高纲领和最终奋斗目标是（ ）。

A. 使工人阶级成为统治阶级　　　B. 实现共产主义

C. 成为社会主义事业的领导核心　　D. 建立社会主义制度

3. 把握和处理远大理想和共同理想的关系，以下说法不正确的是（ ）。

A. 忘记远大理想只顾眼前现实工作，离开现实工作而空谈远大理想，就会脱离实际

B. 没有远大理想的指引，就不会有共同理想的确立和坚持；没有共同理想的实现，远大理想就没有现实的基础

C. 不能用简单化的态度来对待它，而是要用马克思主义的辩证思维和历史思维去把握它

D. 任何时候都要坚持远大理想和共同理想的统一，不能把它们割裂开来、对立起来

4. 中国特色社会主义共同理想是（　　）。

    A. 经济社会发展的理想状态   B. 人成为自己社会关系主人的理想状态

    C. 民族主义的理想   D. 带有中国特点的社会主义理想信念

5. 青年一代的理想信念、精神状态、综合素质，是一个国家发展活力的重要体现，也是一个国家（　　）的重要因素。

    A. 综合素质   B. 国家实力   C. 未来力量   D. 核心竞争力

6. 当代中国人民为之奋斗的共同理想是（　　）。

    A. 国家自行消亡   B. 建设中国特色社会主义

    C. 彻底消灭剥削   D. 实现共产主义

7. 习近平指出："实现（　　）是我们共产党人的最高理想，而这个最高理想是需要一代又一代人接力奋斗的。"

    A. 新时代中国特色社会主义   B. 中国特色社会主义

    C. 社会主义   D. 共产主义

8. 当代大学生要坚定理想信念，自觉做中国特色社会主义共同理想的坚定信仰者、忠诚实践者。以下说法不正确的是（　　）。

    A. 要深入学习马克思主义基本原理及马克思主义中国化的理论成果，特别是学习习近平新时代中国特色社会主义思想

    B. 让真理武装我们的头脑，让真理指引我们的理想，让真理坚定我们的信仰

    C. 要积极吸收西方文化和"普世价值"，打造全世界的理想信念

    D. 要坚持学而信、学而用、学而行，把学习成果转化为不可撼动的理想信念，转化为正确的世界观、人生观、价值观，用理想之光照亮奋斗之路，用信仰之力开创美好未来

二、多项选择题

1. 实现共产主义是历史发展的必然，同时，实现共产主义是长期的历史过程。因此，我们要正确认识和把握共产主义远大理想与中国特色社会主义共同理想的关系。两者的关系体现在（　　）。

    A. 坚持和发展中国特色社会主义是中华民族通向共产主义的必由之路

    B. 两者是最终理想与阶段性理想的关系

    C. 两者是最高纲领与最低纲领的关系

    D. 两者是全人类理想与全体中国人民理想的关系

2. 关于共同理想与远大理想之间的关系，下列说法正确的有（　　）。

    A. 实现了共同理想也就实现了远大理想

    B. 实现共同理想是实现远大理想的必经阶段

    C. 实现远大理想是实现共同理想的必然趋势和最终目的

    D. 共同理想和远大理想是辩证统一的

3. 建设中国特色社会主义是（　　）。

    A. 现阶段我党的高级纲领   B. 现阶段我党的低级纲领

C. 中华民族的共同理想　　　　　　D. 世界社会主义运动的重要组成部分

4. 青年一代有（　　），国家就有前途，民族就有希望。

A. 有担当　　　　　B. 有理想　　　　　C. 有本领　　　　　D. 有宗教信仰

5. 中国特色社会主义进入新时代。这个新时代（　　）。

A. 是承前启后、继往开来、在新的历史条件下继续夺取中国特色社会主义伟大胜利的时代

B. 是决胜全面建成小康社会，进而全面建设社会主义现代化强国的时代

C. 是全体中华儿女勠力同心、奋力实现中华民族伟大复兴中国梦的时代

D. 是全国各族人民团结奋斗、不断创造美好生活、逐步实现全体人民共同富裕的时代

6. 关于理想信念的论述，正确的是（　　）。

A. 心中有信仰，脚下才会有力量

B. 理想信念是精神上的"钙"，是人的精神支柱和精神脊梁，是鼓舞人们前进和奋斗的强大精神动力

C. 理想信念动摇是最危险的动摇，理想信念滑坡是最危险的滑坡

D. 当代大学生要坚定理想信念，自觉做中国特色社会主义共同理想的坚定信仰者、忠诚实践者

7. 建设中国特色社会主义是（　　）。

A. 世界社会主义运动的重要组成部分

B. 中国走向共产主义的必由之路

C. 中华民族的共同理想

D. 现阶段中国共产党的最低纲领

8. 当代中国青年要投身新时代中国特色社会主义事业，投身党和人民在中国特色社会主义新时代的伟大奋斗。要以勇于担当的精神，做走在新时代前列的（　　），以执着的信念、优良的品德、丰富的知识、过硬的本领，同人民群众一道，担负起历史赋予的重任，在实现中华民族伟大复兴中国梦的生动实践中放飞青春梦想。

A. 消费者　　　　　B. 开拓者　　　　　C. 奉献者　　　　　D. 奋进者

三、简答题

1. 为什么说建设中国特色社会主义是中华民族走向共产主义的必由之路？

2. 如何理解树立共产主义理想对个人成长的意义？

3. 怎样树立共产主义理想信念？

4. 简述坚持远大理想与共同理想的辩证统一关系。

四、论述题

1. 当代大学生如何坚持理想信念，投身新时代中国特色社会主义伟大事业？

2. 为什么要把共产主义远大理想和中国特色社会主义共同理想结合起来？

3. 为何要树立共产主义远大理想，积极投身中国特色社会主义事业？

五、材料分析题

阅读下列材料并回答问题：

材料一 法国前总理若斯潘曾任大学教授、法国社会党第一书记等职，著有《创造可能》一书。他认为既然狂风暴雨的时代已经来临，人们也就不再可能否认无控制的资本主义可能带来的危害了，即使是那些最能吹捧经济自由主义、不受边界限制的全球化以及市场法则的人也无法做到这一点。资本主义最坏的敌人可能就是资本主义本身。

——笔者根据相关资料整理改编。

材料二 由于资本主义使人类屈从于经济，它腐蚀了人类关系，破坏了社会基础，产生了道德真空，在那里，除了个人的欲望外，别的什么都没有价值。人类不适应资本主义，资本主义要求没完了地提高生产率，机器和产品可以变得越来越便宜，但人类本身并没有因此而改变。当效率的提高导致失业时，人类的生活就会变得绝望起来，他们只能靠福利和犯罪生存。社会主义者就是要提醒世界，应该放在第一位的是人而不是生产。不能为了经济目的而牺牲任何人，这种对普通人的关注正是社会主义所主张和关心的。

——摘自埃里克·霍布斯鲍姆：《从历史看社会主义的未来》，《马克思主义与现实》1998年第2期。

材料三 人们需要的不仅是比过去更好的社会，而是像社会主义者一贯坚持的那样，需要的是一个与现状不同的社会，这一社会不仅能使人性从不受控制的生产中制度中得到拯救，还能使人类的生活变得有价值，不仅舒适，还有尊严。

——摘自埃里克·霍布斯鲍姆：《从历史看社会主义的未来》，《马克思主义与现实》1998年第2期。

材料四 在更漫长的历史视距中，近年来亚非国家的发展进程，尤其是南方国家、新兴大国家之间的合作优势，使全球格局的转折以加速度的方式成为现实。在既往数世纪的世界史进程中，大西洋两岸是国际政治经济格局的中心。2008年金融危机以来的十年，全球政治经济重心向新兴世界的转移日益呈现。2016年特朗普上台与英国脱欧一起，让2008年仍然云里雾里的人们真切感觉到，曾由美英新自由主义主导的全球化，如今真的已经告一段落了。在21世纪的第二个十年，亚非大陆正走在历史变更的关键拐点。

——摘自陈晨晨：《世界格局转折点上的中国气象》。

(1) 材料一至材料三主要指出了资本主义制度的什么弊病？

(2) 结合材料四谈谈社会主义应如何应对21世纪的世界性挑战？

第七章第三节 习题参考答案

参考文献

1. 马克思恩格斯选集［M］.第 1-4 卷，中共中央马克思、列宁、恩格斯、斯大林著作编译局，译.人民出版社，2012.

2. 马克思恩格斯文集［M］.第 1-9 卷，中共中央马克思、列宁、恩格斯、斯大林著作编译局，译.人民出版社，2009.

3. 马克思恩格斯全集［M］.第 1 卷，人民出版社，1956.

4. 马克思恩格斯全集［M］.第 23 卷，人民出版社，1972.

5. 列宁选集［M］.第 1-4 卷，人民出版社，2012.

6. 列宁全集［M］.第 18 卷，人民出版社，1988.

7. 列宁全集［M］.第 26 卷，人民出版社，1985.

8. 列宁全集［M］.第 27 卷，人民出版社，1985.

9. 列宁全集［M］.第 37 卷，人民出版社，1986.

10. 列宁全集［M］.第 35 卷，人民出版社，1985.

11. 毛泽东选集［M］.第 1-4 卷，人民出版社，2009.

12. 习近平.关于坚持和发展中国特色社会主义的几个问题［J］.求是，2019（7）.

13. 本书编写组.党的十九大报告辅导读本［M］.人民出版社，2017.

14. 本书编写组.党的二十大报告学习辅导百问［M］.党建读物出版社，2022.

15. 中共中央关于全面深化改革若干重大问题的决定［M］.人民出版社，2013.

16. 中共中央　国务院关于新时代加快完善社会主义市场经济体制的意见［M］.人民出版社，2020.

17. 中共中央关于制定国民经济和社会发展第十四个五年规划和二〇三五年远景目标的建议［M］.人民出版社，2020.

18. ［英国］乔治·贝克莱.人类知识原理［M］.关文运，译.商务印书馆，1973.

19. 北京大学哲学系、外国哲学史教研室.十六——十八世纪西欧各国哲学［M］.商务印书馆，1975.

20. （原中华上编版）.中华活叶文选合订本（二）［M］.上海古籍出版社，1979.

21.鲁迅全集（第6卷）［M］.人民文学出版社，2005.

22.北京大学哲学系中国哲学史教研室.中国哲学史教学资料选辑（上）［M］.中华书局，
 1982.

23.［战国］韩非.韩非子全译［M］.张觉，译注.贵州人民出版社，1992.

24.［战国］孟轲.孟子［M］.现代出版社，2013.

25.［战国］荀况.荀子［M］.骆宾，译.中国文联出版社，2016.

26.［西汉］刘向.战国策［M］.岳麓书社，2015.

27.［战国］吕不韦.吕氏春秋［M］.刘亦工，译.崇文书局，2016.

28.中华书局编辑部.二十四史（简体字本）［M］.中华书局，2000.

29.［英］波普尔.科学知识进化论［M］.纪树立，译.三联书店，1987.

30.张苹，张磊.孙文学说［M］.山西人民出版社，2015.

31.［英］亚当·斯密.国民财富的性质和原因的研究（上卷）［M］.郭大力，王亚楠，
 译.商务印书馆，1972.

32.［英］托马斯·莫尔.乌托邦［M］.戴镏龄，译.商务印书馆，2008.

33.［法］萨特，存在主义是一种人道主义［M］.周煦良，汤永宽，译.上海译文出版社，
 2012.

34.［法］霍尔巴赫.自然的体系［M］.管士滨，译.商务印书馆，1977.

35.［法］萨特.存在与虚无［M］.陈宣良，译.生活·读书·新知三联书店，2014.

36.［美］L. S.斯塔夫里阿诺斯.全球通史：从史前史到21世纪［M］.吴象英，梁赤民，
 董书慧等译.北京大学出版社，2006.

37.本书编写组.马克思主义基本原理（2023年版）［M］.高等教育出版社，2023.

38.本书编写组.《马克思主义基本原理概论》辅导用书［M］.高等教育出版社，2020.

39.《马克思主义政治经济学概论》编写组.马克思主义政治经济学概论［M］.人民出版
 社，高等教育出版社，2021.

40.陶德麟，石云霞.马克思主义基本原理概论［M］.武汉大学出版社，2013.

41.［美］约瑟夫·斯蒂格利茨.《经济学》小品和案例［M］.王则柯，译.中国人民大
 学出版社，1998.

42.［美］理查德·沃尔夫，斯蒂芬·雷斯尼克.相互竞争的经济理论：新古典主义、凯
 恩斯主义和马克思主义［M］.孙来斌，王今朝，杨军，译.社会科学文献出版社，
 2015.

43.［英］约翰·梅纳德·凯恩斯.就业、利息和货币通论［M］.徐毓枬，译.商务印书
 馆，1999.

44.刘祖熙.东欧巨变的根源与教训［M］.东方出版社，1995.

45.谭培文，陈新夏，吕世荣.马克思主义经典著作选编与导读［M］.人民出版社，2005.